U0099920

班門子弟

香港三行工人與工會

何佩然 著

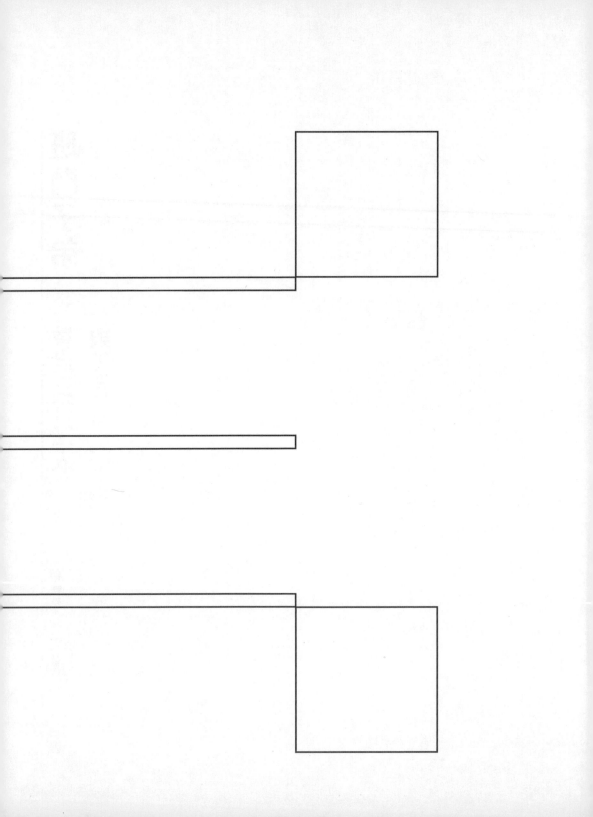

目錄

006 / 引言

012 / 第一章

愚公移山——艱苦的打石者

088 / 第二章

獨具匠心——分工細緻的木匠

146 / 第三章

穩紮穩打——堅守傳統的棚工

188 / 第四章

順應時勢——求變求存的坭水匠

240 / 第五章

增添色彩——廣納新血的油漆匠

284 / **總結**

296 / **統計資料**

302 / **主要參考資料**

引言

鑑古知今，是傳統的智慧。後人選取什麼歷史事件、哪些歷史人物作為借鑒，政權更迭的榮辱抑或是戰爭成敗得失、自然災害的苦痛還是經濟改革的景象，都反映了當代的價值觀念。有關香港的歷史研究，自十九世紀中葉以來一直都圍繞著政治外交事務及經濟發展討論，尤其著墨於外交關係和對外貿易的課題。社會對十九世紀香港實況的認知，靠的是先輩的口耳相傳，上幾代自青年時期就來港謀生的男性基層的艱苦經歷，時有聽聞；但詳細探討香港社會基層問題的研究，卻寥寥無幾，偶有簡單的描述，也略嫌片面和零散。這個研究以十九世紀最早來港謀生的三行工人和工會作為研究對象，觀察基層工人、工會如何在香港建立，如何逐漸式微，與香港社會及經濟發展有何相互關係。希望能拋磚引玉，引起各學者的批評和討論，達到填補歷史空隙的效果。研究有幸得到香港教育資助委員會優配基金的支持，以現存的文獻資料配合口述訪問，就課題進行了初步的探索。

中國古代的建造業涵蓋了三個方向：上架－由頂而下（建造房屋），中架－以軸而行（建造橋樑及工具）；下架－由下而上（造船）。「三行」原本是這三類工作的統稱。十九世紀以前建築物和工具主要以石料、木

材為原料，從事石業、木業和搭棚業的工人，都是三行的主要勞動力。隨著建造技術的改變，石材逐漸被混凝土取代，部份建造業的工序由機器代替人力，新的物料如金屬、玻璃纖維等出現，導致石業式微，石匠的人數愈來愈少，坭水匠逐漸取代石匠的地位，成為三行工人的重要一員。社會經濟發達，新的建築物不但強調牢固，也更重視美觀，因此油漆工序不再只局限於傢俱加工，更成了美化建築物牆壁必然的工序，不少油漆工人也改變原來的工作性質。今時今日，「三行」一般泛指坭水、木匠、油漆和搭棚工人，也包括了紮鐵。

自十九世紀中葉以來，香港踏進了既持久而且漫長的文化轉型期，無論是思想上抑或是實用技術的應用都面對著各種新的挑戰，社會需要不斷調適。新思維漸漸取代傳統價值觀念，成為香港新的道德標準及經濟秩序。這個有關三行工人的研究，希望透過基層工人面對時代轉變的回應，從歷史角度探討傳統的道德價值觀念，如何由領導傳統行業的發展，逐漸因應時代轉變，成為配合經濟及政治發展的動力。研究以三行工人作為切入點，是因為他們最早來香港發展，與中國又有著十分緊密的聯繫。雖然大部份工人知識水平不是很高，但適應能力卻相當強，既懂得利用本身擁有的專業技能謀生，更不斷吸收西方的新技術、新的營運手法和商業法規，勇於面對香港先天條件不足如天然資源匱乏、颱風的吹襲、可開發土地不足等客觀環境因素，努力不懈以雙手克服困難，參與建造城市的工作。這也正好反映了十九世紀前人刻苦耐勞，勇於接受新挑戰的特性。

香港政府要開拓香港成為轉口港貿易港，進而發展為國際貿易中心。在
十九世紀中葉，既缺乏經濟資源，又缺乏勞動力，到底政府如何與一班
來港找尋機會，但行業的內部運作仍堅持採用傳統的封閉模式，又不積
極參與市場競爭的工人合作？政府推行新的營運模式，如何取得到工人
的認同？如何將城市建設的重任，交付予一批文化水平並不高的工人？
面對新技術、新的經營管理方式，工人接受新體制的過程，所遇到的困
難與機遇，都是值得我們深入思考的課題。

現存有關三行工人的資料，十分匱乏。工會早期創立的資料，經歷了戰
爭的衝擊，大部份已經散佚。可參攷的文獻資料幾乎付諸闕如，加上三
行工人主要靠出賣勞力維生，很少會用文字記載個人的生活狀況，更遑
論行業的運作，他們的生平事跡也因而鮮為人知，他們的生活狀況，薪
酬、工作環境，更缺乏完整的詳細紀錄。既然三行工人對香港的都市化
進程，有深遠的影響，我們就只好依靠口述歷史資料，和實地考察工作
蒐集到的素材，彌補文獻資料的不足。研究有幸得到各三行工會及資深
工友的支持，在 2011 年起，研究小組向三行 171 位資深前輩進行了口
頭訪問，當中有 72 位被訪者超過 80 歲高齡，以棚工最多，其次是石
匠，繼而是木匠、坭水匠及油漆匠。不少資深的工友因年紀老邁，在本
書出版時已離世，無法看到本書面世，讓人十分惋惜，我們在此衷心感
謝各位前輩對香港社會的貢獻，並對這研究項目的幫助。在戰前已經入
行的前輩所述說的行內專業知識，不但增加了我們對三行的認識，他們
生活的寶貴經歷，更讓我們進一步了解香港社會發展的過程。不少前輩

更將退休前使用過的工具，以及一直攜帶在身邊的珍貴資料，供研究小組參考；各工會不但協助研究小組的採訪工作，更提供了早年簽署的合約、工會的證明文件、章程、活動照片等以供研究，使本書的內容更加豐富。我們更有幸獲邀出席工會的重要節日慶典及紀念活動，如魯班先師誕辰、工會的成立週年紀念儀式及其他節日慶典，加深了我們對行業的認識。由於不少工會來港前已在廣東省成立，而大部份在港工友來自廣東省，在工友及工會的穿針引線下，我們有幸能與廣東省的相關組織聯繫，進行口述訪談工作，取得珍貴資料。如果沒有各工會及工友的支持與幫助，這項研究實在難以完成。

我們很幸運地蒐集到關於三行工人為何及如何來香港謀生，他們在香港的工作環境、生活面貌，與中國內地的聯繫，事業的發展，在香港建立社會網絡及擴張勢力、社會流動等資料。為了解基層社群在港工作的實況、工人以及工會在港建立的過程、運作的模式、工人就業狀況、工運對社會的影響、行業的承傳；乃至基層如何回應香港政府對工人及工會的政策，如何接受新技術及新知識的過程，與香港及中國內地的現代化發展的相互關係等課題，進行了初步的剖析。

資料經過整理以後，歸納為五大行業：石業、木業、棚業、坭水、油漆。重點圍繞著行業來港創業的過程、傳承、工會組織、行業的特性以及工人生活等各方面。一般來說，傳統的工會組織多以血緣、地緣關係凝聚團結力量，進而利用地方宗教信仰擴張行業的勢力及社會地位。但

不同行業的工會，面對西方政治及經濟力量的衝擊，組織的理念及傳授技藝的方法卻不盡相同；傳統的專業技術對工人經濟力量的擴張、階級流動也會產生不同的作用；三行工會組織結構和社會功能、三行內部不同行業的經濟勢力的擴張及社會流動特徵，在不同年代面對政治及經濟發展的挑戰所作出的回應及調適也有所差異，因此，觀察三行內各行業的發展的異同，也十分重要。

研究得以出版，實有賴港九木匠總工會、港九打石職工會、港九石行總工會、港九油漆業總工會、港九搭棚同敬工會、港九船塢碼頭做木總會、港九飛鵬坭水批檔工會、港九雕刻木器業職業工會、高要同鄉會、香港木箱工會、香港坭水建築業職工會、香港建造業訓練局、香港建造業總工會、香港剷漆油漆維修業工會、香港棚業商會、域多利搭棚工會、廣雄堂、廣悦堂、魯班先師廟各組織的鼎力支持，為研究提供珍貴的資料及協助。三行各位資深從業員對研究及香港社會的貢獻，是不能用片言隻語充份表達的，在此謹致最高謝忱！我更衷心感激香港教育資助委員會優配基金的支持。研究小組的工作成員黎燕芬、彭永昌、黃震宇和張嘉樂各位的努力不懈，使研究工作能順利完成。行文倉促，紕漏甚多，敬請讀者不吝賜教。

1

愚公移山 ——— 艱苦的打石者

打石行業在香港歷史悠久，
香港出產的石材在鴉片戰爭以前已遐邇馳名，
石材大多透過水路運送到中國內地，
甚至是海外。

第一章

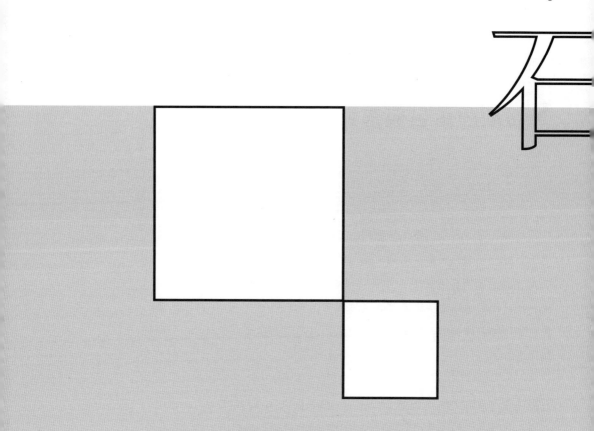

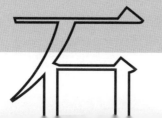

石塘的承包與營運

打石行業在香港的歷史悠久，香港出產的石材在鴉片戰爭以前已遐邇馳名，石材大多透過水路運送到中國內地，甚至是海外。根據文獻記載，茶果嶺的大麻石（花崗岩）早於清朝時已是興建廣州的長堤、西關大屋、十八甫等中國樓房或堤壩的原材料。由於石材沉重，故多以水路運送，靠岸後仍需利用人力推動木車搬運到目的地，因此，石料工場多位於岸邊。

1863 年奠基的廣州一德路聖心大教堂，時人稱之為「石室教堂」，是中國晚清年間最宏偉的歌德雙塔式天主教堂，單是尋找石材已超過八年，其石材就是來自九龍的花崗岩。1858 年英法聯軍向清廷發動第二次鴉片戰爭，廣州被英法聯軍佔領。1860 年，清廷戰敗，需向英法兩國作出賠償，除了割讓九龍半島予英國外，1861 年法國教會更提出要求將廣州原有的兩廣總督衙門拆卸，改建廣州天主堂。據 1869 年（同治八年）清政府的《教務教案檔案》記載，法國人其後尋找建造天主堂的建材，在香港的牛頭角一帶，發現合用的麻石山（花崗岩），遂要求清政府准予其於 1863 至 1866 年（同治二至五年）三年內開採牛頭角的麻石到廣州，由於工程未能及時完工，展限三年至 1869 年，並將採石範圍擴展至茶果嶺[1]，至 1869 年再展限兩年[2]，共長達八年。採石期間，法國教會曾與牛頭角石工發生衝突，遂請清朝官員調解，清政府於 1865 年「飭該地方官及營員常川彈壓」，而新安縣官員邀請衙前圍「各鄉紳士」吳樹棠、吳魁元、彭豐材、林楊有等人到工地「詳細履勘」、「約

束子弟」[3]。吳樹棠乃衙前圍二十三世祖，正六品軍功，其父吳穎才為二十二世祖，亦有六品軍功之衙[4]，事件經過多番斡旋方平息，足見打石業為香港一帶當時重要的經濟作業。隨著香港轉口貿易興起，對石材的需求日增，維多利亞港兩岸，如港島的石塘咀、上環、銅鑼灣、筲箕灣，九龍的茶果嶺、茜草灣、牛頭角、鯉魚門等地的石塘不斷被開發[5]。

招標與拍賣

十九世紀中葉，殖民政府引入西方公開招標（Tender）的方式，招攬華人競投香港石礦場的經營牌照，讓華人聘用華工開採石礦。1842 年 9 月 26 日由署理工程師列圖（R. R. Little）頒佈，於 1842 年 9 月 29 日及 10 月 6 日在《中國之友與香港公報》（*Friend of China and Hong Kong Gazette*）刊憲招標的赤柱軍營工程[6]，是目前可考最早公開招標承建的工程。招標通告的內容相當精簡，在短短的數十字內，兩度提出以合約為聘用的依據，規限承建商的權責，奠定公開招標以合約釐定工程運作的機制。通告沒有規限投標者的背景，使工程能在市場上公開自由競爭，並簡單地交代了施工地點：赤柱；工程性質：興建軍營；投標及索取工程資料地點：工程師辦公室；以及刊憲日期：1842 年 9 月 26 日[7]。殖民地政府此舉，開創了以商業法規管治香港之先河。

殖民政府希望透過西方的合約制度允許華人承包工程，招募勞工，解決開拓城市的資源及勞動力短缺的問題。政府更藉著合約監管工程：包括竣工日期、價格、技術等規定，重視理性管理，沒有優先以傳統社會的階級秩序作為攤分利益的基礎，打破農業社會既有的機制，其強調經濟效益的特性，使有意尋找發展機會的個人來港投資，個人的社會地位因

擁有經濟力量而被提升，財產也被合法化。承包工程者在招標的機制下，競爭機會均等，個人只需按照既定合約完成工序，便可在指定的時間內獲取報酬。因此，尋找新機會而南下的冒險家，可以積極融入香港的商業體制，建立自己的事業。新的制度雖並未以舊有體制為基礎，但亦能包容既有的傳統，使香港社會出現一個新的秩序。

1856 年，華人楊癸秀以 1,300 元投標取得全香港島石塘一年的開採權（見表一）[8]。1857 年起，香港所有的採石活動由總量地官（Surveyor General，即後來的工務司）監管[9]。1860 年英國與中方簽訂《北京條約》佔據九龍半島界限街以南，1865 年年底，政府開始將香港島、九龍半島的採石權分開招標，1866 年為期一年的石礦場經營權，香港島由 Chun Sung Sing 投得，九龍半島則由 Chung Yee 取得[10]。

1871 年政府頒佈的招標公告說明了公開招標的細則：1872 年香港、九龍石塘牌照的投標截止日期為 1871 年 12 月 22 日，投標者可向總量地官署了解具體詳情，領取投標表格，並向庫務司（Colonial Treasury）繳納 350 元訂金，作為中標後履行合約的保證金，政府有權沒收未能遵守合約者的保證訂金[11]。石礦場持牌人需遵守以下八項條款：

1. 持牌人不得開採未經批核之新石塘；
2. 持牌人不得搬移之前被開採的石料；
3. 持牌人及其分租人在合同到期後的一個月內須將其留在石塘之石料遷移，否則該等石料將被充公；
4. 持牌人遵照前述條款，方可分租他人；
5. 持牌人在採石運輸期間需確保馬路、排水河道、渠道等完好無缺，如有損毀必須立刻維修，否則總量地官會僱用其他人進行維修，費

用將由持牌人支付；

6. 持牌人必須管理石塘的分租人及工人，並要維持石塘的治安及秩序；

7. 如有違反上述條款，官方可終止其合同並沒收其保證金，持牌人須向政府繳付算定損害賠償（Liquidated Damages），其價值相等於牌照費（Premium）；

8. 牌照生效前，持牌人須與一位保證人（Surety）訂立保證狀（Bond），或經總登記官（Registrar General）核准後與多位保證人訂立保證狀，其價值為牌照費兩倍，以作為上述違約賠償的擔保 12。持牌者需提供一個或以上的擔保人，總登記官有權要求持牌人繳付牌照費兩倍的費用作賠償，終止合約。

1876 年之前，香港島及九龍半島的石塘牌照均採用招標方式批出，1876 年政府更加入了公開拍賣競投（Public Auction）的方式。招標與公開拍賣的最大分別是從暗中估價變為公開競爭，政府可因而獲取更大的經濟利益，是年政府公佈的拍賣細則如下：

1. 石塘經營權由 1877 年 1 月起至是年 12 月 31 日止；

2. 價高者可取得石塘的經營權，若有爭議則重新競投；

3. 每次出價的增幅不得少於 100 元（由於反應未如理想，1878 年政府將每次出價調低至 50 元 13）；

4. 拍賣落實後，中標者必須立即簽訂契約書（Memorandum of Agreement），並向政府繳交中標金額（Premium）的 12 分之 1 作為訂金。如中標者未能履行合約，所繳納的訂金將被沒收；

5. 中標者需在中標當年剩餘的 11 個月內，每一個月的頭一天，繳納餘下費用的 12 分之 1；

6. 有關石塘經營權拍賣的詳情可向總量地官署查詢 [14]。

1900 年以前的開採牌照大多以一年為期，每年年底政府會在《香港政府憲報》公佈該年發牌的方式——招標或拍賣，並在事後公佈領有牌照者名單。只有在 1878 年，政府准許投標者遞交標書時，自行決定承租開採權年期：一年、兩年或是三年 [15]。1879 年，香港、九龍石塘開採權牌照的期限恢復舊制，以一年為限，是年分別由李福、曾二承包 [16]。1882 年 [17]，政府允許「香港九龍各石山之利權或合總一票，或分每處投均可」[18]，即承包者可經營香港島、九龍半島其中的一處或港九多處石塘。雖然自 1876 年起，石塘的開採權引入公開拍賣的方式 [19]，但 1882、1883、1889、1891 年的開採權仍舊以招標形式進行 [20]。在 1842 至 1900 年年間，招標與拍賣兩種方式都曾被採用。

1900 至 1941 年年間，《憲報》刊登有關石塘招標或拍賣的公告共有 64 份，其中採取招標方式的共有 25 份，採取拍賣方式的有 34 份，其他則是招標與拍賣方式同時被採用。1902 年起，政府統一各石塘的稅率為 7% [21]。

表一	香港島及九龍半島石塘牌照持牌人、地址及商號名稱（1856－1888）[22]	

年份	香港島	九龍半島
1856 年 9 月 1 日－ 1857 年 8 月 31 日	楊癸秀	/
1866 年	曾新成	Chung Yee
1867 年	Chang Ying Kee	Chang Sow
1868 年	Cheong A Tak	Chun A Kum, Cheong A See
1869 年	Tsang Kong	Chan Kam
1870 年	Tang Sze, Ip King Mau	Tsang Kam
1871 年	Tsang Fung	李和合
1872 年	Lee Wing Shing	曾福（九龍曾安記）
1873 年	Li Shing Ki（筲箕灣水井灣 6 號福隆石匠舖）	曾二（九龍曾安記）
1874 年	Li Wing Shing（筲箕灣水井灣 6 號）	李福隆（筲箕灣水井灣 5 號）
1875 年	Li Wing Shing（筲箕灣水井灣 4 號）	李福隆（筲箕灣水井灣 5 號）
1876 年	Tsang A Yee（鶴園 500 號）	Tsang A Yee（鶴園 500 號）
1878 年	Lee A Tu（筲箕灣水井灣 5 號）	Tsang A Yee
1879 年	李福	曾二
1880 年	曾二（皇后大道東下環街市對面泰源店）	李福（筲箕灣水井灣）
1881 年	曾二（皇后大道東下環街市對面泰源店）	李福（筲箕灣水井灣）
1882 年	太古洋行	曾二（皇后大道東下環街市對面泰源店）
1883 年	李福（筲箕灣水井灣 5 號）	曾瓊（炮臺道）
1886 年	曾瓊（炮臺道 1 號瓊記）	曾瓊（炮臺道 1 號瓊記）
1888 年	曾瓊（炮臺道 1 號瓊記）	曾瓊（炮臺道 1 號瓊記）

表二　　　　　　　1903 年 6 月 29 日練目容益明記錄港島上環第五約東
　　　　　　　　　西家行名單 [23]

東家行（東主）

店號	東主姓名	地址
鄧義合	鄧四	德忌笠街 27 號
刁五記	刁金勝	律打下街 2 號
秀記	袁壽（秀）	第三街 80 號
瓊記	曾瓊	大道西 355 號
桂和	張桂	郭賢里 3 號
------	魏三利	大道東 263 號
------	李義勝	大坑書館街 3 號

西家行（工人）

行主姓名	籍貫	地址
曾新有、曾釗	嘉應州	大道西 355 號
周佐六	華僑	回鄉
魏左五 （生利管工）	嘉應州	第三街 16 號
李福康	嘉應州	孖裡臣街 41 號
李觀	嘉應州	寶慶坊 11 號
張貴 （張安記管工）	貴州	大鐘樓附近皇家碼頭
張華	未詳	回鄉
黃甲有、李石松	未詳	回鄉

四山頭人

「四山」是指今九龍東南部的茶果嶺、茜草灣、牛頭山（牛頭角）以及
鯉魚門四個地區的石塘，為香港的主要石材產地。根據 1898 年《展拓
香港界址專條》，界限街以北、深圳河以南的地區屬新界，故四山其實
位於新界，並非九龍。清朝期間，四山的組織已相當穩固，四山的「頭
人」（類似現時的總判頭／大判）一般聚集於茜草灣天后廟內的「四山
公所」商討鄉務。今天我們仍能在茶果嶺天后廟側門找得到「四山公所」
的石刻牌匾。1947 年，這塊四山公所的憑證，從茜草灣天后廟移往茶
果嶺重修，此後一直留在茶果嶺，沒有搬回原址。四山所產的石材質量
各有不同，牛頭角的石材最優，麻石通透如漢白玉；茶果嶺的石材含鐵
較重，呈紅黑色，素質較牛頭角差 [24]；另外，鑽石山的石材則如雪般潔
白，是當時最受歡迎的石材 [25]，由於石材閃亮猶如鑽石，故此地以鑽
石命名。

1904 年，在新界完成土地登記後，港府頒佈《新界四山管理章程》26
條，分中英文版，內容大體相若，但條款的編號不相同 [26]。文件列明
「四山頭人」的姓名（見表三）及訂定石塘管理者的權利與義務，除了
交納稅項之外，頭人需負責管理石塘秩序，及解決工人的居住問題。

頭人向政府承包石山後，將採石工作分判給「石山主」，再由石山主
聘請打石工人打石。石山主取得工程後，會回家鄉招工，平均每次招
約 30 名工人，已在鄉間掌握打石技術者，來港即可擔任光面師傅，沒
有技術者會在石塘任職打碎石工人。春節時，石工會分批輪流回鄉過
節，先回鄉者會協助留港工作者將工資帶回鄉下。工人互相協調，輪流
回鄉 [27]。石塘東主以漕運船（俗稱大眼雞）運送石材，1850 至 1860 年

表三　　　　　　1904 年香港四山頭人姓名及每月應繳稅款

石山名稱	石山頭人姓名	開採石山每月應繳地稅（為期三年）
牛頭角	胡譚	300 元
茜草灣	盧魁	150 元
茶果嶺	羅寬	450 元
鯉魚門	劉發	300 元

間，香港出產的花崗石出口至美國的三藩市、澳洲的新南威爾斯、暹羅（今泰國）和南中國，每年生產平均約有 300 多噸 [28]。

根據 1904 年的四山管理章程規定，從 1904 年四月初一日至 1907 年三月三十一日，政府與頭人簽訂合約，由頭人監管開採九龍灣內鯉魚門至牛頭角麻石山的工作，他們有權向持有開山執照的山主徵收石餉，費用按山主所得的石價每百抽十四，如有欠石餉者，頭人有權將之拘案。頭人可免費使用石山的渡頭（碼頭），政府容許當時於石山或石山附近工作的石工攜家眷居住，免徵地稅及差餉，但頭人要監控他們不得加建房屋。四山頭人須負責監控石山所存炸藥，並作詳細紀錄，每月呈繳查閱 [29]。四山各石塘山主以四山頭人為首，並要履行納石餉的義務，才能在該地工作。經營石山的頭人並不容易，1907 年茶果嶺頭人羅寬曾因無法繳付 1 至 3 月的 13.65 元地稅而被庫務司起訴，需聘請律師代辯，縱然 1906 年經濟不景氣，羅寬無法履行合約，要求政府將合約註銷，但不獲接納 [30]。

估計四山中以茶果嶺規模最大，因其繳納的稅款最多；牛頭角與鯉魚門

表四　　　　　　　　　　　1930 年代新界承包石塘持牌人姓名 [31]

石塘	地段	承包人	租金（元）
九龍八號石塘	果老灣	Messrs. Chong Tai & Co.	950
九龍九號石塘	土瓜灣	Mr. Cheung Yat Fai	860
九龍十號石塘	大石鼓	Mr. Leung Kee	1,250
九龍十三號石塘	大角咀	Messrs. Foo Loong & Co.	700
九龍十四號石塘	大角咀	Messrs. Foo Loong & Co.	950
大埔路石塘	大埔路	Messrs. Im Hing Kee & Wong Fai Nam	815
九龍三號石塘	馬頭角	Mr. Li Kwai	1,600

所繳稅款相同，僅次於茶果嶺，而茜草灣則最少。從集體官契可見，四山頭人雖各據一方，但卻在不同地區擁有業權。四山頭人聯名擁有的物業有鯉魚門 863、864 地段和 865 的建築物，佔地 0.09 英畝，年租 9 元，估計該建築物為打石工人宿舍。鯉魚門頭人劉發個人在鯉魚門擁有 690、692、827、836 地段的建築物，共佔地 0.1 英畝，年租 10 元。另外他與其餘三位頭人共同擁有 831、832 地段建築物，共 0.04 英畝，年租 4 元。茜草灣頭人盧魁在茜草灣擁有 878、879、886、896、908、910 地段的建築物，共佔 0.09 英畝，年租 9 元。他亦在牛頭角擁有 946 地段的建築物，佔地 0.02 英畝，年租 2 元。牛頭角頭人胡譚在牛頭角擁有 1004、1005 地段的物業，1004 地段面積為 0.01 英畝，年租 1 元；1005 地段是農地 0.02 英畝和建築物 0.09 英畝，年租 9.03 元 [32]，可見他們之間的關係相當複雜。

1900 年後，香港石塘的數量增加，除四山外，沿岸如西營盤、銅鑼

灣、西灣河、筲箕灣、馬頭角、灣仔、石塘咀、鰂魚涌、炮台山、石澳、牛屎灣、長洲、赤鱲角、青衣島、大埔、龍鼓灘等地都有石塘。

茶果嶺的打石歷史悠久,茶果嶺鄉長邱先生相信茶果嶺早在 1700 年代已有人居住,1800 年代開始有打石的商業活動。在同治年間,茶果嶺地區已有四個石塘,分別由曾、邱、羅、鄧四個家族擁有,每個石塘都聘用過百名工人,而石工大多來自紫金、五華等地 33。邱先生保存了由祖父邱慶金所編寫的族譜,上面記載邱氏原籍河南,輾轉遷移福建,再到深圳龍崗。邱氏在茶果嶺生活已經有五代,高祖父邱運勁從深圳龍崗來港定居 34,在茶果嶺山頭找到風水地,埋葬祖先福德公 35,並在茶果嶺經營石塘,曾祖父邱秀高繼承父業,到祖父邱慶金時已三代從事石業,主力為香港「大葛樓」(中環亞畢諾道的中央裁判司署)、香港大學、西環石塘咀碼頭提供石材。戰後,石材多用作九龍油麻地、上海街、新填地街等地建築。直至父親邱譚那一代,人手開鑿的石材面對擁有新技術和資金的荷蘭公司競爭,生意每況愈下。加上邱氏人丁單薄,數代單傳,現時邱先生已再沒經營石塘 36。

據鯉魚門 78 歲的羅先生稱,羅氏祖先在 1870 年(同治九年)已在茶果嶺生活,十多房子孫同住於羅氏大屋,羅先生與眾多叔伯也曾住該處。其大伯父羅林和其他叔伯在 1940、1950 年代仍靠經營石材生意維生,興建啟德機場的石材也是茶果嶺和鯉魚門等地的石塘提供。羅先生稱羅氏不但在茶果嶺經營石業,在鯉魚門也有石塘。1947 至 1952 年,他讀中學時,茶果嶺和鯉魚門兩地至少還有 10 個石塘,麻石主要靠漕運船(俗稱大眼雞)運送,船隻沒有機器,只靠三張大帆助航。1938 年前,羅先生的父親羅平(1906－1964)與長兄羅亞檬、三弟羅生,兄弟各購置漁船,改行捕魚,平時泊近「酒灣」(三家村碼頭位置)或筲箕灣,

羅平其後在鯉魚門頂讓一間酒樓，改名為「玉泉居」，開始上岸經營茶樓 [37]。

據鯉魚門的羅先生稱，羅氏在茶果嶺的人丁較鯉魚門為多，1945 年和平後，大家嘗試組織起來，設立祠堂，但未能成功。1953 年羅平從茶果嶺遷往鯉魚門發展，1950 年代初被鄉親推舉為鄉長 [38]。羅氏在茶果嶺的眾多族兄弟中以羅添最有勢力。羅添和羅平擔心茶果嶺一位沒有後嗣的族兄弟房屋被外人侵佔，合力在該屋的土地上用鐵皮搭蓋房子，並取得業權，羅氏族人中有反對二人於族兄弟的空地建屋，並發動鄉親捐款，成立「豫章堂」花炮會與之抗衡。茶果嶺有六個花炮會，分別是天勝堂、茶果嶺丁財炮、豫章堂、志發堂、合義堂和茶果嶺麒麟隊，豫章堂花炮會在茶果嶺聲望最高。其時全港共有 27 個花炮會，其餘的花炮會包括了虎鶴堂、雞寮村、得勝堂、陽江工商聯誼會、勝益堂、志義堂、誠義堂、葉德華龍師會、馬游塘村、合發堂、歡勝堂、黃昌國術體育會、永勝堂、友誼堂、香港發強體育會、陸智夫國術總會、合興堂、忠義堂、本合門花炮會、潤成堂和同發義 [39]。每年的天后誕慶典由豫章堂帶領其他炮會陸續向天后參拜。1950 年代的天后誕，茜草灣、茶果嶺的海面遍佈來自油麻地、西貢等地掛滿彩旗參神的炮會大漁船，好不熱鬧，反映炮會、四山石業、海上運輸經營者的緊密聯繫。

73 歲的茶果嶺鄉民鄧先生回憶，在 1950、1960 年代，茶果嶺有曾、邱、羅、鄧四大氏族，以打石、耕種和釀酒為生。其父鄧容華是石塘打石師傅，可能因吸入大量石塵而早逝。家族曾擁有稱為「三角紙」的私人業權，但因祖父輩為文盲，不知道要繳納地稅而遭政府沒收土地。1960 年代中政府以每平方呎不足 1 元的價錢收購鄧氏的農地，鄧母得款約 1 萬元，其時政府以繁華街的土地與村民換地，並允許村民於該地

興建混凝土平房。現時村內擁有業權者有七至八家人，邱姓、黃姓、羅姓均有，當中以邱氏土地最多 [40]。

曾氏原籍五華水寨鄉，五代人在茶果嶺生活，後人曾先生稱，祖先以「三省堂」名義在茶果嶺開設石塘，僱用二三百名打石工人，是該地最大的石塘。根據他提供的土地契約紀錄，其太祖曾伯通在茶果嶺擁有產業，該契約亦顯示曾伯通之孫兒曾桂、亞茂兩兄弟於 1943 年逃難到香港，曾先生的父親、叔父也在 1940 年代來港，他們沒有繼續從事打石行業 [41]。

鯉魚門的石塘主要由羅氏、葉氏、張氏等氏族經營。1920 年代，鯉魚門至少有四個石塘，兩個位於環尾，另外兩個位於三家村附近 [42]。羅氏的代表為羅譚財（?－1938），為廣州惠陽人，在鯉魚門承包石塘後，到家鄉招攬鄉親來港工作。倘若招攬的工人數量太多，石塘無法全部聘請，便轉介往茶果嶺、茜草灣、牛頭角、老虎岩等石塘工作。鯉魚門葉氏同樣以經營石塘見稱，家族幾代人都在鯉魚門經營石塘，葉先生之父葉宋（1910－2000）在 1950 年代被鄉民推舉為鄉長，組織「自治會」[43]。而葉先生則是懲教署退休官員，曾撰文講述鯉魚門打石業歷史，並把昔日的打石工具給予賽馬會創意館展示 [44]。

四山地區的石塘在中日戰爭時期受到嚴重的影響，鯉魚門地區的鄉民不少餓死，部份人回鄉避難，僅剩下約 50 多人。戰爭結束之後，人口才逐漸回升到二三百人，石塘亦重新運作 [45]。1950、1960 年代，香港城市建設進一步加快，四山地區的打石業迅速增長。從多位石業從業員的回憶得知，1950 年代是香港打石行業最為興盛的時期 [46]。1967 年香港發生騷亂，政府收緊炸藥管制，鑑於石礦場使用的黃色炸藥被人非法用

於製造炸彈，事件後政府對石塘使用爆炸物品變得相當審慎 [47]，甚至不再為石礦場續牌。1960 年代末，鯉魚門等地的石礦場逐漸消失 [48]。1970 年代，隨著新的建築技術普及，打石行業開始式微，茶果嶺、筲箕灣等地的石塘紛紛歇業。現在香港僅存的打石工人也不再從事建築相關的工作，而是在墳場附近以打石碑謀生。

行業的傳承

根據羅香林的研究，打石工人可以分為：打蠻石、打光面石、打地牛、
打碑石、打石碎等五類不同的工作 [49]。所謂打蠻石是指靠氣力將堅硬
的大石頭破開，打光面石是把石頭打磨至平滑光亮，地牛是柱子的基
礎，用來承托柱子。其中打蠻石、打石碎等工作對從業員的技巧要求
並不高，而打光面石、打地牛、打碑石等工作則需要學習打石的專門
技巧。「港九打石職工會」前副主席魏先生指出，在五華鄉間的打石師
徒制度，主要是培訓打光面石的師傅，學藝至少要三年，才能掌握各
種打石的技巧出師 [50]。「港九打石職工會」主席邱先生曾在墳場設有石
碑工場，指出學徒首先要學習打光面，再學鑿字，最後學習如何安裝
石碑 [51]。因此，打石行業的師徒制度在打光面石、打碑石從業員中流
行，而在石塘從事打蠻石的石工，主要靠力氣，技術為次要，甚少拜師
學藝。

團結鄉里

根據羅先生的引述，鯉魚門石塘的工人多從家鄉惠陽招攬，能掌握打石
技術者馬上會被石塘聘用，不懂的便跟隨父輩學習，大家都相信只要肯
學，也可邊學邊做 [52]。茶果嶺的高先生指出，在石塘工作的打石工人
並沒有拜師制度，主要看個人的頭腦是否靈活，願意努力學習便可克服
困難 [53]。各個石塘的判頭會按照工程的需要招聘工人，教工人開採石
礦。判頭承包工程後，才開始招聘新工人，工程完成後，工人即離去，

沒有任何補償制度[54]。香港各個石塘的打石工人，並沒有奉行師徒制度，反而地緣網絡更為明顯，原因是在香港的打石工作屬打蠻石，最重要的是力氣，而不講究技巧。

香港的打石工人大多是來自廣東紫金、惠陽、興寧、五華的客家人，數量以五華人最多，而廣東東莞也有很多人來打石。1950年代後，也有不少上海打石工人遷港，他們擅長打造雕刻精美的石獅子[55]。石工完成一項工程後回鄉，向鄉親講述香港的工作情況，同鄉在家鄉已懂打石者，聽聞在港可以賺取較高工資便跟著同鄉來港打石[56]。石塘主人多是同鄉之中最具威望者。由於石塘內的工人多是同鄉，管理比較鬆散，塘主承包工程後便招呼鄉親前來工作，並為工人提供食宿，沒有工作便回鄉[57]。首次來港尋找工作的石工，初來乍到，人生路不熟，又沒有固定住處，需依靠同鄉關照，解決在找到穩定工作前的食宿問題。塘主為同鄉解決燃眉之急的恩惠，在工人正式上工後會自發向塘主繳付佣金作為回報，甚至協助塘主爭地盤而參與械鬥。戰後隨著大型的石礦場逐步在茶果嶺、鯉魚門等地建立，石塘中原有的地緣網絡也逐漸被新式的制度取代。1950、1960年代，茶果嶺的安達臣、派安等大型石礦場，採用火藥爆開石材，與之前靠大量人力開鑿的石塘運作截然不同。

羅香林在〈香港早期之打石史蹟及其與香港建設之關係〉一文中提到打石行業的代表人物：鄧元昌、曾三利、曾瓊、袁石秀、李瑞琴、李漢四等，其中只有袁石秀為興寧人，其餘皆為五華人[58]。在香港從事打石行業的廣東石匠，分肇慶與嘉應州、連州等派別。肇慶派善雕端硯和碑刻，以水成岩石塊為主要石材；至於嘉應州和連州二派，則以客家人為主，善打花崗石柱礎，石材與香港石山相同，因此，來香港的石工以嘉應州五華人為最多，分佈於荷李活道西頭、西營盤、石塘咀、薄扶林、

大道東、跑馬地、銅鑼灣、大坑、北角、筲箕灣等地 59。

1840 年代初，廣東的台山、鶴山、赤溪等地經常發生械鬥，部份客家人遂移居至今香港西營盤一帶發展 60。十九世紀中葉鯉魚門至少有三個較大的石塘：葉福的「同福堂」、曾林安的「同泰堂」和葉華勝的「同利堂」，每個堂口僱用大約百多名石匠和搬運工人，大多來自五華、惠陽、梅縣和東莞。石商生產各類石材，供給本土及廣東沿岸村落作建築用途。石材種類主要有「蠻石（大石塊）」、「石角（小石塊）」、「地牛或石牛（石磚）」、「石板」、「石橋（長方體石）」、「石柱」、「石墩」等。礦場除石匠外，更有負責製造和修補採石工具的鐵匠（客語稱「鮮劃師傅」）。鐵匠使用煤爐以手動風箱燒紅鋼鐵來「鮮劃」（粵語即「打劃」，音 caam6，工友有不同讀法），「劃」是「鐵鑿」、「鐵尖」、「炮劃」、「鐵筆」等採石工具的統稱。礦場附近更設有棚屋供石匠居住，全村的石工約有 300 多人。海旁設有五至六個碼頭，常停泊著用風帆推動運載石材的木貨船。十九世紀末，木貨船開始被電船取代。1898 年，新界「官批石塘」全被「封山」（禁止），1904 年香港殖民政府完成土地測量後，才重新登記 61。1905 年的集體官契，就看到有關四興堂位於鯉魚門地段 700 號，建築物佔地 0.01 英畝，年租 1 元的紀錄 62。

鯉魚門的葉先生，先祖於十九世紀中葉從赤溪逃難到港，曾祖父葉華勝的兄長葉亞長（又名葉錫長）擁有一份1907年（光緒三十三年）印有「厘印總局」的資料，記錄了葉亞長、李壬有和藍亞秀三人在鯉魚門亞媽灣25號合資設立「四興塘」，「塘」是石礦的舊稱，該石塘設有石廠瓦屋、左邊火廊和爐頭屋共三間屋。1907年，四興塘是鯉魚門的私人石塘之一，三名合資者其後因生意爭執將鯉魚門的石廠賣掉。港島的鰂魚涌亦有石塘。位於鯉魚門的石塘則由葉姓、張姓擁有。不

同的石礦場各自透過地緣網絡從鄉下招聘石工來港，每次約20至30人，來港後分成三組人，約十人一組，各組人輪流回鄉。如有一組人回鄉，會為另外兩組人代帶糧食及金錢回鄉予親人，各工人會在工程完成後離港[63]。

五華素來有離鄉討生活的傳統，五華人有句俗語：「火燒門前紙，各人搵生意」。「火燒門前紙」是說新春時各家門戶都貼上紅紙，正月初三便將紅紙火化；「各人搵生意」是指鄉民在正月初三開始離開家園，四出找工作。戰前，有很多五華人來到香港工作，每年在農曆十二月十六日，吃過東主的「尾禡（音尾牙）」飯菜後，便回鄉渡歲，正月初三才從鄉下返回香港工作。戰後，打石工人在家鄉逗留的日子較長，在正月十五日元宵後才回港工作。由於大批石工師傅未能趕及農曆正月初三回港慶祝魯班正誕，因此戰後改在農曆六月十三日魯班副誕慶祝。

茶果嶺的曾氏原籍五華水寨鄉（現廣東省梅州市五華縣水寨鎮），曾氏曾多次回鄉招引鄉親到茶果嶺工作。1950 年代，香港建造業蓬勃，需要大量的石材，「港九打石職工會」的魏先生等人也有回鄉招攬工人來港工作[64]。雖然香港各地的石塘在招工時並沒有明文規定地域、宗族，但事實上由五華、惠州人等經營的石塘，外鄉人很難進入石塘工作。廖先生指出，外鄉人必須加入工會才能夠有機會在石塘找到工作，因為判頭一般會直接到行會聘請工人，這種運作的機制限制了外鄉人加入打石業[65]。

血緣網絡

李瑞琴、李漢四、曾瓊、曾三利（號貫萬）、鄧元昌（原名酉元）、袁

石秀等六個家族是打石業的翹楚。前五位都是五華人,袁石秀是興寧羅崗人。袁石秀於 1850 年代已移居香港,在西營盤創立「秀記石行」,專門承辦光面石,兼習建築工程,曾參與興建香港政府中環街市等工程。袁氏後人子承父業,承辦港府工程,由香港仔到赤柱的山崖馬路、大潭篤水塘等,家族靠打石致富[66]。

李瑞琴自幼隨父李潤振遷居香港,習建築工程,設立「榮泰建築公司」,承接港府築路、開渠等,較具代表性的工程包括修建港府的屋宇、水塘、西營盤炮台、旺角水閘,大灣、荃灣、大坑的供水系統,油麻地至紅磡、西環至香港仔、荔枝角道至葵涌等馬路工程,大埔道至背子石的水渠工程。他也曾義務捐建宋王臺的石砌圍基[67]。

李漢四在上環寶慶坊創辦「福信建築公司」,承接開山石及建築工程,其族人李浩如自小跟隨,也成為建築商,居於大坑。李浩如的第三子惠堂在香港接受教育,更以足球絕技聞名於世,有「球王」美譽[68]。

1903 年,西營盤至少有 16 位承接打石填路的頭人,曾瓊是其中之一(見表五)。原為打石工人,後晉升為頭人的曾瓊,在西營盤大道西355 號創辦「瓊記」,承包政府工程。具代表性的工程包括自中環至西環的石海堤、碼頭、九龍長沙灣水塘等,是香港早期靠石業起家致富者[69]。曾瓊於 1907 年陷入財困,透過與政府官員的密切關係,向香港政府借款 11,500 元周轉,1909 年 4 月他依期歸還貸款及利息,但仍引起港督不滿,認為不應該開先例借款給承建商,決定以後不再向承建商發放貸款[70]。

除了曾瓊外,另一個曾氏——曾貫萬(又名曾三利、曾奕賢)較年長,

表五　　　　　　　　　1903 年 6 月 29 日練目馮冕記錄港島西營盤第三約石
　　　　　　　　　　　行名單 71

店號名稱	東主姓名	東主籍貫	店號地址	石行專長
義和	周義和	長樂	第三街 6 號	打光面石、石雕
生利	魏天保	長樂	第三街 16 號	打光面石、石雕
秀記	袁秀	嘉應州	第三街 80 號	打光面石、石雕
炳記	鍾炳	長樂	第三街 97 號	打光面石、石雕
桂和	張桂	長樂	郭賢巷 3 號	打光面石、石雕
安記	張安	長樂	大道西 340 號 3 樓	打光面石、石雕
東生	陳東生	惠州	第四街 11 號	打石、建路
成記	吳成	歸善	第四街 7 號	打石、建路
和昌	李和昌	歸善	第四街 17 號	打石、建路
同盛	吳保	新安	第四街 14 號	打石、建路
有利	張有	惠州	第四街 28 號	打石、建路
田和	李福	歸善	第四街 34 號	打石、建路
福昌	湯福	新安	第四街 63 號	打石、建路
公昌	邱水	歸善	第四街 75 號	打石、建路
榮泰	李炳	長樂	第四街 10 號	打石、填海
瓊記	曾瓊	長樂	大道西 355 號	打石、填海

是早期的石業開拓者，根據《沙田曾大屋三利祖族譜》記載，來自五華
員墩鄉的曾貫萬生於 1808 年，1825 年遷入九龍城，於茶果嶺石塘出任
伙夫，因掌握爆破巨石的竅門，得石塘東主賞識，轉職為石塘工頭，
1840 年代初於筲箕灣 23 號地段獨資創辦石塘，1843 年創辦義隆雜貨
店 72。曾貫萬最為港人所熟悉的不是他從事打石的經歷，而是他在新
界沙田山廈圍興築的曾大屋。該建築以清士大夫官邸格局修建，又稱大

夫第，是一座東、南、西、北四個角落均建有碉樓的城堡，碉樓的屋簷以士大夫的官帽樣式建造，由於規模完備，為清朝同期建築的優秀作品，讓人懷疑曾貫萬財富的來源，更有傳聞指曾貫萬在偶然機會購入16 甕藏有白銀的鹹魚致富[73]。曾大屋於 1867 年落成[74]，即曾貫萬開設「大元石行」後 20 餘年[75]，曾貫萬的石業生意，相信是曾氏致富的主要經濟來源。

曾貫萬後人曾先生（1928－）稱，兒孫沒有把祖先的事業發揚光大，六房人把家財陸續變賣。他見到的最後的「榕記船廠」，只是一條擺放魚的漁船，用一條竹篾繩索綁著一隻艇的一個舖位，非常簡陋，這條擺在泥地淺灘的漁船，前舖後居，位於東大街。戰後，曾氏後人祭祖，只獲派一段甘蔗和一些麵包。曾先生說最後其長輩連這間舖也守不住，堂弟較他年輕，也沒有機會看到這間舖。他聽聞曾氏有一位「姑婆太」嫁給鄧元昌的兒子。他記得鄧家居於港島的古老大屋，像淺水灣炮台一樣宏偉[76]。

1870 年代，曾貫萬與同鄉鄧元昌（又名鄧酉元，生於 1820 年代，終於1887 年）結為姻親，鄧元昌是上環元昌石行的東主[77]，擅於建造中國傳統建築、政府水務及渠務工程，曾貫萬以長女（男女次序排列則排行第五）曾灶嬌（1851－1927）許配予鄧元昌第三子鄧榮泰（1840 年代－1880 年代）[78]，鞏固兩家人在石業界的領導地位。1880 年代，鄧元昌及鄧榮泰先後去世，曾灶嬌協助夫家掌管位於文武廟附近的元昌石行，曾氏族人在建造業界的影響力也因此得以提升[79]。五華鄧氏、李氏、曾氏等家族群從開石築路開始，繼而進軍建築行業致富。興寧袁氏的經濟狀況雖然不及鄧元昌家族豐裕，然其學術成就，則較鄧氏優勝[80]。可見石業巨頭也重視下一代的教育，積極使家族向上流動。

在口述採訪中，也聽到很多由工人晉升為判頭的例子。由於打石工人可以回鄉招攬鄉親工作，其中部份人抓住機會，僱用同鄉，向石塘承包工程，從而由工人成為判頭。鯉魚門的羅譚財便是在 1930 年代藉著人際網絡和擁有三間屋地，解決同鄉居住問題，承接外籍石塘營辦者的打石工程，成為判頭 [81]。「港九打石職工會」的魏先生提到，很多五華師傅做了石工兩三年，便向大老闆承判打石工程，接到承包生意後，馬上找鄉里來港工作，打石碎的「手板眼見功夫」年輕的工人都能應付，就算是比較複雜要有直角尖位的「石牛仔」，多練習也可以做出來。打石工人有很多機會可晉升為判頭 [82]，但並非每一個工人都能把握機會，有時還需具備基礎知識才能夠成為判頭。茶果嶺的高先生在茜草灣打石，1950 年代初學會使用風機鑽石，1950 年代中掌握到駕駛剷泥吊機將大石夾送到「夾石機」夾碎的技巧，取代打碎石的工序。他在工餘時間在筲箕灣夜校學習英語，1967 年與一名懂得看圖則的夥伴合作，向官塘五洲建築公司承判紮鐵工程，成為判頭，即現時的分判商 [83]，自此由工人轉變成為判頭，是眾多石工中的成功例子。

行業工會組織

由從事打石行業的工人和東主組成，現能追溯最早的打石工會為聯盛堂，曾先後於 1868、1869 年（同治七、八年）送贈對聯及石枱給大坑天后古廟[84]，成立於 1860 年代，堂會名稱「聯陞（盛）堂（東西家）」[85]。而由東主組織的東家行永盛堂（簡稱東勝堂），則最早可追溯至其 1892 年的行規（見附錄一）。1912 年，港府公佈轄免登記的社團名單，與打石業相關的行會組織包括：永盛堂（Wing Sheng Tong，1913 年改稱永勝堂 Wing Shing Tong）、張瓊盛堂（Cheung King Shing Tong，1913 年改稱瓊勝堂 King Shing Tong）、協盛堂（1913 年改稱協勝堂，Hip Shing Tong）、李聯盛堂（Li Lun Shing Tong）、聯發堂（Lun Fat Tong）、聯義堂（Lun Yi Tong）、曾聯盛堂（Tsang Lun Shing Tong）和永義堂（Wing Yi Tong）（見表六），當中永盛堂為東主的組織，其餘則為工人組織，而聯志堂（Kowloon Peninsula, Lun Chi Tong）則是一間木匠和石匠的聯合工會[86]。

1921 年，開山石行、光面石行成立，會員約有 3,000 人[87]。1930 年代，筲箕灣有「石行公會」，會員都是東主，該會的議事場地則選址在筲箕灣的一棟唐樓內。石行公會的特別任務，是連繫不同地域的公會，一般是靠書信取得支持或相助，公會會透過同行支援，解決糾紛，召集的支持者可達數百人[88]。2013 年仍存在的打石業工人組織只有「港九石行總工會」與「港九打石職工會」。

表六　　　　　　　　香港石業組織

組織名稱	成立 / 最早可考年份
永盛堂（1913 年改稱永勝堂）	1892 年
·張瓊盛堂（1913 年改稱瓊勝堂）	1903 年
·協盛堂（1913 年改稱協勝堂）	1903 年
·李聯盛堂	1903 年
·曾聯盛堂	1903 年
聯發堂	1912 年
·聯義堂	1912 年
永義堂	1912 年
廣惠石行工會	1920 年
開山石行、光面石行	1921 年
石行樂善會	1922 年
港九石行總工會	1922 年
港九勝義建築結石工會	1945 年
石聯（1958 年改稱港九打石職工會；1981 年改稱港九打石建造業職工會）	1954 年

「 · 」為下屬的堂口

永盛堂

會址位於永樂街 44 號萬芳樓的永盛堂乃石行東主組織的工會 [89]，會員約 120 人。據說香港永盛堂為廣州總行（位於廣州市大馬路頭西石角石行會館）的分會，很多重要的決策，需與廣州總行商議。永盛堂並不是一個單一的工會組織，而是一個工會聯合會，內部分嘉應州和惠州兩

派，而兩派工會內部又有不同的堂口。

嘉應州石匠工會：李家之李聯盛堂（會員約有 100 人，1903 年 6 月的
經理為李福康與李觀維），曾家之曾聯盛堂（會員約 200 人，經理為曾
招與曾新有），百姓家之聯義堂（會員為非李、曾兩姓之石匠，經理為
周左六與魏左五，人數約 300 人）。惠州石匠工會：張家之瓊勝堂（會
員約 200 人，經理為張桂與張華），百姓家之協勝堂（會員約 300 人，
經理為黃甲有與李石松）[90]。

1903 年 6 月，香港永盛堂由袁壽（秀）和刁金勝出任值事，有經理七
名：張桂、周松、鄧義合、鄧四、李義勝、魏三利和曾瓊。值事每年六
月初將工會帳目呈審核並進行值事改選，最多可以連任七屆，其中袁壽
曾連任三期。每年的例會在香港永樂街 44 號萬芳樓進行，重大事情會
在廣州大馬路頭西石角石行會館內議決。永盛堂崇奉魯班先師為主神，
每年除在廣州舉辦魯班先師寶誕外，也會在銅鑼灣天后古廟籌辦天后寶
誕[91]。

根據 1892 年行規，永盛堂以六月十三日魯班先師誕為期，齊集商議行
內事務，以維護業內人士利益，規定新開張石舖需向該會支付招牌費
20 兩；如股東有外行人加入，招牌費要加倍到 40 兩；如更改招牌，要
再多交 10 兩；更換店東時，先交 3 兩除去舊名，再交銀 17 兩 8 錢 4 分
才能加入新東主名字。1896 年的行規則列明，全國已有 25 個省市設有
東家行和西家行，東主除支付工資外，也為工人提供伙食，工人每日工
資為 2 錢 4 分，每年建醮做盂蘭勝會，各店號出售「石朴」（一種耐寒
耐熱的中藥，有制服草木，柔潤五金，制煉石塊的功能）時要抽厘銀，
每兩抽 1 分，最多限抽 30 兩，要扣除金豬銀（購買祭祀用燒豬的費用）

6 両。每年六月初九，即魯班先師誕的前幾天要繳付所有厘銀予香港永盛堂[92]。

港九石行總工會

港九石行總工會原稱香港石行總工會，成立於 1922 年，是一個由判頭和工人組成的工會組織，會員超過 300 人，當中九成是惠州人。根據石業同工回憶，最早的會址設於九龍城衙前圍道 58 號 2 樓。約於 1970 年代，因樓宇被拆卸，另以五萬多元購入龍崗道 22 號 2 樓作永久會址，辦公室現仍懸掛著創會時的會員合照（下頁圖）[93]。

打石行會與武館的關係密切，例如豬肉商兼神打師傅陳華（又名陳華勝）、「東江朱家螳螂國術總會有限公司」永遠會長周有、首席會長朱冠華、林雲、首席主席朱冠煌[94]，都與港九石行總工會過從甚密。打石工人不少跟隨武館學功夫，值得注意的是胡容（又名胡炳容或胡亞容），在惠州已跟隨打石師傅胡日祥學神打，1946 年胡容來港才學打石，並於土瓜灣新山石塘的泥屋設館，開壇作法，招收徒弟，1946 年至 1980 年代初，吸引學員達七至八萬。1950 年代初，九龍城的惠州鄉里常被潮州人欺負，胡容手持木棍堅守九龍城，利用武力防止潮州人來犯。胡容在九龍城有地位，港九石行總工會的監事長一職歷年都由他擔任[95]。

入會資格

港九石行總工會一直是打石工人和判頭組成的組織，79 歲的會員廖先生憶述自己在 1950 年代初加入工會，手續十分簡單，不需要舊會員介紹。1950 年代的會費每月約 2 至 3 元，現時增至 5 元，會員可享有帛

1922 年 5 月 14 日，香港石行總工會開幕同人合影，攝於西環七臺之一的紫蘭臺。

可辨認的人物：

第一排：左起羅秀、胡容、賴清、曾松、葉譚勝、李霖、朱冠華、林雲（打石判頭，入行時只有 10 歲，2012 年已屆百歲高齡）、周有

第二排：左起李軒利、朱鐵戈、吳華、石水、李均、謝良、歐陽芳、葉柏、賴福

第三排：左起朱華有、李森、廖漢良、羅芬、李秀、王宜進、曾添、溫泉、黃生、周福、朱冠煌、吳炎登、陳華、楊有

第四排：左起黃育春、鄭炳、王新來、曾佛、黃福祥、黃耀、李漢、謝樂逸、楊逸、阮偉彬、萬秀、陳華、羅旺、黃松發

金福利，現時有 1,500 元。會員一般會在農曆六月十三日魯班先師誕的聚餐時，繳交一年的會費。總工會是會員的娛樂場所，24 小時開放，內設有十多張床位，免費讓有需要的工人入住，方便在港謀生，供養鄉間妻兒子女的男工人。工會定期有廿多名工人以工會為家，晚上在工會借宿，日間騰空地方，放置三至五桌「麻雀」供會員耍樂，透過會員打麻雀及推牌九所繳交的佣金，補貼工會的開支。九龍城警察局的警察也常來消遣，如有外籍警司上來，該會必定有人預先通知會眾停止耍樂，只作閒聊。工人也會來工會尋找工作機會，由於判頭多，就業機會也多 [96]。打石行業在 1970 年代末開始式微，再沒有新會員加入，直至現時為止，總工會只剩下 30 多名會員 [97]。

組織架構

「港九石行總工會」現存兩份 1948 年的《註冊章程》，一是小冊子，另一是一份九頁的文件 [98]。二者同是寫有「公曆一千九百四十八年八月二十三日註冊」，但二者有少許分別（見表七）。

據章程顯示，該會以會員大會為最高權力機關，設有理事會、監事會，設理事 25 人、候補理事 2 人、監事 4 人、候補監事 1 人，以雙記名聯選法或限制聯選法直接投票選出。理監事分別組織理監會，並由理事中互選出正副理事長各一人，會務、財務、福利、教育主任各一人；由監事中互選一名監事長，審查、風紀主任各一名。

凡年滿 16 歲從事石業的工人、工目、判頭，不分男女，只要有兩名會員介紹，一次繳交會基金 10 元、會員證書及證章費 2 元，便可入會成為會員。此外，每月交福利費 5 角、「常年費」每月 1 元。該會設有福

表七　　　　　　　港九石行總公會《註冊章程》與工會內部文件之差異

1948 年《註冊章程》小冊子	1948 年工會文件
封面寫有「港九石行總工會註冊章程條文經局部修訂」	封面有工會標誌及中英文名稱
辦事處設於「九龍衙前圍道五十八號二樓」	辦事處設於九龍城龍崗道廿二號二樓（現址）
第十二條的處分有四項	省略第十二條的四項處分
第二十三條的一至十細項	第二十三條被改為甲乙部份，前六項不變，後四項歸入乙部份，標題為「凡有關於下列各項之議案須以秘密投票方式表決之」，然後再分四點：一、本會職員及理監事之選任及罷免；二、本會名稱之更改；三、本會與另一間工會之合併；四、本會與其他工會組織工會聯合組織或加入任何其他職工會聯合組織為會員。小冊子第廿四條，在文件中再加上乙項：理事會得委任對本會有特殊貢獻或曾任本會理監事兩年以上之合格會員為名譽會長（一人）、名譽副會長（四人）、名譽顧問（九人）等職，任期一年，連委得連任，但無特權實職，經理事會之邀請出席理事會會議，惟祇有發言權無表決權，其權利義務與合格會員同。
二十一條的標題	誤記為「廿十條」
全部只有三十三條	多一條為三十四條，分為契約和公印兩細項。

利金，會員入會滿三個月後不幸離世者，其家人可獲 500 元殯葬費。如欠會費三個月者便喪失福利，欠會費六個月者當退會論。

1966 年 5 月，曾松、楊有和楊炳三人聯名以 54,000 元購入九龍城龍崗道 22 號 2 樓作會所之用。樓契顯示該物業是 Stone Masons General Union 的會所 [99]。從 1982 年 12 月 18 日，港九石行總工會成立 60 週年紀念暨 37 屆理監事與主禮人攝影留念的照片，可推算該會在 1945 年和平後開始復興，並設立第一屆理監事會；由第 60 屆職員表得知，該會設有理事會、監事會及名譽會長（兩人）。理事會設正副理事長各一人、會務、財政、福利、教育、核數等主任職位各一人，另設理事四人；監事會設監事長、審查主任、風紀主任、監事各一人 [100]。

工會的活動

報章上不時可見有關打石工人罷工的報導，甚至記載行業東西家常常以打鬥解決工資糾紛 [101]，但據港九石行總工會會員廖先生回憶，他在會期間，該會並未參加過罷工活動，也未曾聽說過打鬥之事。廖先生在 1958 年曾經為爭取自身利益，也加入了「港九打石職工會」，他解釋「港九石行總工會」與「港九打石職工會」的分別是兩會的政治取向不同，前者在雙十節懸掛青天白日旗，該會至今仍在牆上掛有孫中山的照片，後者則在 10 月 1 日懸掛五星紅旗 [102]。廖先生接觸過的打石工人以五華、惠州人居多，也有潮州人，來自上海的師傅則十分擅長打造石獅子。工會會在六月十三日在茶樓慶賀魯班誕，聚餐時還有歌舞表演 [103]。

1990 年代以後整個打石行業式微，已經沒有打石工人加入工會，只有少數從事打光面石或石碑鑿字的師傅加入工會。

1954 年港九石行總工會足球隊

港九打石建造業職工會

1954 年，100 多名掃桿埔的石工，慷慨捐助 10 至 20 天工資，金額由 10 至 200 元不等，租下土瓜灣炮仗街 101 號 3 樓作工會辦事處，組織「石聯」[104]。1956 年，工會再以 270 元租用九龍城衙前圍道 42 號 A 4 樓（現黃珍珍菜館所在地）。可惜在 1954 至 1958 年期間，石聯一直不被政府承認。1958 年，石聯在彌敦道的瓊華酒樓召開大會，更改工會名稱為「港九打石職工會」，隨即獲得政府的批准註冊[105]。其時港九打石職工會有創會會員 300 多名，大多是開山、爆石、雕刻石獅、石碑、興建樓宇用的石材、山墳石、渠邊石、水渠石、水塘石等石工[106]。1960 年代，港九打石職工會的影響力不斷增加，全港大約八成打石工人都是會員[107]。1981 年 12 月，港九打石職工會易名為「港九打石建造業職工會」。

1961 年，港九打石職工會以累積的資金 42,500 元購入九龍城打鼓嶺道 20 號 5 樓 D 座，作為該會的會址。1968 年 1 月春節，工會在會所舉行慰問失業以及半失業工友大會[108]。1969 年春節，工會再次向困難工人發放慰問米和慰問物品[109]。由於從業員數量下降，工會的成員不斷減少，2007 年只剩下約 200 名會員，由於沒有新會員，工會與「香港建造業總工會」（以下簡稱「建總」）洽商，2007 年 3 月將工會辦事處遷移到油麻地上海街的「建總」，將會址租出，增加收入，藉此提升會員福利。2009 年起，工會向離世的工友親屬提供每位 1,400 元的帛金。

組織架構

1958 年，港九打石職工會成立時，組織架構已相當完善。最高的權力

港九打石職工會 1958 年成立大會合照

機構為全體會員大會和會員代表大會，下設執行委員會，有正副主席各一人，會務一人，教育、財務、組織、福利、調查、體育等部均設正副主任各一人[110]。港九打石職工會的組織架構參考了當時中國內地的人民代表大會制度，符合其左派的政治背景。

港九打石職工會是一個左派政治傾向的社團，其以劉三為代表的成員，在 1967 年的騷動時十分活躍，成立「打石工人鬥委會」。1967 年 12 月 11 日，該會主要領導人劉三因涉嫌串謀暴力搶劫警察手槍，在慈雲山徙置區家中被拘捕[111]。同時，劉三還被懷疑偷竊當時石礦場中的黑火藥和硝酸甘油等，以製作炸彈[112]。根據當時報紙中的報導，劉三被捕之後被關押至 1969 年 2 月[113]。

會員福利

港九打石職工會照顧工人日常生活所需。工會除以九龍城打鼓嶺道 20 號衙前圍大樓 5 樓 D 座作辦事處外，還以 200 多元租用衙前圍道 42A 4 樓作福利部，擺放設有上下格床位的鋼床租給工友，一張床位租金為 12 至 14 元，可供 36 人居住。有些工友一家七口租一張床位，連床底也有人睡覺。1963 年，香港實施四日四小時供水，工會騰出空位放置盛水器皿，廚具也用來盛水，方便工人。福利部還出售較便宜的日用品或年貨臘味等等[114]。

由於打石行業在香港逐漸式微，自 1980 年代開始打石職工會已經沒有新會員加入，2013 年的會員數目已不足 40 人。理事會決定再次召開會員大會，修改會章，吸納現時從事雲石行業的工人加入工會，同年將工會名稱改為「港九打石雲石建造業職工會」[115]。

港九勝義建築結石工會

1945 年，大部份來自惠陽，還有少數來自增城、鶴園、梅縣等地的打石、坭水工人，創立了港九勝義建築結石工會。最初會址設於九龍深水埗汝州街 173 號 3 樓，及後遷往南昌街 181 號 6 樓。根據香港歷史檔案館館藏有關該工會在 1955 以及 1963 年的兩份工會章程顯示，該工會致力吸納香港、九龍所有從事建築行業的判頭、工友，組織設有會員代表大會、理事會、監事會等 [116]。2006 年 3 月 13 日，工會撤銷登記 [117]。

除了上述的四個工會以外，1923 年，中國共產黨派梁鵬萬等人來港調查工會以及工人的情況，在報告中就提到香港打石工人人數大約有二萬人，報告還記錄了兩個與打石相關的工人組織：廣惠石行工會（1920 年成立）、石行樂善會（1922 年成立）[118]。可惜有關這兩個工會的資料卻付諸闕如。

石工的生活

行業特色

石工以男性為主，女性只是輔助。據說在 1900 年之前的石塘，甚至不容許女性隨便進入。1900 年後，建造工程開始使用混凝土，石塘管工才允許女工參與打碎石工作，幫忙製造三合土的其中一種材料 [119]。石塘男女工的工作性質不同：男工一般負責需要力氣的工作如「打炮」、「開石」、將開山倒下來的巨石鑿開，然後讓打碎石工人撿拾。一個工地通常有約 30 名工人，大部份是男工，老人或婦女負責打碎石的工序。石工需自備工具，戴著大草帽，坐在小凳上敲鑿，將大石打至直徑約 20 公分大小，用來作建屋材料。每天下班前，管工會為工人當日生產的石料計算重量，然後登記在小牌上，數天後按照小牌的紀錄發放工資 [120]。

在石塘從事打石是一項十分危險的工作。鑿石工人除了要有氣有力之外，動作還要十分敏捷。每天天未亮便要爬上石山，用兩條麻繩分別繫在山上的大樹上，再游繩而下，以長鐵劍插在沿途所經的大樹上，用麻繩纏繞，繫緊樹身，然後才將繩索放至要打鑿的峭壁，再繫穩一條長木板的兩端，作為工作台，工人坐或蹲在木板上工作。工作時，工人用一個小鐵罐盛水斜掛在背上，這罐水並非用來飲用，而是工作需要。工人的腰間繫上打石工具，如尖劌（鐵鑿）、尖仔（楔子）、手鎚及一條長竹枝。兩手需協調鎚打，一手持鎚以大迴旋方式拋鎚撞向長尖劌，一手持著尖劌不停轉動，由於尖劌呈兩邊尖中間凹陷的半月狀，鑿進堅硬的

花崗石使之成為圓柱狀長洞，用以塞入炸藥爆破石山。工人一手不停地轉動尖劖時，便能刮掉石碎，由於鎚鑿動作不斷，長尖劖會發熱，這時便需用一條長竹枝，上方鑿一小洞，綁上一條長小布，放入背上的鐵罐浸水後，塞入剛鑿成的小坑內降溫，順道將內裡的石塵掃走，再放入長尖劖不斷重複上述的動作 [121]。以下是打石工具簡介 [122]。

採石工具（部份工具圖片見附錄三）：

1. 尖鑿，客語稱「尖劖」，用作鑽鑿石孔；
2. 扁鑿，客語稱「罅劖」，用作鑽鑿長方形的石孔，以配合切割用的楔子來破石及割石；
3. 楔子，客語稱「尖仔」，用作迫破及剪裁石材；
4. 長鑿，客語稱「炮劖」，鑽鑿深長炮孔，以注入爆破的炸藥，長度由 3 至 8 呎不等；
5. 「鐵筆」，客語。形如長鑿，插入石隙分開已破裂的大石。長度由 3 至 6 呎不等；
6. 「墨斗」，在原石上繪劃線條的工具，在設計成品石材時使用；
7. 大鎚，客語稱「豬嘴鎚」，直接破石、敲打細「尖仔」；
8. 細鎚，客語稱「圓劖鎚」，敲打鐵鑿；
9. 打鐵鎚，客語稱「鮮劖鎚」，打鐵；
10. 打鐵鉗，客語稱「火鉗」或「鴨嘴鉗」，打鐵時用作緊握熱鐵；
11. 「銅鑼」，客語。在爆石前敲打，向鄰近地區示警。以銅鑼示警已列入相關法例；
12. 麻纖維，客語稱「麻根」，在破石時用作固定「尖仔」於石隙；
13. 「竹挖」，客語。以長竹篾繫上短布帶。鑽鑿炮孔時，深孔內有石粉，用濕水將石粉引走。長度由 3 至 8 呎不等；
14. 元寶紙，客語稱「媒仔」，連接雷管用，因其與雷管相比下有慢燃

的特性，為安全爆破的計時器；

15.「竹槓」，用粗大竹幹製成，擔抬大石用。

碎石工具：

1. 石砧，客語稱「石枕」，碎石時用以安放石塊；

2. 碎石鎚，客語稱「狼牙鎚」或「石屎鎚」，用作打碎石塊；

3. 「長柄鎚」，分裂碎石塊為更小石塊，方便打碎石；

4. 指套，客語稱「手笠」，工業安全設備，用膠喉或舊汽車輪軚切片造成的小膠套，套在拇指和食指上保護手指；

5. 竹籃，客語稱「糞箕」，原是農家用來盛載糞肥的農具。碎石始於十九世紀末才生產，當時很多客家農婦及小童從事此工作。因「糞箕」被用作載運碎石，故把貌似糞便的碎石稱為「石屎」；

6. 擔挑，客語稱「擔桿」，是放在肩上以挑起兩端重物的桿。

石塘通常會有一名「炮王」，負責在山崖石壁上開鑿爆破用的小孔，引爆炸藥。爆破工程以前用人手打鑿炮孔，炮王要親自到昂船洲政府軍營購買炸藥，還先要到政府指定的地方考牌。打石工人一手持長劖，一手揮動豬嘴鎚的藤柄，不斷擊打插在石紋上的長劖，直至長劖打入大石之內三幾呎深，成為一個「炮窿」，再由炮王放入適量炸藥及控制炸藥繩的長短，然後像點燃爆竹一樣，炸開大石。炮王口含香煙，用香煙逐一點燃，而且要一點就點上好幾口排列成一行行的炮，務求眾炮一起爆發，才能炸開整座山石。1950、1960 年代的茶果嶺每天下午 5 時進行爆開石山工程，有些地區則在正午 12 時或傍晚 6 時進行。過程是首先由工人打響銅鑼示警，禁止行人或車輛經過，完成爆炸工序後才解封，一般需約半小時。打石工人將內藏炸藥的信管插入每一個以尖劖打鑿的長坑內，放下粉繩（火藥引），燃點後便盡快找尋躲避的地方保命。粉

繩的長短會因應炮王的身手而定,炮王自己計算從工作台躲藏至安全地
點所需時間。事實上,石塘工業意外時有發生。

1930 年代初,羅先生在八、九歲時就曾親眼目睹一名叫劉容桂的工
人從吊板墮下喪命。由於工作的危險性,政府規定只有炮王才可管有
炸藥,而炮王的資格需要定期通過政府的考試,才能夠獲得礦物部執
照 [123]。當時拜師學習打石技藝的學徒需要簽下「生死狀」,列明學
師者的姓名、年齡、學師年期,並聲明學師期間如有任何意外,各安
天命,不得追究,師傅無需負責 [124],工人都知道從事打石行業十分
危險 [125]。「燒炮」的工序隨著建造技術的改進不斷改善,魏先生記得
1950 年代後開始使用電力來控制爆炸山石。

大型的石塘引進現代化的設備,如「夾石屎機」(碎石機),是由人駕
駛的機械操作車,功能是將大塊石頭夾起,投到碎石機夾碎,再由輸
送帶運送到大鐵網上篩選,石塊至少分粗幼五種尺寸:1 吋、6 分、4
分、2 分和石粉 [126],石碎會因其體積而被分流到不同的容器內,取代
了部份打石工人打碎石的工作 [127]。

打石工作的環境惡劣,由於過程中會產生大量的粉塵,打石工人吸入
粉塵之後肺部功能容易受損害,患上肺積塵病(即矽肺病),當中尤以
負責打風機的工人患病率更高,約 50 歲的羅運有是其中一名死者。在
1920、1930 年代以打石維生的茶果嶺居民,大都患有肺積塵病 [128]。工
人以前在戶外打石要利用工具灌水入炮窿,設法弄走內裡的石粉,吸入
石粉的機會較低,自從改用風機作業後,工序上不會灑水,石粉飛揚,
打風機的工人沒有做預防吸入粉塵的措施,工作三數年後便不斷咳嗽,
原來是患了肺積塵病 [129]。1980 年香港政府開始立法,抽取建造業總投

資額 0.2% 作為基金，設立判傷委員會，按工人患病及受損程度作出賠償。打光面師傅魏權認識一些患病較重的鄉里，獲賠 3 至 6 萬元不等，他也被驗出肺功能 10% 纖化，再加 5% 其他損傷，便以 15% 計算，1991 年，一次過收取 2 萬多元賠償 [130]。

戰後初期的人口膨脹及對房屋建造的需求增加，1960 年代，私人承建商在面積比較狹小的工地，採用手挖沉箱建造地基 [131]，估計成本較一般打樁工序低大約 30%，又可縮短工程時間 [132]。方法是以沉箱承載工人深入地底百多二百呎的硬石層，將地底的泥沙和石塊挖出，再由地面工作的工人用繩索將載滿沙石的器皿拉到地面傾倒。

由於地井深入地底，可能會有沼氣；遇到天雨時土質疏鬆、挖掘時地下水湧入，均會釀成塌方；加上地井空間狹窄，只能容納一至三人，一旦有硬物墮下，在井底的工人無法躲避，危險性極高。為防止地下水滲入，工人會在挖掘好的地洞旁邊塗上混凝土，作為預防措施。手挖沉箱一般會外判予夫婦或兄弟檔，原因是地面與地底工作的工人必須互有默契，由丈夫深入地底挖沙，妻子在地面運送盛載沙泥的器皿，中途如有閃失，則難以追究責任。

1980 和 1990 年代初，手挖沉箱是中小型地盤興建地基的主力，由於挖地洞不像使用打樁機般需龐大空間，地基卻能深入地底深處，對高樓重量的承托力大增，很多樓高過百米的建築物都是採用沉箱建造地基。工程可同時開挖數十以至一百個沉箱，大量縮短工程時間。在 1950 年代大量難民湧港，1970 年代港府的抵壘政策更令內地移港人口劇增，不少人願意加入建造業謀生，為這些高危的工作提供大量勞動力。

手挖沉箱不但威脅工人生命，工人長期在地底工作，容易患矽肺病，狹小的工作空間容易也造成工業意外。1976 至 1986 年，手挖沉箱導致 30 名工人死亡，1984 至 1986 年有 624 人受傷，傷亡原因主要包括：人體下墜、觸電、物體下墜、吸入不明氣體、缺氧、被泥沙或水活埋 [133]。屋宇署在 1995 年 1 月 19 日開始禁止使用手挖沉箱建造地基。1999 年手挖沉箱工程才被列入《工廠及工業經營（密閉空間）規例》（1973 年修訂），條例要求東主或承建商評估密閉空間工作的危險程度，並為工人提供足夠防護器具和培訓 [134]。

薪酬

在戰前，打石工人大都是鄉下人，只要有人聘用，完全不敢問工資多少，東主如不提及工資，工人不敢查詢，怕問工資會引起東主不滿，說沒有空缺，不用來上班。當時有工作就等於有住宿，有人聘用就首先解決了住宿問題，工人一旦失去工作，就必須捲起鋪蓋蓆子離開工作宿舍，就好像魷魚炒熟後捲起的樣子，因此被辭退又稱「炒魷魚」[135]。打石工作雖然十分辛苦和危險，但打石工人的收入相對於其他行業的勞動者來說較高。1840 至 1850 年代石匠日薪約為 1.38 先令，當時香港勞動工人日薪只有 7 便士，石匠工資可算是全港之冠 [136]。工人又不時採取罷工行動，爭取較高工資。報章時有打石工人罷工的報導，其中提到「打石行業的東西家常常以打鬥解決工資糾紛」[137]。由此可知，打石工人發動工潮，利用武力爭取自身利益的情況時有發生。1957 年，石行工人在工頭劉三等人的帶領下，發動工潮，罷工四天，最終成功向石行東家爭取到少量的加薪。到 1960 年時，上升至 8 至 10 元。

表八　　　　　　　石匠日薪概覽（1842 − 1930 年）[138]

年份	日薪
1842	3 錢 3 分
1844	1.44 先令
1845 − 1847	1.38 先令
1849 − 1854	1.38 先令
1862 − 1863	2.08 先令
1876 − 1883	3 毫 3 仙
1884 − 1887	3 毫 5 仙
1888	3 毫 − 4 毫
1889 − 1891	3 毫 − 5 毫
1892 − 1893	2 毫 − 4 毫
1894 − 1895	2 毫 5 仙 − 5 毫
1896 − 1897	2 毫 − 4 毫
1898 − 1899	2 毫 − 5 毫
1900	2 毫 5 仙 − 5 毫
1901	2 毫 − 5 毫
1902 − 1916	5 毫 − 6 毫
1917 − 1918	3 毫 5 − 5 毫
1919	3 毫 5 − 6 毫
1920	4 毫 − 7 毫
1921	4 毫 5 − 8 毫 5 仙
1922 − 1924	7 毫 − 1 元 2 毫
1925 − 1928	1 元 2 毫 5 − 1 元 8 毫
1929 − 1930	1 元 − 2 元

宗教生活

石業從業員尊崇「魯班」為行業的祖師爺，每年農曆六月十三日的魯班誕辰是整個行業的重大節日，當天會全行休息並大事慶祝。其實魯班的正誕在農曆正月初三，由於正月大部份三行工人仍然在鄉下未歸，故工會協議將慶典由正月初三的正誕，改在農曆六月十三日的副誕舉行，方便會員參與。現時大眾只知六月十三，甚少人提及正誕。在盛產石材的茶果嶺，鄉民時至今日仍舊十分重視魯班師傅誕，這一天由鄉長邱東帶領，上午到天后廟拜神，之後在天后廟旁邊的空地或者茶果嶺鄉民聯誼會外的空地，以客家炆豬肉款待鄉親，並進食吃了會讓人心靈手巧的「師傅飯」[139]。

由於打石需要利用漕運船（俗稱大眼雞）運輸，石行從業員也與漁民一樣篤信天后。位於茜草灣的天后廟建於道光年間，在光緒十七年（1891 年）重修。該天后廟所設的「四山公所」，更是鄉村的權力中心所在。1911 至 1912 年間，該廟為颱風毀壞，天后像被放置於茅舍接近30 年。1941 年，當地鄉民集資重新修建天后廟。1947 年，由於城市發展，天后廟被拆卸[140]。翌年，華民政務司署因應四山居民的要求，在茶果嶺撥出土地，讓村民用「原石」重建天后廟。在茶果嶺天后廟建成之前，天后神像存放於茶果嶺西面草棚內[141]。

打石行業風險高，意外多，祈求神靈保佑是十分自然的事，除了求心安理得以外，石行同人亦熱心參與廟宇的興建及重修工作。從道光二十五年（1845 年）筲箕灣海心廟的碑記可見，石塘從業員相當虔誠。是次工程至少有 47 間石塘捐款，佔全部捐款名單 266 家的 18%（見表九）。

表九　　　　　　　　1845 年（道光二十五年）筲箕灣海心廟〈新建天后
　　　　　　　　　　聖母古廟碑記〉石塘捐款名錄 [142]

石塘名稱	金額	
	（元）	（両、錢、分）
永安塘		5 両
福合塘、潤利塘、新和塘	各捐 5 元	
新盛塘、昌盛塘、敬和塘、和盛塘、勝合塘		各捐 2 両 8 錢 2 分
意和塘、潤興塘	各捐 3 元	
勝合塘	2 元	
泗盛塘		1 両 8 分
和盛塘、雲興塘、和勝塘、儒勝塘、順利塘、勝新塘（有兩筆捐款, 分別是 9 錢 2 分和 8 錢 2 分）		各捐 9 錢 2 分
有和塘、勝新塘		各捐 8 錢 2 分
德勝塘、鳳利塘、士和塘、天和塘、新勝塘、新合塘、雲合塘、秀合塘、長利塘、五利塘、勝利塘、順合塘	各捐 1 元	
復新塘		6 錢 3 分
楊興塘		5 錢 8 分
復新塘		5 錢 6 分
佑興塘		5 錢 2 分
佑合塘		4 錢 6 分
萬合塘、義和塘		各捐 4 錢 2 分
盛和塘、友益塘、新盛塘、就興塘		各捐 2 錢
合勝塘、就興塘、五和塘、雙合塘	未詳	
共計 47 間（全港捐款行商 / 個人共有 266）		

1870 年油麻地天后廟重修，捐款的石塘共有 19 間，其中六間捐出 1 至 2 元，也有以石塘名義捐贈石材，包括青碑石、砧石、看梁、宇扁、行口、石柱、厚石、門夾、桶角石、地伏、石門獅、幫夾石、行石板等等，如曾發記捐出行口八丈、石柱全副和厚石五條 [143]。1875 年油麻地天后廟重建，也有 19 間「塘」捐款 [144]。翌年，筲箕灣天后廟重修，值事之中，就有開合塘捐款 5 元、潤和塘捐款及送石柱一對連墊 [145]。

石行東主更藉著對廟宇的捐獻，顯示財力，提升個人的社會地位，加強人際網絡。1836 年（道光十六年），石行大東家曾三利（貫萬）捐銀 30 元重修車公廟，成為眾捐款者之首，顯示個人的經濟實力雄厚 [146]。1838 年（道光十八年）大嶼山重修天后古廟的題名碑記所載，曾貫萬以大元店、三利店名義捐出 2.5 元及 1 元助大澳新村天后古廟重修 [147]。曾貫萬的個人捐獻較工會組織聯盛堂 1868 年的紀錄早了 30 年，也較聯盛堂的 10 元捐款多。鄧元昌於 1859 年（咸豐九年）重修九龍城侯王古廟時捐銀 64 元，雖較曾貫萬晚了 21 年，卻較聯盛堂早了九年，且是該次重修平民捐資中的首席，比次多的楊貽九的 10 元多了 54 元。因此，鄧元昌在碑文上的排名僅次於當時清政府的主要官員大鵬協中軍都府李揚威、九龍巡政廳孫錦文、大鵬協右營分府黃□照（原文不詳）[148]，可見他的地位顯赫。

鄧元昌於 1853 年為慈雲山觀音廟捐獻雲版 [149]；1870 年，油麻地天后廟重修之時，鄧元昌捐款 2 元 [150]。1872 年筲箕灣天后廟創建行宮時，曾貫萬更成了總理，捐款 30 元 [151]。此時曾貫萬之女已嫁予鄧元昌為媳，鄧曾兩家為姻親。鄧元昌捐款也多達 10 元，較兩年前增加達五倍之多 [152]。1884 年，木行工會廣悅堂（西家行）創建魯班廟時，石業東主鄧元昌捐 15 元、曾瓊及李福也以個人名義捐獻，其中曾瓊是籌款建

廟十名緣首之一 [153]。這些留在碑文上的捐獻紀錄説明了 1840 至 1880
年年間香港的石業相當蓬勃，行東的經濟實力為各行業之冠，籌建廟宇
或重修廟宇雖是宗教活動，卻也顯示了石行東家透過宗教活動鞏固地方
力量的手段。

打石工人因應不同工種有不同節慶活動，那些專門打造石碑的光面師
傅，會依照行規，分別在農曆初二、初九、十六、廿三做禡（音牙），
每月做四次，老闆會在做禡當天提升菜餚的質量及數量；普通的開山打
石工只做初一、十五兩次禡，做禡當天菜餚也相對較豐富 [154]。

宗教活動是凝聚石行從業員的基礎。由於當時從業員人數不多，以氏族
或地緣作團結基礎的勢力薄弱，為增加行業聲勢，魯班先師誕辰、天后
誕等，以傳統文化的價值觀念作為聚會的基礎，擴闊招攬成員的範圍。
雖然木業、石業、坭水、搭棚彼此工作性質不同，會社或堂會組織亦不
同，但崇奉魯班先師的習俗，把來自客家的石工，來自四邑（新會、
台山、恩平、開平）的坭水匠、木匠，及來自高要、肇慶、三鄉的棚
工 [155]，團結起來，締結同盟，彼此互相幫助、互相支持。

■ 附錄一：石行規條

為方便閱讀，錯字、別字、異體字等經過校正，並加標點符號。以後各附錄皆同。

1892 年（光緒十八年）城東埠東勝堂、城西埠勞勝堂行規

茲我石行　先師，始創由久矣，各宜遵守行規，定份營生。惟我城東西兩埠，前人設立舊章，新章入行，招牌亦而太輕。近來多有本行人，串謀外行人，在我兩埠內，新張石舖；始則耳聞：東家架造石料減價，承領不惜工本；繼則有名無實，虛浮營生，實屬不久。居業暨八行招牌之銀，毫無歸眾；人心稍變，攪壞生意，通行無規。六月十三誕期，齊集眾議，再設行規，各款章程，合眾同心。若有在兩埠界內，新張石舖者，每店必要入行，招牌銀弍十兩正。如有本行同外行人合股新張者，加重入行招牌銀雙倍。自設之後，各宜遵規例而行，如有恃強抗行不遵者，值事指示，同兩埠合眾協力到他店向論，公罰出行，不得徇情等弊；例在必行，特字週知。

- 議西家行有帶徒弟，在東家舖幫米飯，必要幫回米飯，銀壹拾大圓，七二兌。舖頭學師徒弟入行，銀三錢，幫米飯者，入行六錢正。
- 議新張石舖者，必要先兌請入行招牌銀，交各值事收貯，然後亦可開張，開工准掛招牌，以免有誤。

- 議西家有行爛街者，不得承接東家新舊石料，如有承接者，查出公罰，永遠出行。
- 議各石行並及石販賣石者，不得承接東家石料，並不准設廠包打光面石朴，如有私自與東家交易，查出公罰出行，各埠不得與他交易，報信者即謝花紅銀壹大圓，在各值事箱發給。
- 議舊招牌或添改一字二字，必要入招牌銀拾両正，不得徇情等弊。
- 議舊字號召頂，有新人頂受舖底者，必須先除去舊底入行銀三大圓，仍補新入行銀壹拾柒両捌錢肆分，亦可開張開工，不得異説生端。
- 議舊字號如親子姪承頂者，不用入行，招牌銀両預先標明。

光緒十八年歲次壬辰閏六月十三日
城東埠東勝堂、城西埠勞勝堂等仝啟

1896 年（光緒二十一年）永勝堂行規

嘗思國有律法，各行亦有規條。茲我石行在省南城外建造先師廟道，由來久矣。共成廿五埠，各埠立有規矩，分設東西二家，各有值事經理，每年六月十三日，彙齊到會館慶賀　先師寶誕，每有條款標明，各守營生，乃通財大道也。所有別行，不能承做我行石料。茲今本港多有外行，串接承辦我行工料，屢屢半途滋事，實屬壞我行規，緣因通眾再議定，公舉值事經理永勝堂工行事款，倘係行內有事，必須要東西家議過公正，方可行為，不得私自主意。無論我行值理，或各辦頭，若有包庇受賄，暗中頂名承做工程，此人一經查出，眾議出行，斷無寬貸留情。特字標明，以免後論。所有條款開列於左（編註：本書為下，此後皆同）：

- 議外行概坭工等，不准承做我行石料，倘係敢違，定必開工滋事，斷無容情，依正行規，預先標明，以免後論。
- 議東西家必須要和合經營，不能過取所有，請西家僱工者，米飯菜餸，與照舊章而行，若有違例，於係自誤。
- 議攬行患例者，西家停工，每日工銀弍錢肆分，如係公家有事停工，人工有無，續後再議。
- 議每年紅香爐盂蘭建醮，定要眾議值理，或舊值事告辭，預先貼出，以供眾覽。
- 議所有買石朴者，每両抽厘銀壹分，每號至多限抽銀叁十両為足，內償除金豬銀六大圓，如多不能計算。
- 議各號買石朴，財部定要分明，存好不得私心等項，暗藏數部，若有違例，查出有據，眾議重罰出行，斷無徇情，各號自諒。
- 議每年六月十三日，接省城　先師龍牌值事，期限五月十三日到各號抄算厘頭，該銀若干至六月初九日，俱一收清，如遲有誤誕期。

公舉值理

光緒二十一年十一月二十一日　　　永勝堂再立

1889 年（光緒十五年）西家石行行規

嘗謂：朝廷有法律，茲我石行有規條。先師創業於來，流傳萬載。茲者，各號知悉，就念我西家章程款式，蒙香港華民政務司台前判斷，並及東西二家眾議妥，久得相安，就於己丑桂月初八，定立規矩列左：

- 議各伴食米，要取弍籮米。
- 議各伴菜蔬、鹹魚、梅菜、青菜，要買中款每餐足用。

- 議菜餸每伴晏餐買餸銀五厘，每晚每人買餸銀八厘正。
- 議每月禡祭四次，每次每人肉銀四分，配菜燒酒在外，以上各款，不得減少，如違，任從西家值事人重罰。
- 議各東家請各伴做工，散打銀實銀實碼，不折不扣。
- 議各伴支唐洋錢每壹仟六八算，或支仙士壹體，錢百要足，粗錢要換。
- 議各伴僱工者，工銀每壹兩扣厘頭銀壹分。散辦石者，每兩扣厘頭銀式分，將此銀在各東家處抽貯，至每年六月初一，將銀交出西家首事人賀誕使用。
- 議各伴買菜，使用生油，一概東家之事。
- 議各伴辦到東家石料，先辦人未曾做，就舊數目未清，後人不得替做，倘有抗蠻者，公眾議罰。
- 議各伴須要上和下睦，不得恃強欺弱，倘有違者，公眾議罰。
- 議每逢節氣，預早半個月算數，或逢過年、十二月初二禡祭定期。
- 議各東主請到各伴僱工，蒙天度日，倘有身沾困危之疾，其東主料理，本人全愈，方可計數，餘者，各安天命。
- 議每年正月十三日，每伴所派之銀壹錢，眾議此銀不得開派。茲將存貯之銀另五十圓，歸入東華醫院，仍剩此銀，西家值事存貯，不得私使沒己。
- 議各東家請到各伴僱工者，要壹個月方可算數，倘有不湊，要先聲明。
- 議各號存貯厘頭，須要明白，倘有思吞厘頭者，公眾重罰，併及各項買不足者，有人執收砵為實，謝花紅銀四圓，倘有各伴橫心沒己者，公眾重罰。
- 議新入學師者，入行銀五錢有半，江落來每人入行銀壹圓，有省城各埠落來香港僱工者，每名歸公所本銀三毫。

以上各款，我東西二家永遠遵守，本分營生，各循規矩，不得異説。

光緒十五年八月　　　　西家石行值事公啟

附錄二：《港九打石職工會章程》

第一章　名稱及辦事處

第一條　本會定名為「港九打石職工會」。（下稱本會）

第二條　本會註冊辦事處設在九龍城打鼓嶺道廿號衙前圍大樓五樓
　　　　D座。

第二章　宗旨

第三條　聯絡港九開山石、打石炮吼、爆石、雕刻石獅、石礦、石碑及
　　　　樓宇石、山墳石、渠邊石、水渠石、水塘石等，所有從事或受
　　　　僱打石工人，在本會領導下成立一個完全的合法組織。

第四條　謀取及維持正當工金率及工作鐘點暨工作條件，以及保障會員
　　　　之利益。

第五條　調整會員與僱主間、會員與會員間及會員與其他工友間之關
　　　　係，採取融洽合理之辦法，調解各方互生之糾紛。

第六條　設法使全體會員獲得下列全部或一部份之利益及會員大會或會
　　　　員代表大會所議決之其他利益。

　　　　甲　疾病、意外、殘廢、患難、失業及工潮等之救濟。

　　　　乙　有限度之喪葬餽贈。

　　　　丙　會員如遇失業，可到工會登記，以便介紹職業。

　　　　丁　會員與職務關係所需要法律上之指導及幫助。

第七條　創辦或繼續辦理或參加（投資方式或其他方式）一種或多種報紙雜誌書籍小冊子或其他刊物及工業性質之事業以增進本會或工會運動利益為主要目的。

第八條　在財政或其他方面贊助任何以促進工會運動或工會會員利益為目的之合法社團。

第九條　依會員大會或會員代表大會及執行委員會會議議決定辦理增進會員間物質、文化、社交及教育上之福利。

第三章　會員入會

第十條　甲　凡受僱於打石業工人，不分性別，贊成本會宗旨，願意遵守本會會章及決議案者，均得加入本會為會員。

　　　　乙　凡會員因年老或健康不佳關係退休，不在本行業服務，而又非在別行業正式受僱者，可向執行委員會申請，經執行委員會議決者，得為名譽會員。名譽會員對本會任何議案無權表決，但可享受本會之利益，名譽委員無需繳納月費，但仍需繳納福利金。

第十一條　參加本會之打石工人，須得本會合格會員一人介紹並經執行委員會通過，繳納入會基金及福利基金一個月月費及福利金，領取證書證章方為正式會員。

第十二條　會員如無欠繳會費及福利金逾三個月為合格會員，得享受下列之權利。

　　　　甲　選舉權及被舉權

　　　　乙　出席全體會員大會建議討論及表決權。

　　　　丙　享有職業介紹及慰問疾病、意外受傷、殘廢、患難、失業、工潮等有限度之救濟及本會所舉辦之一切福利。

丁　享受規定之喪葬費饋贈，由其直系親屬領取。

戊　檢閱本會帳簿章程及會員名冊，但須先向執行委員會申請，由執行委員會指定，在不妨礙辦公時間內予以檢閱。

第十三條　凡欠月費及福利金逾三個月者為不合格會員，不得享受本會權利，及欠月費及福利金逾六個月者，即取消會員資格，如補交清所欠月費及福利金後足一個月後方恢復為合格會員。如在一個月內開工不足十工者為失業，可向執行委員會申請免交失業期內月費及福利金。

第十四條　會員有遵守下列之義務

甲　遵守會章及執行委員會議決定。

乙　按月繳納月費、福利金及繳納全體會員大會或會員代表大會及執行委員會全新決定之費項。

丙　介紹會員職業及徵求工友入會。

第十五條　會員與會員間或會員與僱主間發生職業上之糾紛，即須報告工會以便調處及在勞資糾紛必要時得延請律師。

第四章　組織

第十六條　組織系統

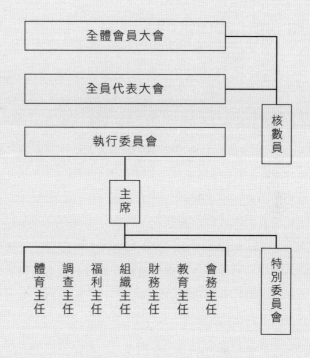

第十七條　全體會員大會及會員代表大會為本會最高權利機關，每年舉
　　　　　行一次，由執行委員會於每年六月間召集之，並將議決書
　　　　　及通知書，於十天前送交各委員會或代表。會員大會及代
　　　　　表大會職權如下：
　　　　　（一）甲　制定變更、修改或刪除本會會章。
　　　　　乙　決定會務方針及計劃。
　　　　　丙　聽取會務報告，檢討會務，複核執行委員會之決議及
　　　　　通過經已審核之全年帳目。
　　　　　丁　本會執行委員之選任及罷免。
　　　　　（二）凡有關下列各項之議案，須依照職工登記條例規定之

會員人數以秘密投票方式表決之。

甲　本會名稱之變更。

乙　本會與另一間工會之合併。

丙　本會與其他工會組織工會聯合組織或加入任何其他工會聯合組織為會員。

第十八條　如召開全體會員大會有困難時，得召開全體會員代表大會，會員代表大會職權與全體會員大會相同。

第十九條　如經全體會員過半數聯名請求或執行委員會通過，得召開特別會員大會或特別會員代表大會，但須先將會議程序討論事項列明通知會員或代表，其討論事項限於通知書上開列之事項，特別會員大會或特別會員代表大會召開，事先於十天前通知會員或代表。其決議效力與全體會員大會及會員代表大會相同。

第二十條　甲　全體會員大會或特別會員大會須有全體合格會員半數以上出席方為合法，通過議案必須有出席人數過半數贊同方為有效。

乙　會員代表大會或特別代表大會，須有全體代表半數以上出席方為合法，通過議案須有出席代表人數過半數贊同方為有效。

第二十一條　全體會員大會或會員代表大會閉幕後，執行本會之管理及會務之處辦，概由執行委員會主持之，執行委員會每月召開會議一次，由主席召集之。執行委員會職權如下：

甲　執行會員大會及會員代表大會之決議，計劃達成本會所確定之方針。

乙　會務之報告及檢舉職員之瀆職、會員之獎懲。

丙　勞資糾紛之處理。

第二十二條　全體會員代表於每年週年大會前一個月，以不記名投票方式，分香港、九龍及新界三區進行選舉之。並由執行委員會派人到區或會所監選。每區由一名至十名合格會員選一名代表，十一名至廿名合格會員選二名代表，廿一名至卅名合格會員選三名代表，卅一名以上者按以上比例選舉之。

第二十三條　本會設執行委員會十九人，備補委員三人，於每年六月間在全體會員或全體會員代表大會，由會員代表中以不記名投票方式選舉之，任期一年，但將連選連任。再由獲選者十九名執行委員於十天內互選出正副主席各一人，會務主任一人，教育正副主任各一人，財務正副主任各一人，組織正副主任各一人，福利正副主任各一人，調查正副主任各一人，體育正副主任各一人。

第二十四條　執行委員會之各部門工作及職務如下：

（一）主席承執行委員會之命綜理一切會務，對外代表本會，簽署一切對外文件及報告會務，答覆質詢，主持會議，批准一百元以下臨時支出，臨時支出在一百元以上者，須經執行委員會批准。

（二）副主席協助主席辦理會務，如主席請假或缺席時，代理主席之職務。

（三）會務主任協助正副主席處理會務，如保管會員名冊，發證書證章，掌管印信及一切文件，統計工作。

（四）教育主任負責本會員教育及編印會刊工作。

（五）財務主任負責保管詳盡而準確之帳目，保管所有會款及置業其他投資契據，又須執行有關第卅一條之職務。

（六）組織主任負責聯絡工友、介紹工友入會、對外交際事宜。

（七）福利主任負責計劃及辦理有關會員及會員家屬之一切福利工作。

（八）調查主任負責調查一切於會員利益有關工作。

（九）體育主任負責計劃及辦理一切正當娛樂及體育活動事宜。

第二十五條　核數員一名或多名，在週年會員大會或會員代表大會委任或選舉之，非本會會員亦得被委任，核數員應於每一會計年度終止後或需要時，即速將會內帳目核算。審查簿冊及證明是否正確，又須具備報告書提交週年會員大會或會員代表大會，核數員之報告書一份須放置在本會辦公室明顯地方。

第二十六條　本會財政年度，由每年六月一日起至下年度五月尾止。

第二十七條　特種委員會為本會決定進行某種工作時所設立的臨時機構，職務為推進或處理某項工作。

第二十八條　特種委員會由執行委員會選任若干會員組織之。其工作由執行委員會按實際情形訂定之。

第五章　經費

第二十九條　本會經費之來源

甲　入會基金：每人一次過繳交壹拾元正。

乙　福利基金：每人一次過繳交壹元正。

丙　每月繳交月費一元七角（旁邊有紅字寫著「二元三角」），福利金三（旁邊有紅字寫著「四」字）角。

丁　證書證章各收回成本五角（共一元）。

戊　經會員大會或會員代表大會通過，及執行委員會議決

之其他費項，及事後經會員大會或會員代表大會追認之費
用及捐款。

第三十條　本會之會款分下列兩部份：

（一）經常費之用途如下：

甲　本會經常費用於開支樓租、水電及工作人員之薪金，
為達成本會宗旨之一切支出及會員大會或會員代表大會及
執行委員會所議決之其他合法開支。

乙　對本港已登記之工會及其他合法團體之捐助及因與本
港任何工會聯合組織或其他合法之工會組織聯繫而須繳付
之費用。

（二）福利金之用途如下：

甲　本會執行委員會根據會章第六條甲、乙、丙三項得設
立及主辦福利金，福利金只限用於福利用途，不得移作經
常費用或其他用途。

乙　支給為提高會員娛樂、文化及社交興趣之費用。

（三）本會會款除應付日常支銷外，若有盈餘，得由執行委
員會決定，將餘款置業或其他投資，但須經全體會員大會
或會員代表大會之批准。

第三十一條　經費之管理：

甲　本會庫存現金超過一千元，應存入執行委員會認為殷
實之銀行，而銀行提款支票，需具有正副司庫、會務主任
及財務主任，聯同簽署或蓋章方為有效。

乙　所有收支帳目包括福利帳目，每月由財務主任結算一
次，每年總結一次，經核數員審核後，向全體會員公布，
並於週年大會或會員代表大會，由財務主任向全體會員或
代表作財務報告一次。

第三十二條　會員入會滿三個月（九十日），如無欠月費及福利金三個月者，不幸仙逝，其家屬得享受帛金五（旁邊以紅字寫著「九」字）百元正。另家屬補助金按照會員會齡計算（以每年度計），每一年增加四（四字旁邊以紅字寫著「五」字）十元，以十年為止。逝世會員之家屬得領取帛金與家屬補助金最高額九百（旁邊以紅字寫著「一千四」）元。

第三十三條　凡本會合格會員有權檢閱本會帳簿會員名冊及章程，但須先向執行委員會申請，經執行委員會指定在不妨礙會務時間內予以查閱。

第六章　獎勵與處分

第三十四條　本會會員與職員對本會與同人利益有特殊貢獻者，執行委員會應提交全體會員大會或代表大會予以適當獎勵。

第三十五條　凡本會會員或職員有下列行為者，經執行委員者調查有據後，得予警告停止其享受權利或撤職，若情況嚴重並得予開除會籍，但該會員或職員不服時得向會員大會或會員代表大會上訴，其議決為最後之決議。

　　甲　破壞本會名譽及會務者。

　　乙　違反本會會章及決議者。

　　丙　損害工友利益及損害工人團結者。

　　丁　身為職員而貪污瀆職者。

第七章　契據及公印

第三十六條　凡經執行委員會以本會名義訂立之契約，必須由主席及會
　　　　　　務主任（或根據會章當時執行主席及會務主任職務之會員）
　　　　　　及其他由執行委員會特別為辦理此事而委任之會員加以簽
　　　　　　署或蓋章。

第三十七條　本會設備公印，此公印即非經執行委員會議議決同意，不
　　　　　　得加蓋於任何文件上，如經執行委員會議決同意，仍須在
　　　　　　主席及會務主任（或根據會章當時執行主席及會務主任職
　　　　　　務之會員）當前，方可加蓋於文件上。

第八章　解散及其他

第三十八條　如有合格會員四分之三以上投票方式表示同意解散本會
　　　　　　時方得解散，解散時公款除還清所欠一切債項外，如有餘
　　　　　　款，由全體合格會員均分之，其他應處理之事項由全體會
　　　　　　員大會授權執行委員會或以投票選出若干人組成委員會處
　　　　　　理之。

第三十九　週年會員大會或會員代表大會閉幕後，職員遇中途離港缺
　　　　　席、死亡、告退或被革除者，或在此期間，任何職員在不
　　　　　能避免情形下離港，而此離去之時間似屬永久性質或為過
　　　　　度延長者，其遺缺由後補執行委員會按上次投票之多少依
　　　　　次暫行填補之。

附錄三：打石工具

（全套工具解説，詳見內文頁 051-052）

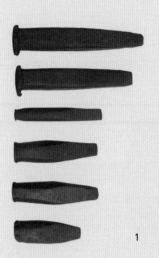

1

2

1/ 扁鑿

客語稱「罅劖」，鑽鑿長方形的石孔去配合切割
用的楔子來破石及割石.

2/ 尖鑿

客語稱「尖劖」，鑽鑿石孔用。

3/ 長鑿

客語稱「炮劖」，鑽鑿深長炮孔以注入爆破用的
炸藥。長度由 3 至 8 呎不等

4/ 碎石鎚

客語稱「狼牙鎚」或「石屎鎚」，打碎石塊用。

5/ 打鐵鉗

客語稱「火鉗」或「鴨嘴鉗」，打鐵時緊握熱鐵用。

6/ 墨斗

在原石上繪劃線條的工具，在設計成品石材時使用。

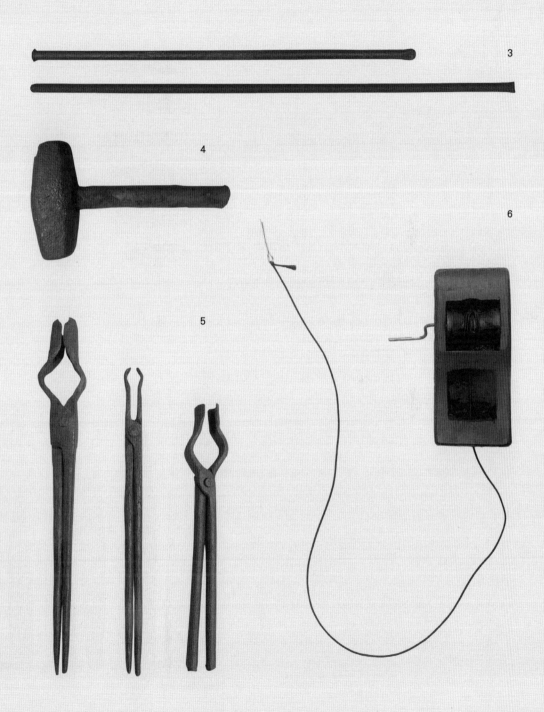

註 _____

1 〈欽命總理各國事務衙門清檔：廣東教務〉，載於中央研究院近代史研究所編，《教務教案檔第一輯：咸豐十年—同治五年》，台北，中央研究院近代史研究所，1974年，第 3 冊，頁 1325-1332。

2 〈欽命總理各國事務衙門清檔：廣東教務〉，載於中央研究院近代史研究所編，《教務教案檔第二輯：同治六年—同治九年》，台北，中央研究院近代史研究所，1974年，第 3 冊，頁 1568、1571、1573-1574。

3 〈欽命總理各國事務衙門清檔：廣東教務〉，載於中央研究院近代史研究所編，《教務教案檔第一輯：咸豐十年—同治五年》，台北，中央研究院近代史研究所，1974年，第 3 冊，頁 1327-1329。

4 《吳家族譜》，載於《九龍文獻》，香港，出版者不詳，1982，第 1 冊；《吳氏重修族譜》，1918 年重修，載於《九龍文獻》，香港，出版者不詳，1982，第 2 冊。《吳氏族譜》、《吳氏重修族譜》，載於香港歷史與社會網頁，http://hkhiso.itsc.cuhk.edu.hk/history/，瀏覽日期：2014 年 3 月 24 日。

5 邱先生口述報告，茶果嶺鄉民聯誼會、麗港城商場 3 期地下，2013 年 4 月 30 日，檔案編號 0017-ST-008。

6 *The Friend of China and Hong Kong Gazette*, 29 September 1842, p. 112; 6 October 1842, p. 116. 由於 1842 年香港政府仍沒有政府公報，故借用《中國之友》刊登政府需要公佈的事項，稱為《中國之友與香港公報》，以示識別。

7 *The Friend of China and Hong Kong Gazette*, 29 September 1842, p. 112.

8 "Government Notification No. 89," *The Hong Kong Government Gazette*, 30 August 1856, p. 1.

9 "Government Notification No. 135," *The Hong Kong Government Gazette*, 5 September 1857, p. 2.

10 "Government Notification No. 195," *The Hong Kong Government Gazette*, 23 December 1865, p. 568.

11 "Government Notification No. 163," *The Hong Kong Government Gazette*, 25 November 1871, p. 518.

12 "Government Notification No. 165," *The Hong Kong Government Gazette*, 2 December 1871, pp. 523-524.

13 "Government Notification No. 3," *The Hong Kong Government Gazette*, 5 January 1878, p. 1.

14 "Government Notification No. 199," *The Hong Kong Government Gazette*, 11 November 1876, p. 478.

15 "Government Notification No. 252," *The Hong Kong Government Gazette*, 28 December 1878, p. 619.

16 "Government Notification No. 37," *The Hong Kong Government Gazette*, 19 February 1879,

p. 65.

17 "Government Notification No. 452," *The Hong Kong Government Gazette*, 18 November 1882, p. 878.

18 "Government Notification No. 463," *The Hong Kong Government Gazette*, 2 December 1882, p. 896.

19 "Government Notification No. 199," *The Hong Kong Government Gazette*, 11 November 1876, p. 478; "Government Notification No. 3," *The Hong Kong Government Gazette*, 5 January 1878, p. 1;"Government Notification No. 232," *The Hong Kong Government Gazette*, 30 November 1878, pp. 581-582; "Government Notification No. 230," *The Hong Kong Government Gazette*, 19 November 1879, p. 688.

20 "Government Notification No. 405," *The Hong Kong Government Gazette*, 19 November 1881, p. 1031; "Government Notification No. 452," *The Hong Kong Government Gazette*, 18 November 1882, p. 878; "Government Notification No. 544," *The Hong Kong Government Gazette*, 8 December 1888, p. 1118; "Government Notification No. 523," *The Hong Kong Government Gazette*, 13 December 1890, pp. 1248, 1252.

21 "Government Notification No. 109," *The Hong Kong Government Gazette*, 1 March 1902, p. 224; "Government Notification No. 160," *The Hong Kong Government Gazette*, 15 March 1902, p. 350.

22 "Government Notification No. 89," *The Hong Kong Government Gazette*, 30 August 1856, p. 1; "Government Notification No. 195," *The Hong Kong Government Gazette*, 23 December 1865, p. 568; "Government Notification No. 199," *The Hong Kong Government Gazette*, 29 December 1866, p. 501; "Government Notification No. 182," *The Hong Kong Government Gazette*, 21 December 1867, p. 430; "Government Notification No. 141," *The Hong Kong Government Gazette*, 2 January 1869, p. 2; "Government Notification No. 149," *The Hong Kong Government Gazette*, 1 January 1870, p. 2; "Government Notification No. 2," *The Hong Kong Government Gazette*, 7 January 1871, p. 1; "Government Notification No. 6," *The Hong Kong Government Gazette*, 6 January 1872, p. 5; "Government Notification No. 2," *The Hong Kong Government Gazette*, 4 January 1873, p. 5; "Government Notification No. 203," *The Hong Kong Government Gazette*, 27 December 1873, p. 623; "Government Notification No. 205," *The Hong Kong Government Gazette*, 26 December 1874, p. 690; "Government Notification No. 231," *The Hong Kong Government Gazette*, 1 January 1876, p. 1; "Government Notification No. 4," *The Hong Kong Government Gazette*, 5 January 1878, p. 1; "Government Notification No. 13," *The Hong Kong Government Gazette*, 19 January 1878, p. 17; "Government Notification No. 37," *The Hong Kong Government Gazette*, 19 February 1879, p. 65; "Government Notification No. 2," *The Hong Kong Government Gazette*, 7 January 1880, p. 1; "Government Notification No. 6," *The Hong Kong Government Gazette*, 7 January 1882, p. 3; "Government Notification No. 514," *The Hong Kong Government Gazette*, 30 December 1882, p. 1026; "Government Notification No. 2," *The Hong Kong Government Gazette*, 2 January 1886, p. 1; "Government Notification No. 1," *The Hong Kong Government Gazette*, 7 January 1888, p. 2.

23 練目，即維持地方治安的更練團的頭目。東西家行名單請參考蕭國健，〈香港開埠初期之打石行業〉，載於《香港歷史與社會》，香港，香港教育圖書公司，1994 年，

頁 68。

24 邱先生口述報告，茶果嶺鄉民聯誼會、麗港城商場 3 期地下真味鮮廚，2013 年 4 月 30 日，檔案編號 0017-ST-008。

25 邱先生口述報告，港九打石職工會油麻地上海街 383 號華興商業中心 2 字樓、柴灣連城道石廠區，2013 年 10 月 4 日，檔案編號 0071-ST-014。

26 "Government Notification No. 458," *The Hong Kong Government Gazette*, 24 June 1904, pp. 1171-1173, 1187-1188.

27 邱先生口述報告，茶果嶺鄉民聯誼會、麗港城商場 3 期地下真味鮮廚，2013 年 4 月 30 日，檔案編號 0017-ST-008。

28 *Hong Kong Blue Book 1848-1860*, Hong Kong, Noronha & Co., 1849-1861, quoted in S. W. Poon and K. Y. Ma, *Report on the History of Quarrying in Hong Kong 1840-1940*, pp. 10-11, accessed 12 July 2017, https://www.lordwilson-heritagetrust.org.hk/filemanager/archive/project_doc/10-194/PDF1.pdf.

香港大學小型研究項目〈1840 至 1940 年的香港石礦業〉研究報告，http://cit2e.ilongman.com/news_details.php?id=159227&tid=2，2013 年 6 月 27 日。

29 "Government Notification No. 458," *The Hong Kong Government Gazette*, 24 June 1904, pp. 1171-1173, 1187-1188.

30 〈臬案〉，載於《香港華字日報》，1907 年 5 月 23 日。

31 "Government Notification No. S. 54," *The Hong Kong Government Gazette (Supplement)*, 7 February 1930, p. 75; "Government Notification No. S. 84," *The Hong Kong Government Gazette (Supplement)*, 7 March 1930, p. 124; "Government Notification No. S. 128," *The Hong Kong Government Gazette (Supplement)*, 4 April 1930, p. 236; "Government Notification No. S. 169," *The Hong Kong Government Gazette (Supplement)*, 2 May 1930, p. 305; "Government Notification No. S. 181," *The Hong Kong Government Gazette (Supplement)*, 2 May 1930, p. 311; "Government Notification No. S. 186," *The Hong Kong Government Gazette (Supplement)*, 9 May 1930, p. 323; "Government Notification No. S. 227," *The Hong Kong Government Gazette (Supplement)*, 6 June 1930, p. 384; "Government Notification No. S. 262," *The Hong Kong Government Gazette (Supplement)*, 4 July 1930, p. 472.

32 Block Crown Lease of Survey District No. 3, 18 March 1905. 集體官契 SD3L。

33 邱先生口述報告，茶果嶺鄉民聯誼會、麗港城商場 3 期地下真味鮮廚，2013 年 4 月 30 日，檔案編號 0017-ST-008。

34 邱先生口述報告，茶果嶺鄉民聯誼會、麗港城商場 3 期地下真味鮮廚，2013 年 4 月 30 日，檔案編號 0017-ST-008。

35 〈茶果嶺村長申逆權佔墓地〉，載於《香港商報》，2013 年 6 月 22 日，頁 A18。

36 邱先生口述報告，茶果嶺鄉民聯誼會、麗港城商場 3 期地下真味鮮廚，2013 年 4 月 30 日，檔案編號 0017-ST-008。

37 羅先生口述報告，鯉魚門泉源道東 25 號，2013 年 4 月 6 日，檔案編號 0005-ST-005。

38 羅先生口述報告，鯉魚門泉源道東 25 號，2013 年 4 月 6 日，檔案編號 0005-ST-005。

39 鄧先生口述報告，茶果嶺鄉民聯誼會，2013 年 4 月 7 日，檔案編號 0006-ST-006。

40 鄧先生口述報告，茶果嶺鄉民聯誼會，2013 年 4 月 7 日，檔案編號 0006-ST-006。

41 曾先生口述報告，九龍茶果嶺大街 212 號，2013 年 10 月 4 日、10 月 16 日，檔案編號 0072-ST-015。

42 羅先生口述報告，鯉魚門海傍道中 10 號金輝海鮮酒家，2013 年 4 月 5 日，檔案編號 0001-ST-001。

43 羅先生口述報告，鯉魚門海傍道中 10 號金輝海鮮酒家，2013 年 4 月 5 日，檔案編號 0001-ST-001。

44 葉先生口述報告，賽馬會鯉魚門創意館，2013 年 4 月 6 日、4 月 7 日，檔案編號 0003-ST-003。

45 羅先生口述報告，鯉魚門海傍道中 10 號金輝海鮮酒家，2013 年 4 月 5 日，檔案編號 0001-ST-001。

46 魏先生口述報告，港九打石職工會油麻地上海街 383 號華興商業中心 2 字樓、九龍城龍崗道麥當勞餐廳，2013 年 5 月 13 日、5 月 20 日，檔案編號 0025-ST-012。

47 羅先生口述報告，茶果嶺鄉民聯誼會，2013 年 4 月 5 日，檔案編號 0002-ST-002。

48 葉先生口述報告，賽馬會鯉魚門創意館，2013 年 4 月 6 日、4 月 7 日，檔案編號 0003-ST-003。

49 羅香林，〈香港早期之打石史蹟及其與香港建設之關係〉，載於《食貨月刊》，復刊第 1 卷第 9 期（1971 年 12 月），頁 462。

50 魏先生口述報告，港九打石職工會油麻地上海街 383 號華興商業中心 2 字樓、九龍城龍崗道麥當勞餐廳，2013 年 5 月 13 日、5 月 20 日，檔案編號 0025-ST-012。

51 邱先生口述報告，港九打石職工會油麻地上海街 383 號華興商業中心 2 字樓、柴灣連城道石廠區，2013 年 10 月 4 日，檔案編號 0071-ST-014。

52 羅先生口述報告，鯉魚門海傍道中 10 號金輝海鮮酒家，2013 年 4 月 5 日，檔案編號 0001-ST-001。

53 高先生口述報告，茶果嶺鄉民聯誼會，2013 年 4 月 7 日，檔案編號 0007-ST-007。

54 羅先生口述報告，茶果嶺鄉民聯誼會，2013 年 4 月 5 日，檔案編號 0002-ST-002。

55 邱先生口述報告，港九打石職工會油麻地上海街 383 號華興商業中心 2 字樓、柴灣連城道石廠區，2013 年 10 月 4 日，檔案編號 0071-ST-014。

56 葉先生口述報告，賽馬會鯉魚門創意館，2013 年 4 月 6 日、4 月 7 日，檔案編號 0003-ST-003。

57 羅先生口述報告，茶果嶺鄉民聯誼會，2013 年 4 月 5 日，檔案編號 0002-ST-002。

58 羅香林，〈香港早期之打石史蹟及其與香港建設之關係〉，載於《食貨月刊》，復刊第 1 卷第 9 期（1971 年 12 月），頁 461-462。

59 羅香林，〈香港早期之打石史蹟及其與香港建設之關係〉，載於《食貨月刊》，復刊

第 1 卷第 9 期（1971 年 12 月），頁 460。

60　羅香林，〈香港早期之打石史蹟及其與香港建設之關係〉，載於《食貨月刊》，復刊
　　第 1 卷第 9 期（1971 年 12 月），頁 460。

61　葉先生口述報告，賽馬會鯉魚門創意館，2013 年 4 月 6 日、4 月 7 日，檔案編號
　　0003-ST-003。

62　Block Crown Lease of Survey District No. 3, 18 March 1905. 集體官契 SD3L。

63　葉先生口述報告，賽馬會鯉魚門創意館，2013 年 4 月 6 日、4 月 7 日，檔案編號
　　0003-ST-003。

64　魏先生口述報告，港九打石職工會油麻地上海街 383 號華興商業中心 2 字樓、九龍
　　城龍崗道麥當勞餐廳，2013 年 5 月 13 日、5 月 20 日，檔案編號 0025-ST-012。

65　廖先生口述報告，港九石行總工會九龍城龍崗道 22 號 2 樓，2013 年 10 月 7 日，檔
　　案編號 0073-ST-016。

66　羅香林，〈香港早期之打石史蹟及其與香港建設之關係〉，載於《食貨月刊》，復刊
　　第 1 卷第 9 期（1971 年 12 月），頁 461-462。

67　羅香林，〈香港早期之打石史蹟及其與香港建設之關係〉，載於《食貨月刊》，復刊
　　第 1 卷第 9 期（1971 年 12 月），頁 461-462。

68　羅香林，〈香港早期之打石史蹟及其與香港建設之關係〉，載於《食貨月刊》，復刊
　　第 1 卷第 9 期（1971 年 12 月），頁 461-462。

69　蕭國健，《香港歷史與社會》，香港，香港教育圖書公司，1994 年，頁 67。2014 年
　　3 月 1-2 日隨蕭國健到順德冰玉堂考察時，追問此段資料來源，蕭解說是抄自許舒
　　（James W. Hayes）的資料，現已失傳。

70　"Despatch No. 496: Audit Report on Account, 1907," in *CO 129/356*, 21 June 1909, pp.
　　496-498.

71　蕭國健，〈香港開埠初期之打石行業〉，載於《香港歷史與社會》，香港，香港教育
　　圖書公司，1994 年，頁 66-67。

72　《沙田曾大屋三利祖族譜》，美國猶他州鹽湖城猶他家譜學會 1979 年製作微縮膠
　　捲，https://familysearch.org/search/catalog/1098847?availability=Family%20History%20
　　Library（2017 年 7 月 11 日上網）。

73　《沙田曾大屋三利祖族譜》，美國猶他州鹽湖城猶他家譜學會 1979 年製作微縮膠
　　捲，https://familysearch.org/search/catalog/1098847?availability=Family%20History%20
　　Library（2017 年 7 月 11 日上網）。

74　曾德馨，〈曾家大屋滄桑史〉，載於《沙田文獻》，香港，出版者不詳，1981 年，第
　　6 冊。

75　羅香林，〈香港早期之打石史蹟及其與香港建設之關係〉，載於《食貨月刊》，復刊
　　第 1 卷第 9 期（1971 年 12 月），頁 461。

76　曾先生口述報告，沙田曾大屋村公所，2014 年 3 月 28 日，檔案編號 0126-ST-025。

77　羅香林，〈香港早期之打石史蹟及其與香港建設之關係〉，載於《食貨月刊》，復刊
　　第 1 卷第 9 期（1971 年 12 月），頁 461。鄧州鄧氏宗親聯會、鄧州市鄧姓研究會網

址：http://www.dxzy.org/E_ReadNews.asp?newsid=81

78 《沙田曾大屋三利祖族譜》，美國猶他州鹽湖城猶他家譜學會 1979 年製作微縮膠
   捲，https://familysearch.org/search/catalog/1098847?availability=Family%20History%20
   Library（2017 年 7 月 11 日上網）。

79 鄧廣殷，〈我的父親鄧文釗（一）〉，載於《縱橫》，1996 年第 5 期（1996 年），頁 25。

80 羅香林，〈香港早期之打石史蹟及其與香港建設之關係〉，載於《食貨月刊》，復刊
   第 1 卷第 9 期（1971 年 12 月），頁 461。

81 羅先生口述報告，鯉魚門海傍道中 10 號金輝海鮮酒家，2013 年 4 月 5 日，檔案編
   號 0001-ST-001。

82 魏先生口述報告，港九打石職工會油麻地上海街 383 號華興商業中心 2 字樓、九龍
   城龍崗道麥當勞餐廳，2013 年 5 月 13 日、5 月 20 日，檔案編號 0025-ST-012。

83 高先生口述報告，茶果嶺鄉民聯誼會，2013 年 4 月 7 日，檔案編號 0007-ST-007。

84 科大衛、陸鴻基、吳倫霓霞合編，《香港碑銘彙編》，香港，香港市政局，1986 年，
   第 3 冊，頁 822、860。

85 堂會名稱為「聯陞（盛）堂（東西家）」，資料見於 1868 年。何佩然，《築景思城：
   香港建造業發展史，1840-2010》，香港，商務印書館（香港）有限公司，2010 年，
   頁 87-88。這則資料原始出處不明，上引《香港碑銘彙編》頁 822 及 860 亦只提及
   聯盛堂，沒有提及聯盛堂又名聯陞堂。

86 "Government Notification No. 195," *The Hong Kong Government Gazette*, 7 June 1912,
   pp. 410-413; "Government Notification No. 129," *The Hong Kong Government Gazette*, 28
   April 1913, pp. 194-200.

87 〈打石行工人又罷工〉，載於《香港華字日報》，1921 年 8 月 8 日，第 3 張第 1 頁；
   〈石行廣告〉，載於《香港華字日報》，1921 年 8 月 18 日，第 1 張第 3 頁。原文中
   未有提及兩間石行於 1921 年成立，兩間石行應於更早時間成立；原文中謂「打石
   行工人約有二三千人」參與罷工。何佩然，《築景思城：香港建造業發展史，1840-
   2010》，香港，商務印書館（香港）有限公司，2010 年，頁 88。

88 羅先生口述報告，鯉魚門海傍道中 10 號金輝海鮮酒家，2013 年 4 月 5 日，檔案編
   號 0001-ST-001。

89 永盛堂以及其下屬的各「行」：從名稱和設置總理的職務來看，像是經營石材的商
   舖，而不是工人組織。

90 蕭國健，〈香港開埠初期之打石行業〉，載於《香港歷史與社會》，香港，香港教育
   圖書公司，1994 年，頁 64、71。

91 蕭國健，〈香港開埠初期之打石行業〉，載於《香港歷史與社會》，香港，香港教育
   圖書公司，1994 年，頁 61。

92 1892 及 1896 年兩篇行規原文，見附錄一。

93 廖先生口述報告，港九石行總工會九龍城龍崗道 22 號 2 樓，2013 年 10 月 7 日，檔
   案編號 0073-ST-016。

94 陳先生口述報告，啟德道 66 號垣天大廈 2 樓，2014 年 3 月 4 日，檔案編號 0122-

ST-022。相片編號：0122-ST-022-P025。

95 吳先生口述報告，黃金海岸會所西餐廳，2014 年 3 月 17 日，檔案編號 0125-ST-024。

96 廖先生口述報告，港九石行總工會九龍城龍崗道 22 號 2 樓，2013 年 10 月 7 日，檔案編號 0073-ST-016。

97 邱先生口述報告，港九打石職工會油麻地上海街 383 號華興商業中心 2 字樓、柴灣連城道石廠區，2013 年 10 月 4 日，檔案編號 0071-ST-014。

98 港九石行總工會註冊章程小冊子及 9 頁文件，由廖先生提供。

99 港九石行總工會會所大廈契約，由廖先生提供。

100 邱先生口述報告，港九打石職工會油麻地上海街 383 號華興商業中心 2 字樓、柴灣連城道石廠區，2013 年 10 月 4 日，檔案編號 0071-ST-014。

101 "Masons' Quarrel: Long-standing Dispute over a Guild," *The China Mail*, 28 October 1930, p. 1; "Praya Fracas: Two Masons Remanded till Friday," *The China Mail*, 4 November 1930, p. 12.

102 邱先生口述報告，港九打石職工會油麻地上海街 383 號華興商業中心 2 字樓、柴灣連城道石廠區，2013 年 10 月 4 日，檔案編號 0071-ST-014。

103 廖先生口述報告，港九石行總工會九龍城龍崗道 22 號 2 樓，2013 年 10 月 7 日，檔案編號 0073-ST-016。

104 魏先生口述報告，港九打石職工會油麻地上海街 383 號華興商業中心 2 字樓、九龍城龍崗道麥當勞餐廳，2013 年 5 月 13 日、5 月 20 日，檔案編號 0025-ST-012。

105 邱先生所提供了 1958 年第一次大會的集體合照。見邱先生口述報告，港九打石職工會油麻地上海街 383 號華興商業中心 2 字樓、柴灣連城道石廠區，2013 年 10 月 4 日，檔案編號 0071-ST-014。

106《港九打石職工會章程》，第二章，第三條。章程由邱先生提供，全文見附錄二。

107 邱先生口述報告，港九打石職工會油麻地上海街 383 號華興商業中心 2 字樓、柴灣連城道石廠區，2013 年 10 月 4 日，檔案編號 0071-ST-014。

108〈工友失業情況益嚴重　四工會進行親切慰問〉，載於《大公報》，1968 年 1 月 29 日，第 2 張第 7 版。

109〈打石工會關懷貧病〉，載於《大公報》，1969 年 2 月 8 日，第 2 張第 5 版。

110《港九打石職工會章程》，第四章，第二十三條。

111〈涉嫌在元朗劫警槍　打石工會主席劉三出院提堂〉，載於《華僑日報》，1967 年 12 月 23 日，第 4 張第 2 版；〈港英又幹壞事　昨晨綁架劉三〉，載於《大公報》，1967 年 12 月 12 日，第 1 張第 3 版。

112〈劉三被捕解集中營　疑曾策劃奪槍殺警〉，載於《香港工商日報》，1967 年 12 月 13 日，頁 5。

113〈打石工人促釋劉三〉，載於《大公報》，1969 年 2 月 7 日，第 1 張第 4 版。

114 邱先生口述報告，港九打石職工會油麻地上海街 383 號華興商業中心 2 字樓、柴灣

連城道石廠區，2013 年 10 月 4 日，檔案編號 0071-ST-014。

115 邱先生口述報告，港九打石職工會油麻地上海街 383 號華興商業中心 2 字樓、柴灣連城道石廠區，2013 年 10 月 4 日，檔案編號 0071-ST-014。

116〈港九勝義建築結石工會註冊章程〉，1955 年 6 月 28 日、1963 年 2 月 5 日，載於 *HKRS837-1-211*。

117〈第 1936 號公告〉，載於《香港特別行政區政府憲報》，2006 年 3 月 24 日，http://www.gld.gov.hk/egazette/pdf/20061012/cgn200610121936.pdf（2017 年 7 月 11 日上網）。

118〈梁鵬萬關於香港各工會及工人概況的調查報告（一九二三年十月二十四日）〉，載於孫道昌編輯，《廣東革命歷史文件彙集（一九二二年——一九二四年）》，廣州，中央檔案館、廣東省檔案館，1982 年，頁 133、139、141。

119 葉先生口述報告，賽馬會鯉魚門創意館，2013 年 4 月 6 日、4 月 7 日，檔案編號 0003-ST-003。

120 黃女士口述報告，鯉魚門馬環村 51 號 A，2013 年 4 月 6 日，檔案編號 0004-ST-004。

121 羅先生口述報告，鯉魚門海傍道中 10 號金輝海鮮酒家，2013 年 4 月 5 日，檔案編號 0001-ST-001。

122 葉先生口述報告，賽馬會鯉魚門創意館，2013 年 4 月 6 日、4 月 7 日，檔案編號 0003-ST-003。

123 羅先生口述報告，茶果嶺鄉民聯誼會，2013 年 4 月 5 日，檔案編號 0002-ST-002。

124 魏先生口述報告，港九打石職工會油麻地上海街 383 號華興商業中心 2 字樓、九龍城龍崗道麥當勞餐廳，2013 年 5 月 13 日、5 月 20 日，檔案編號 0025-ST-012。

125 羅先生口述報告，鯉魚門海傍道中 10 號金輝海鮮酒家，2013 年 4 月 5 日，檔案編號 0001-ST-001。

126 魏先生口述報告，九龍城龍崗道麥當勞餐廳，檔案編號 0026-ST-013。

127 魏先生口述報告，港九打石職工會油麻地上海街 383 號華興商業中心 2 字樓、九龍城龍崗道麥當勞餐廳，2013 年 5 月 13 日、5 月 20 日，檔案編號 0025-ST-012。

128 羅先生口述報告，茶果嶺鄉民聯誼會，2013 年 4 月 5 日，檔案編號 0002-ST-002。

129 魏先生口述報告，港九打石職工會油麻地上海街 383 號華興商業中心 2 字樓、九龍城龍崗道麥當勞餐廳，2013 年 5 月 13 日、5 月 20 日，檔案編號 0025-ST-012。

130 魏先生口述報告，九龍城龍崗道麥當勞餐廳，檔案編號 0026-ST-013。

131 魏先生口述報告，港九打石職工會油麻地上海街 383 號華興商業中心 2 字樓、九龍城龍崗道麥當勞餐廳，2013 年 5 月 13 日、5 月 20 日，檔案編號 0025-ST-012。

132 葉謀遵，〈香港近期內比較特別之土木工程之發展〉，載於《香港建造商會年刊 1960-1966 年》，香港，香港建造商會，1966 年，頁 151-152，http://hkhiso.itsc.cuhk.edu.hk/history/sites/hkhiso.itsc.cuhk.edu.hk.history/files/The%20Building%20Contractors%20Association%20Year%20Book%201960-66_watermark.pdf（2017 年 7 月 11 日上網）。

133 黃君華，〈香港手掘沉箱工程之意外成因及改善方法〉，載於《建築業導報》，第 12 輯第 10 期（1987 年 10 月），頁 80-82。

134〈1999 年第 17 號法律公告〉、〈1999 年第 18 號法律公告〉，載於《香港特別行政區政府憲報：第 2 號法律副刊》，1999 年 1 月 22 日，頁 B74-B97。

135 魏先生口述報告，九龍城龍崗道麥當勞餐廳，檔案編號 0026-ST-013。

136 *Hong Kong Blue Book 1848-1860*, Hong Kong, Noronha & Co., 1849-1861, quoted in S. W. Poon and K. Y. Ma, *Report on the History of Quarrying in Hong Kong 1840-1940*, p. 10, accessed 12 July 2017, https://www.lordwilson-heritagetrust.org.hk/filemanager/archive/project_doc/10-194/PDF1.pdf.

香港大學小型研究項目〈1840 至 1940 年的香港石礦業〉研究報告，http://cit2e.ilongman.com/news_details.php?id=159227&tid=2，瀏覽日期：2013 年 6 月 27 日。

137 "Masons' Quarrel: Long-standing Dispute over a Guild," *The China Mail*, 28 October 1930, p. 1; "Praya Fracas: Two Masons Remanded till Friday," *The China Mail*, 4 November 1930, p. 12.

138 "Agriculture, Cultivated and Uncultivated Lands, Wages, Produce, Stocks, &c.," *Hong Kong Blue Book 1844-1847, 1849-1854, 1862-1863, 1876-1930*, Hong Kong, Noronha & Co., 1845-1848, 1850-1855, 1863-1864, 1877-1931.

139 鄧先生口述報告，茶果嶺鄉民聯誼會，2013 年 4 月 7 日，檔案編號 0006-ST-006。

140〈茶果嶺天后廟〉，載於《華人廟宇委員會》網頁，http://www.ctc.org.hk/b5/directcontrol/temple13.asp（2017 年 7 月 11 日上網）。

141 曾先生口述報告，九龍茶果嶺大街 212 號，2013 年 10 月 4 日、10 月 16 日，檔案編號 0072-ST-015。

142 筲箕灣海心廟，〈新建天后聖母古廟碑記〉，載於科大衛、陸鴻基、吳倫霓霞合編，《香港碑銘彙編》，香港，香港市政局，1986 年，第 1 冊，頁 98-101。

143 油麻地天后廟，〈重建天后古廟碑記〉，載於科大衛、陸鴻基、吳倫霓霞合編，《香港碑銘彙編》，香港，香港市政局，1986 年，第 1 冊，頁 147-151。

144 油麻地天后廟，〈乙亥春月重建天后古廟碑記〉，載於科大衛、陸鴻基、吳倫霓霞合編，《香港碑銘彙編》，香港，香港市政局，1986 年，第 1 冊，頁 157-166。

145 筲箕灣天后廟，〈天后古廟重修碑記〉，載於科大衛、陸鴻基、吳倫霓霞合編，《香港碑銘彙編》，香港，香港市政局，1986 年，第 1 冊，頁 167-168、172。

146 沙田車公廟，〈重修車公廟碑記〉，載於科大衛、陸鴻基、吳倫霓霞合編，《香港碑銘彙編》，香港，香港市政局，1986 年，第 1 冊，頁 233。

147 大嶼山大澳新村天后古廟，〈重修天后古廟題名碑記〉，載於科大衛、陸鴻基、吳倫霓霞合編，《香港碑銘彙編》，香港，香港市政局，1986 年，第 1 冊，頁 91-92。

148 九龍城侯王廟，〈重修侯王古廟碑〉，載於科大衛、陸鴻基、吳倫霓霞合編，《香港碑銘彙編》，香港，香港市政局，1986 年，第 1 冊，頁 114。

149 羅香林，〈香港早期之打石史蹟及其與香港建設之關係〉，載於《食貨月刊》，復刊第 1 卷第 9 期（1971 年 12 月），頁 461。

150 油麻地天后廟，〈重建天后古廟碑記〉，載於科大衛、陸鴻基、吳倫霓霞合編，《香港碑銘彙編》，香港，香港市政局，1986 年，第 1 冊，頁 149。

151 筲箕灣天后廟，〈天后行宮古廟碑記〉，載於科大衛、陸鴻基、吳倫霓霞合編，《香港碑銘彙編》，香港，香港市政局，1986 年，第 1 冊，頁 152。

152 筲箕灣天后廟，〈天后行宮古廟碑記〉，載於科大衛、陸鴻基、吳倫霓霞合編，《香港碑銘彙編》，香港，香港市政局，1986 年，第 1 冊，頁 153。

153 西環魯班廟，〈倡建魯班先師廟簽題工金芳名碑誌〉，載於科大衛、陸鴻基、吳倫霓霞合編，《香港碑銘彙編》，香港，香港市政局，1986 年，第 1 冊，頁 197-198、200。

154 魏先生口述報告，九龍城龍崗道麥當勞餐廳，檔案編號 0026-ST-013。

155 魯班廟廣悅堂建築業工商行編，《堂友名冊簿》，香港，廣悅堂，1960 年。

木匠大致可以分為四類：

一、木箱製造者；二、造船者；

三、木雕刻技工：如傢俱、木件擺設；

四、建造業木工。

第二章

獨具匠心───分工細緻的木匠

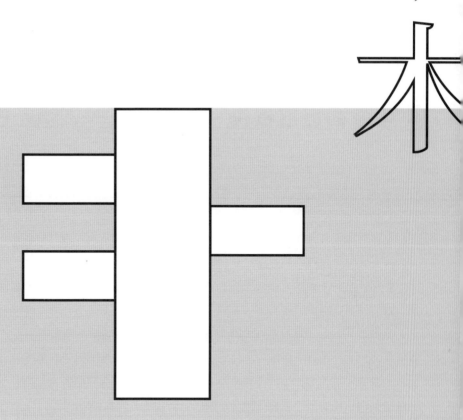

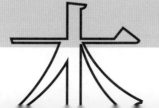

✚ 木業的發展概況

按照工作的性質，木匠大致可以分為四類：一、木箱製造者；二、造船者，其中部份是海員，負責維修在海上航行船隻的木器；三、木雕刻技工：如傢俱、木件擺設；四、建造業木工。戰前，製造工具的木匠按照傳統習俗分為「圓口」和「方口」兩類，圓口師傅專做木盆、木桶、壽枋（棺木）等，工作對木器大小的準繩度要求很高，經常要利用數學計算工具的大小、圓周、斜度等；而方口師傅則是製作桌椅門櫃等傢俱或裝修，根據一名「方口」師傅陳先生（1932－）回憶，木舖內各人都擁有自己製造工具時用的「功夫櫈」，用來生產各類型的傢俱[1]。

被訪者馮先生（1960－）的祖父是風水師，四個兒子之中有三個是木匠，有專門造傢俱的，也有專門造壽枋的。馮先生聽作為木匠的父親說，戰時的香港，對木匠的需求很大，日本人徵集木匠造槍托，每天提供一碗米作酬勞，木匠可把生產時剩下的木碎帶回家做燃料。他的母親憶述戰時大米十分缺乏，很多人因只有南瓜和蕃薯充飢，營養不良，患上腳氣病，幸好其父是木匠，一家才免捱餓[2]。

在 1950 年代初，由於朝鮮戰爭，美國採取禁運措施，香港經濟蕭條，木業亦面臨嚴重的危機：全香港約 15,000 名的木匠中接近 8,000 人失業[3]。1960 年代，香港的木業才逐漸恢復。時至今日，造船業已日漸式微，從事造船的木匠工人都已轉業或退休。至於雕刻木藝以及打造壽枋的木匠，因木舖東主將生產線遷往內地，本港這兩類的木工也日漸減少。

✚ 行業的承傳

拜師學藝

香港的木匠多來自廣東省新會、順德、肇慶等縣。一般來説，新人入行大多通過同鄉介紹。首先以學徒身份加入，一般需要學滿三年師方能成為正式木工師傅；三年學師期完結後，功夫未到家的還要「挨師」，即補師一至兩年，獲得師父承認後才可成為木工師傅[4]。學師期間有食無工，補師工資一般較正式木匠低。

木匠梁先生（1934−）從其原籍四會欖岡村的師父袁國斌（約 1900−?）口中得知，1920 年代廣州的「木業工會」，勢力十分強大而且很團結，所有專營裝修的木舖東家必須加入成為會員，袁也是其中之一。在 1920 至 1930 年代的廣東省，學徒拜師學藝需首先送三籮稻穀予師父作「按金」，以示忠誠。學徒需聽從師父的教誨行事，不能半途而廢。師父有影響學徒畢生事業的能力，學徒若不被師父承認滿師，根本沒有出路，師父會向工會提交滿師學徒名單，再由工會通知行內所有師傅和木舖，行內同業無人敢聘用未滿師的學徒[5]。

1941 年日軍侵華，社會非常混亂，袁國斌無法再經營酸枝傢俱，當上了「大天二」，相當於香港的黑社會領袖。當時的鄉間有十多二十條村，村民達數千人，每條村都有很多堂口，比較有名的是擁有炮艦的「佛山土地福」。1948 年，四會欖崗村「水崩基」（堤壩崩潰），當時梁

先生約 14 歲，跟隨袁國斌找到生計，為袁看守槍械。當時普通村民外出也配備兩枝槍，一枝駁殼、一枝左輪手槍，村內如有十人，便儲備十條長槍（即步槍）和兩三台機槍。同年，袁國斌離開家鄉到香港找尋機會，在九龍仔直街搭建木屋，經營裝修生意。1949 年梁先生也來港投靠袁國斌，正式成為學徒，由於大家是鄉里，梁在港拜師，師父並沒有收他的按金[6]。梁三年滿師後，在香港工作，需像澳門同行行規，向師父繳交佣金。

另一位木匠麥先生（1943 － ）憶述他 1957 年在澳門拜師的過程。麥的師父外號「高佬」，從馬來西亞回澳門定居，收麥先生為徒時，同時也收了另外三名徒弟，麥先生與眾師兄按照三行的拜師禮儀，預備燒肉、雞等三牲祭品，香燭冥鏹，首先敬拜魯班先師畫像，再跪地向師父、師母叩頭及奉茶，大聲高喊「師父師母飲茶」後，學徒視師父一家猶如自己一家，同枱食飯，也與師父家人十分親近，如師母的母親也會來木舖用膳，大家視之為外祖母。麥先生住在木舖三年，晚上睡帆布摺床，早上要收好摺床，需在師父喝過早茶買菜回家之前（9 時半之前）完成所有開舖、打掃、預備茶水等工作。包括開舖時，要把舖面的柚木木板門移除下來，擺放到一邊（晚上要將每一塊木板放回原處）；學徒按照輩份決定在師父家中的地位，由於他年資最淺，每天要倒水給眾師兄磨刀、為師父洗衣服（不用為師母洗）。最初的一個半月之內，有如雜役一樣，月薪只有 1 元，約兩個月之後，師父才讓他使用短刨刨木，連續五個月也都是「刨柴」。刨木的生活，使他的雙手皮膚磨損流血，需要用布包著手掌繼續工作，第六個月，師父開始讓他與師兄一齊拉一把長約四呎的鋸開料（鋸木材），二人要互相協調，否則鋸片易斷[7]。他覺得在澳門拜師學藝，十分傳統，香港可能已沒有這一套。但澳門的師徒制仍影響他在香港的生活，因為香港的木舖東主仍奉行澳門向師父繳交

回佣的制度，麥工作的首六個月要扣除月薪的 20% 即 40 元給澳門的師父，連續付了六個月之後，麥先生覺得自己不該再被剝削，遂向東主爭取每月應得所有工錢，否則辭工不幹。最後經東主同意，他留在木舖工作，並再也沒有回澳門探望師父了[8]。「按金」制度在香港的木業也存在：1949 年，木匠陳先生做學徒時，需向店東繳付 300 元按金，三年滿師後取回，學師期間沒有工資，伙食及住宿則由木舖提供，陳每月有 1 元理髮錢，當時剪髮每次花費約 6 毫[9]。

現在的木業已經不再流行學徒制度，1970 年代中，「職業訓練局」開始培訓木工，政府同時也規定進入地盤工作需要取得訓練局頒發的證書[10]。但是在老一輩的木匠師傅看來，訓練局的學員縱然取得所謂「中工」牌，但這些學員不論在手工或是經驗上，都有所欠缺，他們只是技工，而不是木匠師傅[11]。

血緣與地緣網絡

香港的木舖很多都是家族生意。木匠勞炳垣約於 1910 年從順德來到香港組成「兄弟班」，經營裝修建造工程及木工。1930 年代中，勞炳垣在中環結志街 3 號地下創辦「勞炳記」傢俬店，兼營裝修生意，兒子及孫兒也是建築業從業員。其子勞先生（1941－）憶述童年時，勞炳記專造裝修及接受行家訂購傢俬，招聘的師傅、徒弟，大多是居於香港的本地人。舖內聘有數名木匠師傅，專造木椅木桌或藥材店的百子櫃，其父承辦建築工程，在卑利乍街自建六層高的樓宇自住，由於勞先生是填房所生，一家三口就居於店舖閣樓。父親曾承接一些小型建築工程，例如佐敦道偉晴街一帶的四層高樓宇。店內除了聘請木匠師傅外，父親還有至少三名徒弟[12]。

勞先生從父親口中得知，1930 年代中，父親在叔父協助下，管理廣悦堂及魯班廟，並借用機利文街「祥興建築公司」作為辦事處，處理廣悦堂會務，也曾參與籌辦「香港建造商會」，活躍於建造業界。父親約在 60 歲退休，由長子勞道燊接管生意。勞先生於 1987 年創業，成立「威業工程有限公司」，2000 年加入香港建築業承建商聯會，現時兩名兒子繼續經營威業工程有限公司，他則處於半退休狀態，閒來為廣悦堂做義務工作，2002 至 2006 年被推舉為第 21 及 22 屆主席，2010 年出任副主席[13]。

戰前的九龍城賈炳達道整條街都是木舖，所以有木匠街（Carpenter Road）之稱。夏先生藉著在肇慶的鄉里關係跑到九龍城「義華木舖」學師，該木舖由劉氏三兄弟共同創立，長兄拿著放滿工具的鐵箱上門維修，兩名弟弟劉義和劉三則留在賈炳達道的木舖內製造傢俬售賣，由於生意愈來愈多，約 1959 年弟弟劉三再在賈炳達道開設另一店舖，因此，義華木舖改名為「華強」，劉三所開的木舖為「華興」，大家都經營類似山寨式的木店，銷售傢俱及承辦裝修工程，三兄弟以前設在九龍城寨大井街的工場依然共用。劉家以血緣關係發展裝修事業，至今三兄弟只剩下劉三，而劉三的五名子女仍以裝修為業[14]。

廣東新會人黃均伯戰前在九龍城城南道開設木舖，由長子管理，次子及三子各自在九龍城獅子石道開設「遠東木舖」和「建章木舖」，承接傢俱及裝修工程。黃家兩代人都願意幫同鄉親友到港工作，親戚可以在舖內用膳、閒坐。由於地緣關係，各親友在他們三間舖內聚集，互相介紹工作，沒有技能者又願意繳交 300 元按金留在舖內學師，滿師後可取回按金，陳先生（1932－）的父親就是其中一名學徒。1949 年，陳先生從家鄉來港，同樣投靠黃家，繳交 300 元按金後留在舖內學師，三年滿

師，再由鄉里介紹當木匠散工，日薪五元。他靠同鄉兄弟關係，向一些裝修公司承判工程，再按工程大小聘請其他師傅幫忙，工程投資不多，甚少虧本，完工後結算再分帳，收入較做散工多一至兩倍 [15]。

在旺角砵蘭街亦有四兄弟各自開設四間木舖，一連四間舖位，都是承辦造木及裝修工程。馮先生聽聞父親講述，戰前有很多木匠都是子承父業，其父於 1945 年和平後，經親友介紹，到這四兄弟的其中一間木舖做學徒。當時有很多木匠都是由上一輩在香港造木，再發展成家族生意 [16]。可見木業以氏族形式建立事業，然後加開分店，再招攬鄉里作員工，擴大族群網絡。

由於木匠在 1950 年代常常開工不足，收入不穩，所以依靠地緣關係，相互介紹工作變得十分重要 [17]。1949 年內地解放後，大批上海木匠來港謀求發展，1958 至 1960 年間，廣東的木工僅有 8 元的日薪，而上海木匠可多拿 2 元，達到 10 元 [18]。由於上海師傅大都技藝純熟，所以能夠拿到較高的工資。

✛ 工會組織

表一　　　　　香港木業組織

組織名稱	成立 / 最早可考年份
港九茶貨箱聯勝工會	約 1883 年
廣悦堂	1884 年
西義堂	最早見於 1912 年
港九船塢碼頭做木總會	最早見於 1912 年
悦西堂	最早見於 1912 年
聯志堂	最早見於 1912 年
酸枝行	最早見於 1912 年
集木行	1916 年
港九木匠總工會	1919 年
建築木業工商總會	1920 年
僑港樓廠建造木業工會	1922 年
協和祥木匠總工會	未詳
僑港土木總工會	未詳
香港鈝木協和祥工會	未詳
僑港木業工會	未詳
香港酸枝花梨木匠工會	未詳
僑港大木工會	未詳
港九雕刻木器業職業工會	1952 年

港九茶貨箱聯勝工會

工會的成立

「港九茶貨箱聯勝工會」的前身是「聯勝堂」，大約在 1883 年已經成立，會旗有斧頭的標誌，是年輕工會，活躍於廣州、澳門和香港[19]。當時廣州、澳門和香港等地的聯勝堂均認為彼此屬一個組織，相互之間承認會員資格。在 1948 年香港政府要求社團重新註冊時，聯勝堂以港九茶貨箱聯勝工會為名註冊，成為香港合法組織，會址位於西營盤第一街 6 號 3 樓。會員約有三數十人，常在會所內聚集打牌娛樂[20]。1972 年，該會再次改名為「香港木箱工會」，現任主席是張先生，會址設於九龍深水埗大南街 325 號 9 樓[21]。木箱工人主要是來自花縣、清遠、新會、開平、東莞等地的內地新移民。1979 年，會內的合資格會員大約有 460 人，是香港木箱行業最為興旺的時期，茜草灣遍佈木箱廠[22]。1999 年，該會登記在冊的會員至少有 565 人[23]。

會員招募

聯勝堂極具堂口的特質，從事木箱行業的木匠大多是會員[24]。當時聯勝堂負責人在不同的木箱廠內巡視，如果發現廠內工人還沒有入會的，便會上前詢問，甚至會將有聯勝堂記認，寫有長闊高的竹蔑帶往木舖，放在造木箱的第一張功夫凳上，所有木匠都不敢開工，直至那一位未加入工會的人往聯勝堂辦妥入會手續，才敢繼續工作[25]。

組織架構

根據張先生提供的會章可知,港九茶貨箱聯勝工會的組織系統以全體會員大會為最高權力機構,理事會是最高管理階層,由全體會員大會以暗票選舉 13 名理事組織而成(2003 年改為 11 人,並選候補理事二人)。理事會設正副主席,會務、交際各設主任一名,理財、福利、調查各設正副主任一人,理事三人及候補理事二人,由理事互選(2003 年調查部只有一位主任,理事改為二人,交際部主任改稱為公關主任,負責對外內及友會之間聯絡事宜,將 1994 年訂立的任期一年改為兩年)。凡該會存款過 8,000 元必須存於銀行,提款要由理事會正副主席及理財部主任聯署(2003 年訂明存款超過 15,000 元必須存入銀行)[26]。

工會的活動

聯勝堂的成員參加了 1925 年的省港大罷工。當時工會的領導陳鏡帶領 120 至 130 名會員,返回廣州出任糾察隊。同時,工會的成員馮敬亦擔任「省港罷工委員會」交際部的副主任職位。當時交際部的主任是來自香港酒樓工會的高湛,同時設有兩名副主任,另一位副主任是來自中廚德和工會的胡藻[27]。交際部主管「接洽賓客、慰問工友等事」[28]。

木箱行業在戰後經歷了明顯的興衰過程。1970 年代是木箱廠生意最為興旺的時期,但是到後來紙箱流行,木箱的需求減少。一個月之內假如有十五六天工作,已算不俗。再到後來貨櫃出現,木箱基本被完全淘汰,1993 年之後,張先生等木箱工人再無就業機會[29]。

隨著行業的衰落,整個工會也逐漸式微。1986 年,該會已併入香港建

造業總工會，現時只有一張寫字枱辦公，張先生繼續擔任義工到總工會處理文件，該會建議每月付他 100 元，他卻反建議將這 100 元在每月例會時，分給所有出席者每人 10 元，他覺得反正每次開會只有六至七人，有些理事會成員長期缺席，這些錢足夠分配。

香港木箱工會會員大多已經離世，張先生不想在他這代結束工會，因此準備將工會名稱改為「香港木箱木器及裝嵌工會」，吸納新的會員入會。這一提議需要開會徵求理事會 13 人同意，在會員大會通過才能決定，希望他日有新人加入，但不能給新加入的會員享有帛金權利，故此，他想為現時 34 名會員預先發放 2,000 元，以後再沒有帛金制度 [30]。

廣悅堂

工會的成立

成立於 1884 年的「廣悅堂」，以興建魯班先師廟組織木業同行，位於西環青蓮台 15 – 16 號的魯班廟，就是當年興建的，也是香港唯一的一間魯班廟。按廟內碑文顯示，光緒十年（1884 年），十名木匠聯手為興建魯班廟籌款，每人捐 2.5 毫，十人共籌得 2.5 元，其他木匠得悉要建造魯班廟，紛紛捐資。參與建廟者有工人亦有商號，其中有些名字已模糊不清，有籍貫者 1,504 人，捐款最多是新會人，有 267 名，其次是順德、新寧、開平、新安、番禺、四會、南海等 [31]，清楚反映戰前三行工人與廣東省的聯繫。

據魯班廟門前 1924 年所立的《紀功誌德》碑石資料顯示，1884 年最早修建魯班廟時，華人富商李陞得知三行工人欲建立魯班廟，即以「禮興

表二 　　　　　　　1884 年興建魯班廟捐助者籍貫分析圖 [32]

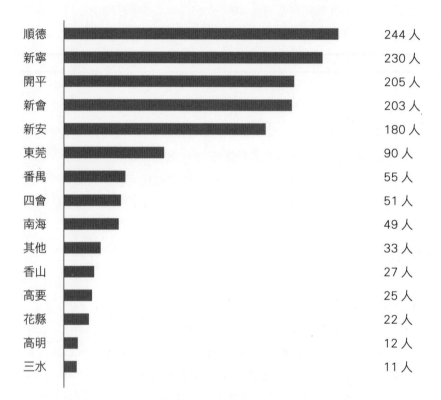

順德	244 人
新寧	230 人
開平	205 人
新會	203 人
新安	180 人
東莞	90 人
番禺	55 人
四會	51 人
南海	49 人
其他	33 人
香山	27 人
高要	25 人
花縣	22 人
高明	12 人
三水	11 人

號」的名義將西環山坡一幅地皮以口頭協議，贈與工人建廟。三行工人利用籌集的建廟基金，購買紅磚，義務參加勞動，很快建成一座魯班廟。1888 年，從事建築業的華人再次捐款，將原來魯班廟的簡單房屋改建成一座正式廟宇，並由廣悦堂管理廟宇事務。早年李陞在捐贈土地時並沒有簽訂契約，到 1924 年，正式由合興公司的李星衛、譚煥堂簽字送出該土地的業權。1949 年，廣悦堂根據香港政府頒佈的社團條例，重新登記為「魯班廟廣悦堂建築業工商會」。在 1950 年代，廣悦堂在廟旁修建「魯班先師廟廣悦堂公所」，並於 1950 年 7 月 27 日落

成。當時廣悅堂公所同時也作為「西環街坊福利會免費夜校」。從廣悅堂前副主席勞先生提供的落成典禮合照（下頁圖）可以得知當時的籌建委員會成員 33。

廣悅堂在灣仔謝菲道設有會址，但近年遷回魯班廟旁辦公，把灣仔會址出租，以增該堂收入。廣悅堂能遷回魯班廟旁，是因為租用公所達 40 年的租客「漢華公司」退租所致。當年以大約 4,000 元租金出租，數十年來租金一直不變。廣悅堂現正籌劃將該處改為三行博物館，負責人關先生準備了大約數十件昔日使用過的工具，整理後作展覽 34。

會員招募

1888 年起，魯班廟的管理由廣悅堂接手。該堂凝聚了三行工人，及一群在社會上較有財力的建築公司、判頭等的力量組成。加入該會的程序也較為複雜，任何入會者要經會員推薦，待廣悅堂開會後，得到各董事同意才能加入。

組織架構

廣悅堂在 1960 年代已經開始使用選舉的方式推舉主席，任期每屆為兩年。在廣悅堂公所牆上掛有一幅歷年主席的牌匾，記錄了各屆主席的名稱：馮秉芬（任期 1963－2001）、何世柱（2002－）擔任；司徒后是第一至五屆連任主席（1962－1972）、伍永康連任三屆（1972－1978）、邱惠霖任一屆（1978－1980）、何石江連任三屆（1980－1986）、孫君鵬連任兩屆（1990－1994）、勞志強分別任三屆（1994－1996；1998－2002）、簡全做一屆（1996－1998）、勞鑑連任兩屆（2002－2006）、

魯班先師廟廣悅堂公所落成典禮籌建委員會暨會員合照（1950 年 7 月 27 日）

第一排（由左到右）：林澤民、何家銘、鍾遠元、鍾照記、余松、趙木、司徒后、鍾華燥、李森；

第二排（由左到右）：鄒十、吳鍵、簡彩、勞炳垣、勞道燊、何石江、李榮；

第三排（由左到右）：譚文龍、張享、孫興、趙盛、鍾國雄。

劉泰華連任兩屆（2006－2010）、何世傑連任兩屆（2010－2014）[35]。自 2000 年起，只限連任兩屆，換言之，同一人最多只能做四年主席。

工會的活動

廣悦堂最重要的活動是一年一度的魯班誕，每年農曆六月十三日在魯班廟舉行隆重的慶祝活動，其中有祭祀典禮、舞龍舞獅等。在香港與三行有關的組織，多會派代表前來參加，晚上在酒樓有聚餐聯誼。

港九木匠總工會

工會的成立

「港九木匠總工會」，又稱「木匠工會」，成立於 1919 年，是香港早期的一個木業工人工會組織，戰前懸掛國民黨的青天白日滿地紅旗[36]。1924 年的會址設於鴨巴甸街 20 號 2 樓，工會會員區植芝、梁九、蘇南三人因涉及恐嚇新聞報排字工人案件，曾被警方搜查會所[37]。1941 年，該會會址遷往荷里活道 72 號 A 4 樓[38]，同年 10 月 26 日在加路連山道孔聖堂舉行第 22 屆光復典禮及新任職員宣誓就職典禮，共有 16 項禮儀，其中包括肅立、唱國歌，向國旗、國父及聖像行三鞠躬禮、主席恭讀國父遺囑、向陣亡將士及死難同胞默哀三分鐘等等，最後是茶會、照像、餘興、禮成[39]。日佔時期，該會暫停會務，直至 1943 年復會，選舉理事會，重新由第一屆開始計算，並在 1948 年根據香港政府頒佈的社團條例向政府註冊，會址位於中環荷李活道 75 號 B 3 樓。到 1968 年，該會又增加了九龍支會（深水埗汝州街 200 號 6 樓）與東區辦事處（灣仔皇后大道東 229 號 6 樓 A 座）[40]；1957 年，在灣仔增設福利部

（洛克道 376 號 4 樓）[41]。

會員招募

港九木匠總工會積極吸納木業的從業員入會。在戰前，一般學徒滿師後，會由工會會員介紹加入工會，否則沒有人敢聘用。會員可透過工會在行內找到工作，爭取自己的權益[42]。對於沒有主動加入工會的工人，工會的會員會在開工期間，坐在新人工作的「功夫凳」上，盤問未入會的原因，甚或「執佢架生」（即將其工具偷走）[43]。為避免不必要的麻煩，大多數工人都會加入工會。

新會員需由兩名舊會員介紹入會，入會時，一次過繳付基金費六元，月費一元，遇有會員死亡需交帛金五毫（帛金必要時由理事會議決增減），有 25 年年資的會員毋須再繳會費，只需交帛金。1958 年，港九木匠總工會新會員的會員編號已經順序排到 3,122，估計當時會員人數已經達到 3,000 多人[44]。1967 年，註冊會員更高達 9,000 多人，不過拖欠會費的會員也有 5,000 多人[45]。由此可知，時代變遷，工程增多，工人毋須加入工會亦可找到就業機會。

組織架構

港九木匠總工會的最高管理層是理事會，下設常務理事會，並以會員大會為最高權力架構。常務理事會由全體會員大會投票選出的 11 名委員管轄，任期一年，可以連任，理事會各委員再互選主席、副主席及審核部主任各一位，正副主席二人要督促監察常務理事會的運作[46]。常務理事會負責財政、文書、宣傳、組織、福利、學務、調查、交際和體育

等事務,各部門設正副主任一名。1948 年選出鄭全、劉宏出任常務理事會正副主席[47]。

1983 年第 40 屆會員的情況稍有變化,據當年的職員表資料顯示,仍舊以常務理事會作為最高管理層,設一正主席、兩副主席,審核一位、理事五位,後補理事五位,文書一位,常務理事會掌管財政、宣教、組織、福利、學務、調查、交際、康樂等事務,各部門有正副主任一位。當中宣教、康樂舊稱分別為宣傳、體育[48],二者名稱雖然不同,但其基本功能並無太大變化。

工會的活動

據港九木匠總工會管教班兼服務部職員王女士[49]引述該會一位在 1920 年代至 1949 年活躍於工會的老會員兼前任主席鄭全的回憶,1925 年,他本人及工會曾參與省港大罷工,木匠聯群結隊步行上廣州支持罷工。1927 年,蔣介石進行清黨,周恩來逃亡到潮州,成立紅色蘇維埃政權後曾經訪港,入住木匠工會在荷李活道的會址。1949 年中共取得政權後,鄭全回到廣州,成為糾察副隊長,穿上制服,掛上槍袋,大家才知他是持槍的隊長[50]。鄭全是潛伏在港九木匠總工會內部的共產黨地下黨員,解放後,他的身份才曝光[51]。

港九木匠總工會一直以來都積極參與政治活動,所以政府對其管控十分嚴密。在 1950 年代後期,政府的政治部曾派一名職員長駐工會,監視工會成員的活動。1967 年騷亂期間,更有一名外籍官員帶領多名警察來工會,向與會者盤問審查[52]。

工會組織活動，關心會員的福利。港九木匠總工會擁有自己的物業，在 1984 年總會已遷到深水埗的自置會所，接著再購入旺角、新蒲崗、觀塘、荃灣和中西區等物業，收取租金作會員福利之用。當有會員離世，工會會按照其入會時間的長短，向其家屬發放福利金，並向患病會員提供救濟，及資助會員子弟教育[53]。

港九木匠總工會的七個會所，總會位於深水埗汝洲街 200 號 6 樓，其餘六個則分佈在旺角砵蘭街 340 號 4 樓、新蒲崗彩虹道 102 號 8 樓、觀塘裕民坊 30 號 4 樓 E 座、荃灣德華街 8 號 3 樓、東區皇后大道東 229 號 6 樓 A 座，及中西區皇后大道西 60 號 2 樓。

西義堂

工會的成立

「西義堂」是香港的碼頭木工的工人組織，最早的紀錄見於 1912 年香港政府豁免登記的社團名單中[54]，名稱與當時的船主組織「東義商會」互相對應。當遇有勞資糾紛，西義堂便代表工人與「東義」談判，為工人爭取權益，甚至發動罷工[55]。由於長洲、筲箕灣、香港仔和長沙灣這四個地區船廠較多，西義堂勢力集中於此四區[56]，又被稱為「西義廠」。

西義堂在香港職工會登記局註冊的名稱為「僑港西義造船總工會」，至少有四個分會：長沙灣總會位於九龍青山道 323 號 8 樓；第一支會位於鴨脷洲平瀾街 5 號 A 6 樓；第二支會位於筲箕灣西大街 356 號 3 樓；第三支會位於長洲興隆街 105 號 3 樓[57]。據說在梅窩還有一間堂口，但由於規模太小，鮮為人知[58]。

「西義」由上述四個地區的造船木匠支持，造船木匠主要製造四類船艇：一、吊艇，例如牯仔、七蚌（船旁兩邊都有一排小孔用來放魚絲釣魚）；二、行走內河的大尾艇（用作載貨，無機器發動，要靠「拖呔」拖行，國內仍有這些鐵拖呔，又稱「賊海仔」）；三、出外海的拖網（通常兩艘拖網並行，行內叫「奶船」）；四、99 呎長的過海渡 [59]。造船木匠靠的是經驗，製造前並沒有圖則，單憑師傅手藝，功夫較粗疏。一條鰲頭加上一條底骨，是一條船的基本框架。師傅首先要知道訂船的買家所要求的長闊高等尺寸，藉由安裝頭尾束，定下船的長度；「頭束」至「尾束」是量度船的高度的主要依據；闊度方面，比較靈活，隨時可以修改，倘若太闊便將木條向內彎，窄了便向外伸展。每一船廠都有一個主理者，稱為「老行」（音老肯），負責「開線彈墨」，劃好尺寸讓其他木匠施工 [60]。

會員招募

一般在西義廠工作的學徒，都會被吸納成為西義堂會員。學徒在滿師之前，已有人介紹他們加入西義 [61]，如果不加入工會，很難進入西義掌控的船廠工作。即使僥倖獲得工作，也會被船廠的老行尊質問為何不加入工會，甚或「執佢架生」（將工具沒收扔入大海）。造船工具是木匠的個人財產，很多工人面對這些壓力，都會加入工會 [62]。根據香港勞工處在 1938 年的報告，西義當時的成員人數多達 1,250 人 [63]。

組織架構

西義本身具有堂口特質，船廠的老行尊地位崇高，不單受工人尊重，就連船主也對他們恭敬有加。訂船造船期間，船主到船廠視察造船進度，

例必要向老行尊及工人派利是。老行尊每做一工序，如不順遂便要求船主多派利是，這些利是錢稱為「劏狗錢」。如果造船師傅發脾氣，會大力鎚打木條、木柱，甚至讓木材爆裂。造船過程中，「打掙」是將麻絲混入油灰中塗在船身上，麻絲與油灰連結成一張細密的網，產生防水的功能。有些造船師傅在發脾氣之餘，還立下歪心，將豆子混入油灰內，新船下水不久，豆子因遇水發芽生長，原先的豆子變成一個個細小的洞，令全船四處滲漏，無法補救，構成危險[64]。更有些師傅，會利用旁門左道在船上畫下符咒[65]。所以，船主不得不向他們就範，多派「劏狗錢」，希望日後新船下水，安全兼耐用。

工會的活動

1960 至 1970 年代，香港造船業十分興旺，各船廠東主藉著豐富的伙食吸引造船師傅前來做工。梁先生回憶，1970 年代船廠東主將工人當作神一樣供奉，早上已預備蛋糕、汽水、啤酒，甚至有老闆索取工人地址，親自奉送鹹魚作禮物，希望師傅早日到船廠工作[66]。

西義代表工人爭取加薪。據 1989 年 1 月 3 日《文匯報》稱，該會與香港仔造船商會達成調整工資方案，木工和灰工每天工作八小時，日薪增加 35 至 280 元；長工照原有月薪加 12%，膳食津貼照各廠原有規定。1990 年 1 月 1 日，再度調整工資，每工工作八小時，舟車費另計，一工 305 元，照原有工資每工增 40 元；月工每月照原有工資加 1,000元，學徒照原有工資日薪增 35 元；玻璃纖維船工日工照原有工資加 35元，月薪者照原有工資加 800 元[67]。

西義的工匠造船全憑經驗，不會亦不懂看圖則，所以較大的船隻只能讓

給「華僑船藝工社」的師傅建造[68]。戰後，很多造船木匠離開了西義，加入華僑船藝工社。

港九船塢碼頭做木總會

工會的成立

「港九船塢碼頭做木總會」的前身是「船藝學塾」，早於 1912 年已出現在香港政府豁免登記的社團名單中，由此推斷在 1912 年之前，該學塾已經存在。1920 年，船藝學塾更名為「華僑船藝工社」，會員多數來自南海、番禺、順德等地，亦有少數的東莞人。戰後，華僑船藝工社重新組織，在 1948 年前往香港職工會登記局註冊「船藝工社」，但此名稱已經被人登記，所以改為港九船塢碼頭做木總會（以下簡稱「碼木」），但在工人之間，仍沿用舊稱華僑船藝工社[69]。

碼木在戰後共有兩個會址，其一位於荔枝角道 132 號 4 樓，是公會的研究部，供會員互相學習，討論造船技術；另一處位於荔枝角道 160 號 4 樓，是工會辦公地址[70]。1972 年，碼木發起「一工人」運動，向每名工人募捐一天的工資 30 元，將籌集到的 6 萬多元善款，購入荔枝角道 70 號 9 樓作為永久會址[71]。

會員招募

碼木與西義一樣，同為造船木匠組織，一般來說，當時香港的造船木匠都會加入其中一個工會。碼木在成立初期，會員多來自順德[72]，戰後碼木重新組織，不少西義的會員轉投碼木。麥先生親證不少碼木會員，

為西義的前輩[73]。

1950 年，碼木會員大約有 300 多人，到 1970 年代，人數增至 700 多人，也是該會會員最多的高峰期[74]。近 30 年，碼木均沒有新會員加入，年老的會員亦相繼離世，現存的會員僅有 107 人[75]。陳先生是碼木現任理事長，他在 1946 年跟隨父親陳有入行，1949 年滿師之後，隨即加入碼木成為會員[76]。其父在 1930 年代是華僑船藝工社骨幹成員之一[77]。

碼木的會員需要繳納會費，在 1946 年每月的會費為 1.5 元，之後增至 3 元、5 元。遷入九龍荔枝角道 70 號的新會所後，新會員入會即時要繳交 10 元基本會費（包括基金 8 元、福利基金 2 元），證書費 0.5 元；以後每月月費 1.8 元，學徒減為 1 元；福利費 0.2 元，學徒沒有豁免[78]。

組織架構

碼木以理事會形式運作，每年在農曆六月十三日魯班先師寶誕前一個月內，由理事會召開全體會員大會，選出 15 人擔任理事會成員，其中三人為候補理事。理事會設正副理事長各一人，下設立常務理事會及特種委員會。常務理事會分為財政、組織、交際、宣傳、福利、康樂和調查各部，各設主任一人；而監事會設監事長，下設審核主任和監事各一名。特種委員會是推行常務理事會認為需要決定某項特種工作時的臨時組織，由常務理事會委任若干成員組織而成。該會聘請外界人士擔任書記，負責會議紀錄及其他文書工作[79]。自從 1986 年該會併入香港建造業總工會後，荔枝角道 70 號樓用作出租，以增加收入[80]。

工會的活動

碼木除了為工友向資方爭取薪酬外，每年都會籌辦農曆六月十三日的魯班誕，俗稱「師傅誕」。募集到的善款，會用來買燒豬、煮齋菜，及大派「師傅飯」。麥先生記得初入會時，碼木請來南國粵劇團到荔枝角道160 號 4 樓的天台表演粵劇，十分熱鬧 [81]。

碼木定期舉行文娛活動，例如粵曲班等。木匠會帶同女性親友參加，在1970 年代初，締結了不少姻緣，陳先生覺得碼木的研究部，可以稱為婚姻介紹所 [82]。

港九雕刻木器業職業工會

工會的成立

1952 年成立的「港九雕刻木器業職業工會」，主要由一些在香港從事木器雕刻的外省師傅組成 [83]。該會租賃花園街 10 號 4 樓作為會址，創會會員只有 17 人。到 2014 年，該會累積會員有 900 多人，但其中不少會員欠交會費，被視為不合格會員，不能享有福利。

會員招募

該會廣邀在香港從事木器雕刻的外省木匠師傅加入。新會員首年需一次過繳交 110 元，以後每年年費為 90 元。1970 年代工會開始興盛，會員約有 300 多人。

戰後初期香港的木器雕刻業陷入蕭條，直至 1970 年代初，因很多旅客來港訂購樟木櫳作手信帶到外國，雕刻行業再次興旺起來 [84]。1980 年代初，香港經濟開始轉型，很多廠家將香港的生產線移往內地，工會有不少會員失業，從業員人數也日漸減少 [85]。

組織架構

理事會是最高管理階層，由會員投票選出理事會成員後，執行委員會再互選正副主席各一名，會務、財務、文書主任各一名，審查、福利、宣教、交際、康樂等部門，負責人各一名，另設核數員一名和五至六名候補委員，各職位任期均為兩年 [86]。1986 年後，工會被併入香港建造業總工會。

工會的活動

組織雕刻工人向資方爭取加薪和更佳待遇，是工會的主要工作。1960 年代初，雕刻木器師傅每月工資約有 100 多至 200 元。1964 年工會認為「樟木櫳工會」的工人聯同商會進行打壓，導致商討加薪程序癱瘓，工會發動全行罷工。罷工期間，工人三餐不繼，禤先生在工會創辦食堂，提供五毫的廉價餐，無力負擔者甚至可免費，餐費由一些從事裝修的雕刻師傅捐贈。在白米一斤需費 8 毫，一枝生抽 1.8 元，剪髮索價 8 毫的生活水平下，5 毫甚至是免費的餐費，實在難以長久維持。另一方面，工會會址遭到業主迫遷，理事會不敢宣佈此事，怕影響會員罷工的決心。幸而最後法庭判工會勝訴，工會可以繼續租用會址。理事會能成功爭取加薪 30%，是因為採用了「逐一擊破」的行動，派員到每一間工廠與東主商討，痛陳利害及工人對加薪要求的堅決態度，行動最終成

功。理事會事後將業主迫遷及「逐一擊破」的行動公開，工友深受感動。為免再有收樓事件重演，大家籌款購置會址，部份工人願意捐出 100 元或一個月工資 200 元，也有人認捐某個數目然後分期交付，也有在捐出 200 元分期供滿之後，再捐 200 元，當然也有些工友認捐卻沒有支付實際款項。當工會蒐集到四萬多元捐款後，購入土瓜灣道 199 號 5 樓作永久會址。1986 年後，工會被併入香港建造業總工會，工會便將會址出租，增加收入。

其他木匠公會組織

集木行：「集木行商會」資料見於 1928 年，1949 年向政府註冊成為合法組織[87]，會址位於皇后大道西 108 號 3 樓。據《香港華僑團體總覽》所載，集木行商會於 1916 年由蔡典臣、陳奮三、陳鶴齋、梁燕能、林裘謀、吳東啟、黃卓卿、梁召存、梁仲益、伍卓山、簡耀初、陳程學、譚爵卿、王幹基、陳美初、劉清泉、李湛卿等創辦；1947 年時主席為簡熾南，副主席為梁次齡，司庫為簡煥棠，司理為伍錦，核數為郭會賢，書記為霍永光，會址設於皇后大道西 108 號 3 樓[88]。

悅西堂：資料見於 1912 年的政府豁免登記的社團名單中[89]。

聯志堂：資料見於 1912 年的政府豁免登記的社團名單中[90]。

酸枝行：資料見於 1912 年的政府豁免登記的社團名單中，在 1927 年《香港工商日報》報導大量廣州酸枝行來港營商，主要集中在九龍砵崙街（砵蘭街）一帶[91]。1928 年《香港工商日報》報導鄺懷（鄺高懷）為「酸枝行工會」主席，由於強迫他人加入工會而被拘捕，遞解出

境 [92]，可見酸枝行工會到 1920 年代末期仍然活躍。

建築木業工商總會：創辦人為李炳，會址位於旺角亞皆老街 39 號 4 樓。據《香港華僑團體總覽》所載，該會原名為「樓廠木業總工會」，創於 1920 年，至戰時中斷；1945 年，李炳、余榜、余國光、趙禮、李壽等重組，並改成現有會名，至 1947 年有 1,200 名會員 [93]。

協和祥木匠總工會：資料見於《香港建造業百年史》，名稱與「香港銅木協和祥工會」相近。據《香港建造業百年史》所載，「協和祥木匠總工會」曾於 1922 年致函建造商會要求加薪三成，談判失敗後與其他行業工會發動罷工 [94]。

僑港樓廠建造木業工會：1922 年成立，當時的會長為余海、文壽平，曾招得廣悅堂舊會員數百人，並與廣悅堂成員發生打鬥，資料見於《築景思城——香港建造業發展史 1840－2010》[95]。

木藝工會：資料見於《香港華字日報》。

僑港土木總工會、香港銅木協和祥工會、僑港木業工會、香港酸枝花梨木匠工會：〈省港罷工中各業罷工情況〉，《廣東文史資料存稿選編》[96]。

僑港大木工會：會址位於吳淞街 119 號 3 樓，資料見於《築景思城——香港建造業發展史 1840－2010》[97]。

✚ 木匠的生活

工作待遇

從事體力勞動的木工，生活並不安穩，因工作發生意外時有所聞 98。戰前，木匠之間為爭取工作機會、改善工作待遇，甚或因追討賭債而發生爭執 99，亦屢見不鮮，報章上時有報導木工因打架而受傷的新聞。工會很多時是發動械鬥的領導者，由於工會數量多，各工會的立場和要求並不一致，號召會員械鬥，以竹竿和磚頭作武器，不惜頭破血流，身受重傷，最後需由警方採用武力鎮壓才告平息 100。工人以武力解決問題的現象，反映工人生活的困苦。

木匠一般不需要通過行會找工作。1950 年代判頭關先生，招聘木工不會到工會，而是晚上到灣仔的雙喜酒樓閒坐，尋找合適的木工師傅。木工工人、判頭，多數聚集在雙喜、冠海、冠天、敏如、天男和湖景等茶樓，很多單身的工人會在茶樓用膳，判頭在家食過晚飯，大約 8 至 10 時，便到各茶樓閒坐，這些茶樓就成為木工互相交流訊息的公共空間，也是尋找工作機會的好地方 101。

這種方式仍舊在 1970 年代流行。判頭麥先生每天大清早會到旺角吉祥茶樓（約於 1990 年結業）飲茶，很多工人在吉祥茶樓地下或 2 樓等候判頭招工，過了 9 時半仍未有人聘請的話，工人當天便自歎無功而還並散去 102。判頭會看看當日需要哪一類工人，在茶樓點將，招聘木工、

坭水、油漆、水電等工人開工，如工地遍佈不同地區，判頭會將地址告訴工人，讓工人自行前往工地。這種招聘工人的方式已經逐漸消失。

對於木工而言，不同工作種類的收入並不相同。一般建築木工、造船木工以及打造貨箱的木工工資是分開計算的。

據政府檔案統計，1931 至 1932 年一名木匠平均日薪有 1.15 元，1937 至 1939 年日薪由 0.8 至 1.3 元不等 [103]。1938 年香港政府的統計顯示木匠（Carpenters）的日薪在 0.8 到 1.3 元之間 [104]。製作木箱的工人分為樟木櫳木箱（box makers, Camphorwood）和紙板箱（Box makers, Carboard）兩類。其中樟木櫳木箱的工人由僱主提供住宿，每月薪水為 8 到 13 元；日工按照不同的等級日薪為 0.4 至 1.2 元。做紙板箱的木工，其月薪高於木箱工人，每月月薪 15 至 21 元；日工每天 1 元，但是開工時間不穩定；女工的日薪為 0.25 到 0.4 元之間 [105]。

戰後，船廠工人的工資為每天 6.5 至 7 元不等 [106]。根據 1946 年港九船務碼頭做木總會的會員與資方協定的「長期協議」，每一工人日薪 13 元，1948 年，資方在沒有通知勞方之下，單方面於 1948 年 7 月將日薪降為 10 元，到 9 月 2 日仍未恢復原有工資，於是工人停工抗議，9 月 13 日進行罷工 [107]。到了 1950 年代，范先生在 1954 年滿師後，拿到的工資為每月 40 至 50 元。如果做散工的話，每日工資 7 元，之後增至 10 元、12 元、16 元。16 元的日薪一直持續到 1960 年代 [108]。1960 年代木匠大工的工資已經上漲到了月薪 200 元，如果是中工只有大約 100 元，細工則更少 [109]。在 1960 年代，香港建造業興旺，就業率甚高。手藝好的木工能夠拿到月薪 400 元的高薪 [110]。1970 年代，工人的工資進一步增加。普通木工的日薪在 1970 年達到 20 元 [111]，1974 年又增加到

35 元，加班可拿到 70 元的雙倍工資 [112]。

其他活動

根據目前所掌握的資料顯示，木匠行業中有多個工會參加了 1925 及
1927 年的省港罷工行動，參加的工會包括香港鏍木協和祥工會、僑港
木業工會、香港酸枝花梨木匠公會、港九木匠總工會、港九茶貨箱聯勝
工會等。其中港九茶貨箱聯勝工會的陳鏡、馮敬兩人，不但參加罷工活
動，並出任工人領導。聯勝工會也有百多名工友出任廣州罷工行動的工
人糾察隊。港九木匠總工會的鄭全，是木匠工會的幹事，也是罷工過程
中主要的工人領導之一 [113]。在 1925 年，中國共產黨廣州支部曾派遣鄭
全以代表的身份前往上海，參加中共中央全國代表大會 [114]。鄭在 1946
年進一步當選成為港九木匠總工會的主席之一，直到 1950 年代，其地
下黨員的身份才被揭露。

木匠與其他三行工人一樣尊崇魯班為先師，除了魯班以外，並沒有供奉
其他神祇。每年農曆六月十三日，木業從業員都會慶祝魯班誕。戰前，
木匠沒有假期，整年都需要工作，只有在魯班誕或者過年的時候才會休
息一天 [115]。魯班誕除了是三行工人休息的日子外，判頭或是東主也會
派「師傅飯」給坊眾。現在，魯班誕多數在酒樓舉行晚宴慶祝。建造
業訓練局會在魯班誕帶學徒到魯班廟賀誕 [116]。廟內舉行舞龍舞獅等活
動，十分熱鬧 [117]。

✚ 附錄一：1946 年港九木匠總工會 章程撮要

（本章程附於港九木匠總工會會員證之後）

第一章　總綱

本會定名為港九木匠總工會（以下簡稱本會）

本會之宗旨如左：

（一）聯絡港九所有木匠工人在本會下成立完全之組織。

（二）求取及維持合理工金率工作鐘點工作條件以及保障會員之一般應得利益。

（三）調整會員與僱主間、會員與會員間，或會員與其他工人間之關係，及盡量採取融洽辦法調解各方面互生之糾紛。

（四）設法使會員獲得下開全部或一部份之利益，及週年大會所議決之其他利益。

　　（甲）疾病、意外、殘廢、患難、失業、工潮等等之救濟。

　　（乙）有限度之喪費賻贈。

　　（丙）工友因服務關係所需要之法律上指導及幫助。

（五）凡以增進勞工運動及工聯主義，及以工人利益為目的之合法團體，本會得贊助之。

凡港九木匠工人願遵守本會會章，服從本會一切決議、恪遵義務者，須本會會員二人之介紹並填寫志願書，經理事會審查後、發給證書證章方

得為本會會員。

第二章　組織系統

本會以全體會員大會為最高機關，下設理事會為策劃與推動一切會務事項，由理事會產生主席二人，以督促及處理常務理事會對理事會決定下之一切會務工作之執行。常務理事會下分設財政、文書、宣傳、組織、福利、學務、調查、交際、體育等九股，以便專責執行理事會所分配下之各項工作。理事會下並設審核部，專司審核本會財政與各部經常工作。

第三章　全體會員大會

會員大會為本會最高權力機關，其職權如左：
（一）製訂、修改及增刪本會章程。
（二）決定本會會務方針及計劃。
（三）處決本會重要的，及理事會，及各種委員會所不能解決之事項。
（四）檢討本會會務，複決理事會及各種委員會之議決案。
（五）選舉與罷免本會理事並各種委員、支部幹事。

第四章　理事會

全體會員大會閉會後，理事會為本會最高管理機關，其職權如左：
（一）執行全體會員大會之決議，並議決會員大會未決定之問題。
（二）製定及審查本會之預算決算及其他會務進行方針、計劃等，交常務理事會及各種委員會執行之。

（三）勞資糾紛事件及對外交涉之處理。

（四）檢討各部各組之工作，並檢舉職員之瀆職及會員之違犯本會章程。

（五）複決各種委員會、各支部幹事會一切決議。

（六）委任及罷免各種委員、各股幹事及各支部幹事，或理事會以下之任何負責人，並得聘請職員勷理會務。理事會由全體會員以投票方式選舉若干名組織之，並選舉五人為候補理事，如理事辭職或組會員大會罷免後，理事會得在候補理事中按票數依次補充之。

理事會設主席、副主席及審核部主任各一人，由全體理事互選之。

理事會主席之職權如左：

（一）執行理事會決議，綜理一切會務。

（二）充當各種會議主席，對外代表本會。

（三）對內對外在不違反會員大會及理事會原則及精神下代表本會之言論。

（四）批准不超過五十元之臨時支出。

（五）報告會務，答覆質詢。

（六）協助及指導駐會值日理事及職員決定一切臨時事務。

理事會副主席之職權為勷助主席工作，並於主席請假或缺席時執行其理事會。審核部之職權為按月核計財政出納狀況，及審查簽署財政股送交會員週年大會之財政報告。

理事會主席、副主席、理事委員之任期均為一年，連選得連任。

理事會議每月召開一次，由主席、副主席召集之理事會議須有過半人數出席，出席者過半數贊成始能成立決議。

特別理事會議，須由正副主席之連署或理事過半數之請求召開之。

第五章　常務理事會

理事會下設常務理事會，委員十一人由理事會中互選，分任上列各股主任：

（一）組織股：負責組織本會鞏固與發展工作，如徵求新工友入會等。

（二）財政股：製定預算決算，管理日常收支，按月公佈及向各種會議上報告財政狀況。

（三）文書股：管理本會一切文字上之收發，統計佈告等。

（四）宣傳股：負責本會一切宣傳研究工作，如出版會刊及文化技術等事宜。

（五）福利股：負責計劃與發展推動一切有關會友及其家屬之福利事業，如死亡撫恤，疾病救濟等。

（六）學務股：負責計劃、發展會友及其子弟之學習事宜，如讀書會研究班、工友子弟教育等。

（七）調查股：負責有關勞資糾紛及經常事務之調查工作。

（八）交際股：負責本會一切對外交際事宜。

（九）體育股：負責推動與發展一切有益身心健康之工友體育運動。

第六章　特種委員會

特種委員會為本會常務理事會決定進行某項特種工作時所設置之臨時機構，其職權為推行被指定之某項特種工作。

第七章　支部及支部幹事會

本會為適應會員環境及利便辦公，得設置若干支部辦事處。

各支部之會員及財產，一切預算、決算及收支俱由理事會統轄統支。

支部幹事會，由本會理事委任若干人組織之，並得由支部幹事互選正副主任各一人，由理事會委任之，處理該支部之經常會務。

支部辦事處之一切會務工作、計劃及有關組織與解散及其他工作等事項，俱由理事會決定之。

第八章　義務與權利

凡本會會員有遵守本會會章及執行一切議決案之義務。

凡本會會員有依期繳納下列各種費用（多經會員大會或理事會所決議之特別費用）之義務。

（一）月費：每月一元（如遇失業者免，但須向本會登記，經調查屬實後，方生效力，惟在失業期內受僱三天以上者仍須繳納）。

（二）入會基金六元（一次過繳交）。

（三）帛金：（遇會員死亡須繳交帛金五角，必要時得由理事會議決增減之。）

凡本會會員如無欠繳月費三個月及帛金三次者，得憑本會證書享受下列權利。

（一）選舉權及被選權。

（二）出席全體會員大會建議討論及表決之權。

（三）福利事業之享受如死亡撫恤、疾病救濟、子弟教育等（按本會理事會所規定之救濟辦法辦理）。

（四）在本會會章內及會員大會、理事會決議所賦予之一切權利。

（五）有隨時閱檢本會一切賬目及其他簿冊之權，但須先向理事會申請，予以在不阻礙辦公之時間內始行檢閱。

（六）會員身故得憑本會證書，經本會常務理事會調查屬實者，得領受本會壽帛金三百元，為該會員治喪費用（如歸鄉身故者由理事會另訂辦法授行之）。

第九章　獎勵與處分

凡本會會員或職員對工友利益有特殊貢獻者、對會務努力負責者，理事會得提交全體會員大會，予以適當之獎勵。

凡會員或理事會下各設組之職員犯有左列行為者，理事會經調查有據後，得予以除名，或停止其應享之權利，撤職或其他適當之處分，但因該員不服時，得向會員大會上訴，以會員大會為最後之裁定。

（一）破壞本會名譽及會務者。

（二）不繳納月費三個月以上或帛金三次以上而無充份理由者。

（三）身為職員而貪污瀆職者。

（四）出賣工人利益者。

（五）分裂工友團結者。

（六）違反本會會章及決議者。

凡本會會員積欠月費三個月而未繳交者，應停止其一切權利享受，倘將各費清交後仍須經過一個月後，始能恢復其享受權。

本會章程附則：

本會會員須受帛金手續：

必須該會員未有違反本章程對義務所規定事宜，及入本會已滿三個月後方能享受此項權利。

（凡本會會員遇有離港者可到本會向值日職員登記，並須要清繳帛金費

及月費等手續清楚後，方為有效）

本會會員離港身故仍得領帛金及本會會員應科帛金辦法。

（甲）會員離港身故享受帛金辦法：

　　（一）凡入會供滿月費十八個月以上、四十五個月以下者，在離
　　港時經辦清各手續及登記，在鄉身故得享受帛金百分之二十五。

　　（二）凡入會供滿月費四十六個月以上、七十五個月以下，得享
　　受帛金百分之五十。

　　（三）凡入會供滿月費七十六個月以上、一百個月以下者，得享
　　受帛金百分之七十五。

　　（四）凡入會供滿月費一百零一個月以上、一百二十個月以下者，
　　得享受帛金百分之百。

　　但得規定有效期間（細則列後）（如超過有效期限不續報歸鄉或
　　不續供月費者，作為無效）。

（乙）十八個月以上至四十五個月，有效期間為十二個月；四十六個月
以上至七十五個月，有效期間為廿四個月；七十六個月以上至一百個
月，有效期間為三十六個月；一百零一個月至一百二十個月，有效期間
為四十八個月。在有效期間內繼續連供月費三個月或以上者，由繳納月
費日起准續報歸鄉。

三十七年七月會員大會通過議決案。規定凡供滿月費二十五年者，以後
免供月費，但仍須繳納帛金及一切經議決通過之一切雜費，方可享受本
會規定辦法之各項福利。

說明

一　本證書須經本會正式圖書及當任主席簽署方為有效

二　本證書為發給本會會員存據，別人持有不得作為有效

三　本證書所貼照片須以本會會員總部對照為據，如有塗改及偽冒等情，作為無效

✚ 附錄二：1948 年《港九船塢碼頭做木總會章程》

第一章　總則

第一條：本會定名為港九船塢碼頭做木總會。

第二條：本會宗旨如左：

（一）聯絡造船做木工友在本會之下成立一個完全組織。

（二）求取及維持正當公平工金率並工作鐘點暨工作條件，以及通常保障會員利益。

（三）調整會員與僱主間、會員與會員間，或會員與其他工人間之關係，及盡量採取融洽辦法調解各方面互生之糾紛。

（四）設法使會員獲得下開全部或一部份之利益，及週年大會所議決之其他利益：

　　　　甲：疾病、意外、殘廢、患難、失業、工潮等之救濟。

　　　　乙：有限度之喪費賻贈。

　　　　丙：工友因服務關係所需要法律上之指導及幫忙。

（五）為會員利益謀法律之編訂。

（六）創辦或繼續辦理，又或參加（用投資或其他方式）一種或多種報紙、雜誌、書籍、小冊或其他刊物之刊行，及工業性質之事業，以增進本會及工聯主義利益為目的。

（七）凡以增進勞工運動及工聯主義並工人利益為目的之合法團體，本會得贊助之。

（八）依週年大會或理事會之決議合法辦法，增進會員間物質、文化、社交及教育上之福利。

第三條：

（一）凡屬在港操作輪船、吉打、拉打、舢板、放樣型板、橋樑碼頭，及船之進水出入塢等之做木工友，其品行端正，願遵守本會章程，並得會員一人之介紹，經常務理事會審查通過者，均得加入本會為會員。

（二）凡會員因年老或健康不佳退休，而又非在別業正式受僱者，可經理事會議決，得為名譽會員。名譽會員對本會任何議案無表決權，但可享受本會一切利益。名譽會員毋須繳交會費，但仍須繳交福利月費及帛金。

第四條：本會會址暫租設在九龍深水埗荔枝角道一六〇號四樓。

第二章　　組織系統

第五條：本會組織系統如左：

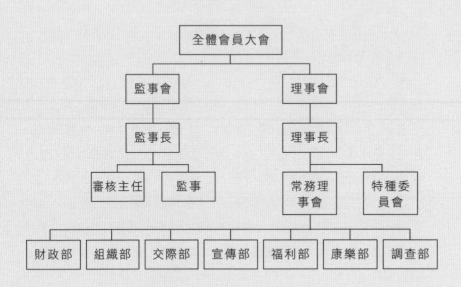

第三章　全體會員大會

第六條：全體會員大會為本會最高權利機關，有制定、修改或增刪本會
章程，決定會務方針計劃，通過經已審核之上年度帳目，與選舉罷免本
會理監事、委員幹事。檢討會務、複決理事會暨委員會之決議案，並處
決理事會所不能解決之重大事項。

第七條：全體會員大會每年召開一次，於每年農曆五月至六月間（魯班
先師寶誕之前一個月內）由理事會召集舉行之。必要時，經理事會之通
過，或會員四分之一以上連署之請求，得召集臨時會員大會，並於開會
前七天通告各會員。

第八條：全體會員大會，須會員四分一以上出席為有效。決議須得出席
會員過半數以上之通過為有效。

第九條：有關下列各事項之議案須以秘密投票方式表決之。

（一）本會職員之選任及罷免。

（二）本會名稱之更改。

（三）本會與另一間職工會之合併。

（四）本會與其他職工會組織職工會聯合組織，或加入其他職工會之聯合組織為會員。

第十條：全體會員大會如不足第八條所規定之人數時，應再定期召開一次，若仍不足法定人數，則所有決議作為有效。

第四章　理事會

第十一條：全體會員大會閉會時期，理事會為本會最高管理機關，其職權如左：

（一）執行全體會員大會決議，制定審查本會預算決算，及其他會務方針計劃等，交常務理事會及其他各種委員會執行之。

（二）處理勞資糾紛，負責對外聯絡交涉等。

（三）檢討各部各組之工作，及檢舉職員之瀆職、會員之違犯會章，有權委任及罷免各種委員會與各組幹事，並得聘請職員襄助會務。

（四）設立及主辦各會員均能參加之福利事業，予會員以福利或救濟。

（五）凡經理事會以本會名義訂立之合約或契約，必須由理事長及財政部主任加以簽署。

（六）本會須設備一公印，此公印非經理事會議決同意，不得加蓋於任何文件上。如得理事會議決同意，仍須在理事長及財政部主任當場，方可加蓋於文件上。

第十二條：理事會由全體會員選舉十五人組織之，並選舉三人為候補理事，如理事離職或受罷免時，得由候補理事按票數遞任之。

第十三條：理事會設理事長、副理事長各一人，由全體理事互選之。

第十四條：理事長之職權，為執行理事會之決議，綜理一切會務，簽署一切文件，對外代表大會，對內為會議上之當然主席。報告會務、答覆質詢，及批准不超過五十元之臨時支出。

第十五條：理事會副理事長之職權為襄助理事長之工作，並於理事長請假或缺席時執行其職權。

第十六條：理事會設常務理事七人，分任理事會轄下各部主任，各主任由全體理事互推之。

第十七條：理事會各部主任職權如左：
（一）財政部：負責本會一切財政出納及會計事項，並須編製年終決算表以備稽核後提交週年會員大會。
（二）組織部：負責發展與鞏固本會之一切工作，並保管會員名冊等。
（三）交際部：負責本會一切交際事宜。
（四）宣傳部：負責本會一切宣傳教育工作，如出版會刊、壁報等事宜。
（五）福利部：負責計劃與發展本會一切有關會友及其家屬之福利事業，如死亡撫恤、疾病救濟，及會友子弟之教育工作等。
（六）康樂部：負責計劃與推動本會一切有關工友身心健康愉快之工作，如戲劇、歌詠、體育、旅行等事宜。
（七）調查部：負責本會一切需要進行調查之日常與臨時事宜。

第十八條：常務理事會各部之下，得設立小組，組幹事由各該部主任提名，經常務理事會通過委任之。

第十九條：組幹事之職權，為執行常務理事會之決議、進行各該組計劃之實施。

第二十條：理事、常務理事、理事長、副理事長任期均為一年，連選得連任。

第廿一條：組幹事任期由理事會決定之。

第廿二條：理事會每月召開一次，由理事長、副理事長召集之，常務理事會每月召開一次，亦由理事長、副理事長召開，如有特別事故理事長認為必要時，得臨時召集之。

第廿三條：小組會議由部主任、組幹事隨時召集之。

第廿四條：理事、常務理事、小組等會議之決議，須得各該會人數三分之二之出席，出席人數過半數之贊同為有效。

第五章　監事會

第廿五條：監事會之職權如左：

（一）負責監察會務之進行，調解職員之糾紛。

（二）彈劾職員瀆職舞弊，與會員之不守會規。

（三）審核會內財政出納及審查全年帳目，在週年會員大會提出。

（四）若有關會內財政各事，監事無權參加投票取決。

第廿六條：監事會由全體會員選出三人組織之，並選舉候補監事一人，如監事離職或請假時，得由候補監事遞補之。

第廿七條：監事會設監事長一人，審核主任一人及監事一人，由監事三人互推之。

第廿八條：監事長之職權主持並督促監事會之工作。

第廿九條：審核主任之職權於每一財政年度終止後，即盡速將會內經常費及福利費帳目核算，並造具報告書以備提交週年會員大會向會員報告。

第三十條：監事會每二月召開一次，由監事長召開之，如必要時得臨時召集之。

第卅一條：監事會及監事任期均為一年，連選得連任。

第六章　特種委員會

第卅二條：特種委員會，為本會常務理事會決定某項特權工作時，所設置之臨時機構，其職權為推行被指定之某項特種工作。

第卅三條：特種委員會，由常務理事會委任若干人組織之。

第卅四條：特種委員會之組織規程，臨時按實際情形，由常務理事會決定之。

第卅五條：特種委員會之決議，須經常務理事會或理事長之批准為有效。

第七章　書記

第卅六條：本會之書記一職，由理事會聘請外界人士充任之，負責本會之文牘工作，及會議時議案之記錄。如得理事長之授權，得協助綜理一切會務，其任期無可規定，若解聘時須先一月通知。

第八章　義務與權利

第卅七條：本會會員有遵守本會會章及執行一切議決案之義務。

第卅八條：本會會員有繳納本會章程內規定各項會費之義務。

第卅九條：本會會員有遵守本會紀律之義務：

（一）出席會議，不作會後反對工會之行為。

（二）執行一切決議案，少數服從多數。

（三）不得破壞本會名譽，及在會內貯贓違禁品。

（四）不擾亂秩序，不毀壞公物。

（五）依期繳納會費，鞏固工會經濟基礎。

（六）積極為工會服務，保證工會會務之實施。

（七）地址及其他如有更改時，須到會報告。

第四十條：本會會員如無違犯本會會章及久繳月費三個月或帛金三名者，憑本會證書得享受左列權利：

（一）選舉與被選舉權。

（二）出席會員大會建議、討論，及表決之權。

（三）福利事業之享受，如死亡撫恤、疾病救濟、子弟教育等。

（四）有隨時檢閱本會帳簿、會員名冊及會章等。但必須先向理事會申請，由理事會指定於不妨礙會務之時間予以查閱。

第九章　獎勵與懲罰

第四十一條：凡本會職員或會員有功績於本會者，得提交全體會員大會予以適當之獎勵。

第四十二條：凡熱心人士及會員捐助經費及物質於本會者，應分別致謝及存誌紀念。

第四十三條：無論任何職員或會員，如有貪污瀆職、違反會章，或破壞本會名譽、會務，及出賣工友利益、分裂工人團結者，經理事會查明有據後，按其情節之輕重，予以懲罰甚而開除其會籍，但如該會員不服時，得聲請向會員大會上訴，會員大會之決定為最後之決定。

第四十四條：凡會員無故不繳納月費三個月以上，或帛金三名以上者，不得領取帛金並不得享受其他各項福利。無故欠繳會費半年以上，或帛金六名以上者，經理事會議決得令其退會。

第四十五條：會員之被開除或退會後，其權利一律註銷，以前所繳納之

各項會費或捐款概不發還，其在外之一切行動，概與本會無關。

第十章　經費之運用及保管

第四十六條：本會經費來源如左：

（一）基金：本會會員入會時，先繳納基金八元、福利基金二元（合共十元）。

（二）證書費：本會會員入會時，須繳交證書費五角。

（三）月費：每一會員每月繳納月費一元八角（學徒一元）。

（四）福利費：每一會員每月繳納福利費二角。（學徒亦二角）。

（五）帛金：凡每一會員身故，須繳納帛金二元。

（六）福利助金：凡本會會員，判得工程無論多少，必須按其所判工程金額繳納百分之二作為福利助金（該款撥作工友子弟識字班補助費，及作為本章程第二條第四節甲、乙項內一切福利救濟之用，不得作為其他用途）。

（七）其他：經全體會員大會或理事會議決之其他費用或捐款。

第四十七條：本會經費之用途如下：

（一）為達成本會宗旨之一切支出。

（二）舉辦福利事業。

（三）本會之一切經常費用。

（四）經全體會員大會或理事會議決之其他費用。

（五）本會職員除僱員外原屬義務性質，但必要時，得理事會批准，可酌立酬金。

（六）本會會款若有盈餘，得由理事會決定，將此項餘款投購公開股券。政府公債或其他投資，但須經週年會員大會或非常大會批准。

第四十八條：本會之財政保管如左：

（一）財政部須負責帳目之完整，會費與各項基金之收入須由財政部簽署，並發給收據為有效。

（二）凡臨時支出超過五十元者，須經常務理事會之通過，方得支付（在預算以內之經常開支例外）。超過一百元之支出，須得理事會之通過。

（三）本會會款如有現金一千元以上者，須貯入理事會所指定之銀行。

（四）銀行提款之支票，須經理事長及財政部主任之聯署方生效力。

（五）本會之財政年度於每年七月一日開始至下一年六月底為止。

第十一章　會員工作散佈範圍

第四十九條：本會會員工作範圍，散佈於九龍船塢、黃埔船塢、太古船塢、卑利船廠，及長沙灣之永安盛、錫昌盛、廣長興、協興翔，深水埗之香港船廠、新世界，油蔴地之廣裕隆，牛池灣之財利、敬記、桐記，筲箕灣之麥滿合船廠等大小船廠，以及在海上修理之船隻均為本會會友工作之範圍。

第十二章　解散

第五十條：本會之解散方法如左：

（一）須得會員四分之三以上之投票贊同。

（二）解散時，本會所欠一切合法債項皆須還清，餘款由合格會員均分之。

第十三章　附則

第五十一條：本章程如有未盡善處，得由全體會員大會通過修改之。

第五十二條：本章程經會員大會通過及經職工會登記局局長登記後實施之。

註 ✝

1 陳先生口述報告，土瓜灣馬坑涌道大快活餐廳，2013 年 6 月 18 日，檔案編號 0030-WD-004。

2 馮先生口述報告，港九木匠總工會油麻地上海街 383 號華興商業中心 2 字樓，2013年 8 月 15 日，檔案編號 0051-WD-013。

3 〈八千木匠失業〉，載於《大公報》，1951 年 4 月 18 日，第 1 張第 4 版。

4 梁先生口述報告，錦田波地菜站後 18 號 A，2013 年 6 月 24 日，檔案編號 0032-WD-006。

5 梁先生口述報告，東沙島街龍寶酒樓、李鄭屋邨街坊福利會，2013 年 6 月 5 日，檔案編號 0029-WD-003。

6 梁先生口述報告，東沙島街龍寶酒樓、李鄭屋邨街坊福利會，2013 年 6 月 5 日，檔案編號 0029-WD-003。

7 麥先生口述報告，屯門友愛海霸酒家，2013 年 4 月 15 日，檔案編號 0008-WD-001。

8 麥先生口述報告，屯門友愛海霸酒家，2013 年 4 月 15 日，檔案編號 0008-WD-001。

9 陳先生口述報告，土瓜灣馬坑涌道大快活餐廳，2013 年 6 月 18 日，檔案編號 0030-WD-004。

10 麥先生口述報告，屯門友愛海霸酒家，2013 年 4 月 15 日，檔案編號 0008-WD-001。

11 關先生口述報告，西環青蓮台 15 號魯班廟廣悦堂，2013 年 4 月 25 日，檔案編號0014-CON-003。

12 勞先生口述報告，西環青蓮台 15 號魯班廟廣悦堂，2013 年 5 月 29 日，檔案編號0028-CON-007。

13 勞先生口述報告，西環青蓮台 15 號魯班廟廣悦堂，2013 年 5 月 29 日，檔案編號0028-CON-007。

14 夏先生口述報告，葵涌石蔭邨基督教香港信義會葵涌長者鄰舍中心，2013 年 6 月 21日，檔案編號 0031-WD-005。

15 陳先生口述報告，土瓜灣馬坑涌道大快活餐廳，2013 年 6 月 18 日，檔案編號 0030-WD-004。

16 馮先生口述報告，港九木匠總工會油麻地上海街 383 號華興商業中心 2 字樓，2013年 8 月 15 日，檔案編號 0051-WD-013。

17 梁先生口述報告，錦田波地菜站後 18 號 A，2013 年 6 月 24 日，檔案編號 0032-WD-006。

18 梁先生口述報告，港九木匠總工會油麻地上海街 383 號華興商業中心 2 字樓，2013

年 8 月 15 日，檔案編號 0054-WD-016。

19 張先生口述報告，香港木箱工會油麻地上海街 383 號華興商業中心 2 字樓，2013 年 8 月 16 日，檔案編號 0056-WD-018。

20 張先生口述報告，香港木箱工會油麻地上海街 383 號華興商業中心 2 字樓，2013 年 8 月 16 日，檔案編號 0056-WD-018。

21 張先生口述報告，香港木箱工會油麻地上海街 383 號華興商業中心 2 字樓，2013 年 8 月 16 日，檔案編號 0056-WD-018。

22 張先生口述報告，香港木箱工會油麻地上海街 383 號華興商業中心 2 字樓，2013 年 8 月 16 日，檔案編號 0056-WD-018。

23 張先生口述報告，香港木箱工會油麻地上海街 383 號華興商業中心 2 字樓，2013 年 8 月 16 日，檔案編號 0056-WD-018。

24 張先生口述報告，香港木箱工會油麻地上海街 383 號華興商業中心 2 字樓，2013 年 8 月 16 日，檔案編號 0056-WD-018。

25 張先生口述報告，香港木箱工會油麻地上海街 383 號華興商業中心 2 字樓，2013 年 8 月 16 日，檔案編號 0056-WD-018。

26 張先生口述報告，香港木箱工會油麻地上海街 383 號華興商業中心 2 字樓，2013 年 8 月 16 日，檔案編號 0056-WD-018。

27 〈省港罷工委員會主要職員一覽表〉，載於廣東哲學社會科學研究所歷史研究室編，《省港大罷工資料》，廣州，廣東人民出版社，1980 年，頁 161。

28 鄧中夏，〈省港罷工工人的組織〉，載於廣東哲學社會科學研究所歷史研究室編，《省港大罷工資料》，廣州，廣東人民出版社，1980 年，頁 152。

29 張先生口述報告，香港木箱工會油麻地上海街 383 號華興商業中心 2 字樓，2013 年 8 月 16 日，檔案編號 0056-WD-018。

30 張先生口述報告，香港木箱工會油麻地上海街 383 號華興商業中心 2 字樓，2013 年 8 月 16 日，檔案編號 0056-WD-018。

31 西環魯班廟，〈倡建魯班先師廟簽題工金芳名碑誌〉，載於科大衛、陸鴻基、吳倫霓霞合編，《香港碑銘彙編》，香港，香港市政局，1986 年，第 1 冊，頁 197-213。到了 1894 年（光緒二十年）該廟重修，只有 201 個名字或商號。1897 年（光緒二十三年）再修之時，捐款商號或個人共有 133 個名字。及至 1902 年（光緒二十八年）的碑記，有 249 間公司、商號或個人捐款。參考西環魯班廟，〈重修魯班先師廟碑記〉，載於科大衛、陸鴻基、吳倫霓霞合編，《香港碑銘彙編》，香港，香港市政局，1986 年，第 1-2 冊，頁 257-258、306、333-334。

32 參考西環魯班廟，〈倡建魯班先師廟簽題工金芳名碑誌〉，載於科大衛、陸鴻基、吳倫霓霞合編，《香港碑銘彙編》，香港，香港市政局，1986 年，第 1 冊，頁 197-213。

33 勞先生口述報告，西環青蓮台 15 號魯班廟廣悅堂，2013 年 5 月 29 日，檔案編號 0028-CON-007。

34 關先生口述報告，西環青蓮台 15 號魯班廟廣悅堂，2013 年 4 月 25 日，檔案編號 0014-CON-003。

35 關先生口述報告，西環青蓮台 15 號魯班廟廣悅堂，2013 年 4 月 25 日，檔案編號
    0014-CON-003。

36 馮先生口述報告，港九木匠總工會油麻地上海街 383 號華興商業中心 2 字樓，2013
    年 8 月 15 日，檔案編號 0051-WD-013。

37 〈搜查木匠工會〉，載於《香港華字日報》，1924 年 5 月 15 日，頁 9。

38 〈木匠工會定期開成立禮〉，載於《香港工商日報》，1941 年 10 月 23 日。

39 〈木匠總工會舉行光復典禮〉，載於《香港工商日報》，1941 年 10 月 27 日。

40 馮先生口述報告，港九木匠總工會油麻地上海街 383 號華興商業中心 2 字樓，2013
    年 8 月 15 日，檔案編號 0051-WD-013。

41 〈木匠工會灣仔福利部今成立〉，載於《大公報》，1957 年 9 月 26 日，第 2 張第 5 版。

42 王女士口述報告，港九木匠總工會油麻地上海街 383 號華興商業中心 2 字樓，2013
    年 8 月 15 日，檔案編號 0055-WD-017。

43 梁先生口述報告，港九木匠總工會油麻地上海街 383 號華興商業中心 2 字樓，2013
    年 8 月 15 日，檔案編號 0054-WD-016。

44 劉先生口述報告，港九木匠總工會油麻地上海街 383 號華興商業中心 2 字樓，2013
    年 8 月 15 日，檔案編號 0053-WD-015。

45 王女士口述報告，港九木匠總工會油麻地上海街 383 號華興商業中心 2 字樓，2013
    年 8 月 15 日，檔案編號 0055-WD-017。

46 馮先生口述報告，港九木匠總工會油麻地上海街 383 號華興商業中心 2 字樓，2013
    年 8 月 15 日，檔案編號 0051-WD-013。

47 王女士口述報告，港九木匠總工會油麻地上海街 383 號華興商業中心 2 字樓，2013
    年 8 月 15 日，檔案編號 0055-WD-017。

48 馮先生口述報告，港九木匠總工會油麻地上海街 383 號華興商業中心 2 字樓，2013
    年 8 月 15 日，檔案編號 0051-WD-013。

49 王女士於 1961 年為港九木匠總工會管教班兼服務部職員。王女士口述報告，港九木
    匠總工會油麻地上海街 383 號華興商業中心 2 字樓，2013 年 8 月 15 日，檔案編號
    0055-WD-017。

50 王女士口述報告，港九木匠總工會油麻地上海街 383 號華興商業中心 2 字樓，2013
    年 8 月 15 日，檔案編號 0055-WD-017。

51 羅珠、彭松福等，〈省港罷工中各業罷工情況〉，載於廣東省政協學習和文史資料委
    員會編，《廣東文史資料存稿選編》，廣州，廣東人民出版社，2005 年，第 3 卷，頁
    184。

52 王女士口述報告，港九木匠總工會油麻地上海街 383 號華興商業中心 2 字樓，2013
    年 8 月 15 日，檔案編號 0055-WD-017。

53 范先生口述報告，港九木匠總工會油麻地上海街 383 號華興商業中心 2 字樓，2013
    年 8 月 15 日，檔案編號 0052-WD-014。

54 "List of Societies Exempted from Registration by the Officer Administering the
    Government-in-Council under the Societies Ordinance, 1911, (Ordinance No. 47 of 1911),

this 4th day of June, 1912," *The Hong Kong Government Gazette*, 7 June 1912, pp. 410-413.

55　曾先生口述報告，港九船塢碼頭做木總會油麻地上海街 383 號華興商業中心 2 字樓，2013 年 8 月 20 日，檔案編號 0061-WD-023。

56　陳先生口述報告，港九船塢碼頭做木總會油麻地上海街 383 號華興商業中心 2 字樓，2013 年 8 月 13 日、8 月 20 日，檔案編號 0046-WD-008。

57　麥先生口述報告，港九船塢碼頭做木總會油麻地上海街 383 號華興商業中心 2 字樓，2013 年 8 月 13 日，檔案編號 0050-WD-012。

58　王先生口述報告，港九船塢碼頭做木總會油麻地上海街 383 號華興商業中心 2 字樓，2013 年 8 月 20 日，檔案編號 0062-WD-024。

59　陳先生口述報告，港九船塢碼頭做木總會油麻地上海街 383 號華興商業中心 2 字樓，2013 年 8 月 13 日、8 月 20 日，檔案編號 0046-WD-008。

60　曾先生口述報告，港九船塢碼頭做木總會油麻地上海街 383 號華興商業中心 2 字樓，2013 年 8 月 20 日，檔案編號 0061-WD-023。

61　麥先生口述報告，港九船塢碼頭做木總會油麻地上海街 383 號華興商業中心 2 字樓，2013 年 8 月 13 日，檔案編號 0050-WD-012。

62　麥先生口述報告，港九船塢碼頭做木總會油麻地上海街 383 號華興商業中心 2 字樓，2013 年 8 月 13 日，檔案編號 0050-WD-012。

63　H. R. Butters, "Report on Labour and Labour Conditions in Hong Kong," *Hong Kong Sessional Papers*, No. 3/1939, Hong Kong, Noronha & Co., 1940, p. 119.

64　關先生口述報告，港九船塢碼頭做木總會油麻地上海街 383 號華興商業中心 2 字樓，2013 年 8 月 13 日，檔案編號 0047-WD-009。

65　梁先生口述報告，港九船塢碼頭做木總會油麻地上海街 383 號華興商業中心 2 字樓，2013 年 8 月 13 日、8 月 20 日，檔案編號 0048-WD-010。

66　梁先生口述報告，港九船塢碼頭做木總會油麻地上海街 383 號華興商業中心 2 字樓，2013 年 8 月 13 日、8 月 20 日，檔案編號 0048-WD-010。

67　陳先生口述報告，港九船塢碼頭做木總會油麻地上海街 383 號華興商業中心 2 字樓，2013 年 8 月 13 日、8 月 20 日，檔案編號 0046-WD-008。

68　陳先生口述報告，港九船塢碼頭做木總會油麻地上海街 383 號華興商業中心 2 字樓，2013 年 8 月 13 日、8 月 20 日，檔案編號 0046-WD-008。

69　關先生口述報告，港九船塢碼頭做木總會油麻地上海街 383 號華興商業中心 2 字樓，2013 年 8 月 13 日，檔案編號 0047-WD-009。

70　陳先生口述報告，港九船塢碼頭做木總會油麻地上海街 383 號華興商業中心 2 字樓，2013 年 8 月 13 日、8 月 20 日，檔案編號 0046-WD-008。

71　關先生口述報告，港九船塢碼頭做木總會油麻地上海街 383 號華興商業中心 2 字樓，2013 年 8 月 13 日，檔案編號 0047-WD-009。

72　何先生口述報告，港九船塢碼頭做木總會油麻地上海街 383 號華興商業中心 2 字樓，2013 年 8 月 20 日，檔案編號 0060-WD-022。

73　麥先生口述報告，港九船塢碼頭做木總會油麻地上海街 383 號華興商業中心 2 字

樓，2013 年 8 月 13 日，檔案編號 0050-WD-012。

74 關先生口述報告，港九船塢碼頭做木總會油麻地上海街 383 號華興商業中心 2 字樓，2013 年 8 月 13 日，檔案編號 0047-WD-009。

75 陳先生口述報告，港九船塢碼頭做木總會油麻地上海街 383 號華興商業中心 2 字樓，2013 年 8 月 13 日、8 月 20 日，檔案編號 0046-WD-008。

76 陳先生口述報告，港九船塢碼頭做木總會油麻地上海街 383 號華興商業中心 2 字樓，2013 年 8 月 13 日、8 月 20 日，檔案編號 0046-WD-008。

77 黃先生口述報告，港九船塢碼頭做木總會油麻地上海街 383 號華興商業中心 2 字樓，2013 年 8 月 13 日，檔案編號 0049-WD-011。

78 陳先生口述報告，港九船塢碼頭做木總會油麻地上海街 383 號華興商業中心 2 字樓，2013 年 8 月 13 日、8 月 20 日，檔案編號 0046-WD-008。

79 陳先生口述報告，港九船塢碼頭做木總會油麻地上海街 383 號華興商業中心 2 字樓，2013 年 8 月 13 日、8 月 20 日，檔案編號 0046-WD-008。

80 陳先生口述報告，港九船塢碼頭做木總會油麻地上海街 383 號華興商業中心 2 字樓，2013 年 8 月 13 日、8 月 20 日，檔案編號 0046-WD-008。

81 麥先生口述報告，港九船塢碼頭做木總會油麻地上海街 383 號華興商業中心 2 字樓，2013 年 8 月 13 日，檔案編號 0050-WD-012。

82 陳先生口述報告，港九船塢碼頭做木總會油麻地上海街 383 號華興商業中心 2 字樓，2013 年 8 月 13 日、8 月 20 日，檔案編號 0046-WD-008。

83 褟先生口述報告，港九雕刻木器業職業工會油麻地上海街 383 號華興商業中心 2 字樓，2013 年 8 月 20 日，檔案編號 0063-WD-025。

84 褟先生口述報告，港九雕刻木器業職業工會油麻地上海街 383 號華興商業中心 2 字樓，2013 年 8 月 20 日，檔案編號 0063-WD-025。

85 褟先生口述報告，港九雕刻木器業職業工會油麻地上海街 383 號華興商業中心 2 字樓，2013 年 8 月 20 日，檔案編號 0063-WD-025。

86 褟先生口述報告，港九雕刻木器業職業工會油麻地上海街 383 號華興商業中心 2 字樓，2013 年 8 月 20 日，檔案編號 0063-WD-025。

87 〈集木行商會獲准註冊〉，載於《華僑日報》，1949 年 8 月 8 日，第 2 張第 3 頁。

88 區少軒、陳大同、麥顯揚主編，《香港華僑團體總覽》，香港，國際出版社，1947 年，第一章頁 19-20。

89 "List of Societies Exempted from Registration by the Officer Administering the Government-in-Council under the Societies Ordinance, 1911, (Ordinance No. 47 of 1911), this 4th day of June, 1912," *The Hong Kong Government Gazette*, 7 June 1912, p. 412.

90 "List of Societies Exempted from Registration by the Officer Administering the Government-in-Council under the Societies Ordinance, 1911, (Ordinance No. 47 of 1911), this 4th day of June, 1912," *The Hong Kong Government Gazette*, 7 June 1912, p. 412.

91 〈廣州酸枝行多遷來港〉，載於《香港工商日報》，1927 年 2 月 16 日，第 3 張第 2 版；"List of Societies Exempted from Registration by the Officer Administering the

Government-in-Council under the Societies Ordinance, 1911, (Ordinance No. 47 of 1911), this 4th day of June, 1912," *The Hong Kong Government Gazette*, 7 June 1912, p. 412.

92　〈酸枝行工會主席被拘〉，載於《香港工商日報》，1928 年 3 月 14 日，第 4 張第 2 版。

93　區少軒、陳大同、麥顯揚主編，《香港華僑團體總覽》，香港，國際出版社，1947 年，第二章頁 7。

94　香港商業彙報編，《香港建造業百年史》，香港，香港商業彙報，1958 年，頁 60。

95　〈僑港樓廠建造木業工會啟事〉，載於《香港華字日報》，1922 年 8 月 8 日，第 1 張第 3 頁；〈工會爭執〉，《香港華字日報》，1923 年 8 月 13 日，第 1 張第 3 頁。

96　羅珠、彭松福等，〈省港罷工中各業罷工情況〉，載於廣東省政協學習和文史資料委員會編，《廣東文史資料存稿選編》，廣州，廣東人民出版社，2005 年，第 3 卷，頁 185。

97　區少軒、陳大同、麥顯揚主編，《香港華僑團體總覽》，香港，國際出版社，1947 年，補遺頁 2。何佩然，《築景思城：香港建造業發展史，1840-2010》，香港，商務印書館（香港）有限公司，2010 年，頁 88。

98　〈安利輪木匠意外受傷〉，載於《香港工商日報》，1928 年 7 月 2 日，第 3 張第 3 版。

99　〈廚夫與木匠打架〉，載於《香港工商日報》，1930 年 7 月 12 日，第 3 張第 3 版。

100 "Carpenters' War: Fighting on Western Front," *The China Mail*, 5 June 1922, p. 4.

101 關先生口述報告，西環青蓮台 15 號魯班廟廣悦堂，2013 年 4 月 25 日，檔案編號 0014-CON-003。

102 麥先生口述報告，屯門友愛海霸酒家，2013 年 4 月 15 日，檔案編號 0008-WD-001。

103 "Wages and the Cost of Living," *Hong Kong Administrative Reports 1932-1939*, Hong Kong, Noronha & Co., 1933-1940.

104 H. R. Butters, "Report on Labour and Labour Conditions in Hong Kong," *Hong Kong Sessional Papers*, No. 3/1939, Hong Kong, Noronha & Co., 1940, p. 143.

105 H. R. Butters, "Report on Labour and Labour Conditions in Hong Kong," *Hong Kong Sessional Papers*, No. 3/1939, Hong Kong, Noronha & Co., 1940, p. 142.

106 陳先生口述報告，港九船塢碼頭做木總會油麻地上海街 383 號華興商業中心 2 字樓，2013 年 8 月 13 日、8 月 20 日，檔案編號 0046-WD-008。

107 〈船塢造木工人報告罷工經過〉，載於《大公報》，1948 年 10 月 16 日，第 1 張第 4 版。

108 范先生口述報告，港九木匠總工會油麻地上海街 383 號華興商業中心 2 字樓，2013 年 8 月 15 日，檔案編號 0052-WD-014。

109 麥先生口述報告，屯門友愛海霸酒家，2013 年 4 月 15 日，檔案編號 0008-WD-001。

110 勞先生口述報告，西環青蓮台 15 號魯班廟廣悦堂，2013 年 5 月 29 日，檔案編號 0028-CON-007。

111 馮先生口述報告，港九木匠總工會油麻地上海街 383 號華興商業中心 2 字樓，2013

年 8 月 15 日，檔案編號 0051-WD-013。

112 關先生口述報告，港九船塢碼頭做木總會油麻地上海街 383 號華興商業中心 2 字樓，2013 年 8 月 13 日，檔案編號 0047-WD-009。

113 羅珠，〈回憶省港大罷工諸事〉，載於廣東省政協學習和文史資料委員會編，《廣東文史資料存稿選編》，廣州，廣東人民出版社，2005 年，第 3 卷，頁 52。

114〈團香港地委關於鄭全出席全國代表大會的證明信（一九二五年一月）〉，載於《廣東革命歷史文件彙集［一九二五年（一）］》，廣州，中央檔案館、廣東省檔案館，1982 年，頁 13。

115 麥先生口述報告，屯門友愛海霸酒家，2013 年 4 月 15 日，檔案編號 0008-WD-001。

116 關先生口述報告，西環青蓮台 15 號魯班廟廣悅堂，2013 年 4 月 25 日，檔案編號 0014-CON-003。

117 陳先生口述報告，天水圍天澤邨澤辰樓地下 B 翼，2013 年 4 月 17 日，檔案編號 0010-CON-001。

3

穩紮穩打 —— 堅守傳統的棚工

用竹子搭建臨時建築或棚架，
是中國建築的一大特色。
個人的才智和經驗是做為棚工的必要條件。
俗語所說的「胸有成竹」，正是搭棚行內的術語。

第三章

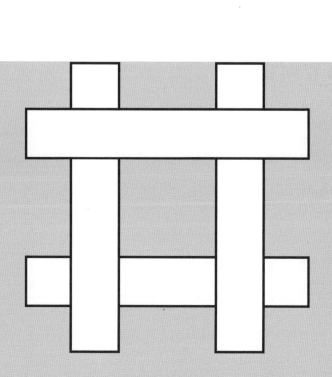

＃ 棚業的發展概況

中國古代的建造業由三個行業主導：上架－由頂而下（建造房屋），中架－以軸而行（建造橋樑及工具）；下架－由下而上（造船業），「三行」原本是這三種職業的統稱。十九世紀以前建築主要以石料、木材為原料，石匠和木匠都是建造業的主力，加上搭棚工人，被視為三行工人。戰後，隨著建造技術的改變，石匠的人數愈來愈少。及後混凝土出現，利用混凝土及油漆的工序增加，坭水匠逐漸取代石匠的地位，成為三行工人的重要一員[1]。也有一種說法指紮鐵工人、坭水匠和木匠是三行工人，並沒有把搭棚工人包括在內[2]。今時今日，「三行」一般指建造業工人，所以搭棚工人也包括在內。

用竹子搭建框架，以木作為主柱，上蓋鋪上茅草、篾青（竹的表層剪裁成薄條）紮結搭成的臨時建築或棚架，是中國建築的一大特色。棚的種類相當多，有臨時房屋、戲棚、醮棚、馬棚、游泳棚、牌樓、燈棚等，所涉及的工序不盡相同。棚工需在高空工作，全身頭、肩、手、腳並用，雙腳需如鐵鉗一樣抓緊棚架，雙手則需舞動篾青，縛紮竹子；用手作尺丈量，用眼睛評估距離。搭建棚架固然困難，拆卸棚架更難，因拆卸時需顧及整個棚架的結構而逐步拆卸，稍有失誤，棚架即時全面倒塌，除了個人生命不保，甚至會害及無辜。一項工程，除需考慮棚架的設計、安全、外觀之外，承造工程者更需具備財政管理的經驗，準確評估工程開支，方能賺取利潤。個人的才智和經驗是做為棚工的必要條件。俗語所說的「胸有成竹」，正是搭棚行內的術語。

搭棚工程由棚舖承做，棚舖按規模分大、中、小戶。戰前廣州的大棚戶，約有百多員工，中戶有一、二十人，小戶只有兩、三個員工，多數由老板兼任師傅。興築大工程，所需的相應設備頗多，故棚業均由大戶壟斷。二十世紀初，廣州市內的棚務由陳祥記包攬。棚工的收入一般較其他三行工人高，故能自立門戶的機會較大，95% 棚業東主是棚工出身[3]，但要當上棚工需經過六年的學徒生涯，且必須得師傅信任傳授秘技，再經師傅提點，方能有所作為，故行業由資歷較長者壟斷。

早在十九世紀，棚業已在香港植根，二十世紀初，香港的棚廠約有 20 餘家，大型棚廠聘有 70 到 80 個棚工[4]。棚工的日薪約為港幣 6 毫，較其他三行工人的 3 毫 5 仙高，工作時間也較短[5]。香港最早的棚業工會「同敬堂」是十九世紀中期以後廣州「正義堂」的分支[6]，估計在 1911 年以前已在香港成立[7]。1915 年，棚工組成「新同敬堂」，主要以相同地緣為凝聚基礎，成員有非常強烈的內凝力量，排他性強。雖然如此，棚業工人亦必須與其他三行工人合作，方能完成工程，因此，他們又會與其他三行工會締結另類關係網絡，以便互相支持。

據棚業資深工友回憶，1920 年代的「搭棚同敬工會」會址位於石塘咀，每年工會都在石塘咀的香江酒樓舉行會慶，棚工亦以石塘咀為活動中心[8]。戰後重組的「港九搭棚同敬工會」會址和工會宿舍已遷往春園街和石水渠街，香港棚業總商會的會址也遷往灣仔的春園街[9]，棚工的活動中心也隨之而移往灣仔。

＃ 行業的傳承

拜師學藝

由於搭棚的技術獨特，棚工收入較高，以講究飲食見稱，吸引到不少年輕人入行。要成為棚業從業員，學師三年方被稱為入行，要工作六年始能出任棚工。在十九世紀當搭棚學徒是沒有工資的，學師期間由師傅發給零用錢，並需承受師傅打罵。師傅是工程的總管，負責規劃及管理工作，如決定材料的使用方法；棚工負責上棚架操作，如紮篾、裝配棚面；學徒只能負責傳遞材料，不能直接參與搭棚。由於竹子既長且重，運送材料的工作相當艱巨，抬竹的人要挺直腰板行走，途中不能歇肩，學徒在搬運時需鍛鍊氣力和耐性，不少學徒未滿師已放棄入行 10。

搭棚學徒在三年的學徒期間，並非時常有機會在地盤學習手藝。一般來說學徒都會被安排在棚舖做打掃、洗衣、煮飯等雜務，如果有師兄弟多人則輪流當值；在地盤則主要做搬運、傳遞竹子等工作，最後一年才有機會爬上棚架學習手藝 11。雖然學徒的學習期定為三年，但是搭棚行業中很多學徒並沒有三年出師，而是需要補師一段時期。搭棚行業的出師一般沒有出師紙，因為整個行業內部互相認識，出師與否各棚舖與師傅都十分清楚。曾經有一種說法提到香港的搭棚學徒需要學師六年才能夠出師，不過這些都是口述資料，並未找到紀錄文獻來證實這種說法。

到了 1940 年代，學徒的待遇有了明確的規定。1941 年搭棚同敬工會所

訂立的工商合約中規定，搭棚行業的學徒以三年為期，在學徒期間可領取工金：第一年每月工金為港幣 2 元、第二年增至 3 元、第三年 4 元（參見附件一）。1948 年棚業東西家所訂立的合同中，學徒時間仍舊以三年為限，第一年月薪增至港幣 15 元，第二年為 20 元，第三年為 25 元（參見 1948 年棚業東西家合約）[12]。戰後，搭棚行業的師承關係已不再只是手藝相傳，學徒有拜棚廠老闆為師，以此獲得進入行業工作的機會。三年的學徒期實際充當了棚舖中的廉價勞動力，傳授學徒搭棚技藝的功夫，則是由同一棚舖受僱於老闆的資深搭棚工人來完成[13]。

搭棚師傅陳先生回憶在 1960 年代拜師時，仍需行跪地敬茶之大禮，學徒叫一聲「師父師母飲茶」，收取紅封包之後，就由師父提供免費衣著食宿，他作為搭棚學徒並不用做家務或為師父洗衣裳，每天只跟隨師父外出工作[14]。「香港棚業商會有限公司」理事長蘇先生指出，在 1960 年代的師徒制度其實並不是傳授技藝的師徒關係，徒弟視東主為師傅，而上棚學習手藝則是跟隨東主聘請的棚工[15]。職業訓練局在 1982 年成立以後，師徒制度在搭棚行業中已經逐漸消失。因為職業訓練局會聘請搭棚業的老師傅進入訓練局擔任導師，傳授搭棚的技巧。不過在搭棚的老師傅看來，這些工作方式「理論多過實踐」，只是提供基本的理論基礎，與現實工作仍有距離[16]。

地緣網絡

廣東的棚業行會，以順德縣灘頭上海村東家行（資方）組織的「太古堂」，以及西家行（勞方）的「正義堂」最早；後來成立的棚業行會，不少沿用「正義堂」名稱。1912 至 1925 年年間，廣州的棚舖大小共有 80 多家，全行估計約有 1,000 工人。單是「正義堂」已有約三四百成

員，大多來自肇慶高要；1920 年代，新入行的棚工另立「聯益會」，成員約有六七百人，多來自三江鄉：增城、上番禺、江村等地，故被稱為「三鄉工」，廣州的棚業工會因而有新舊派系之分。十九世紀末至二十世紀初，不少肇慶高要及三江鄉的棚工到香港謀生。當香港的搭棚行業人數不斷增加，勞資雙方各自成立行會，團結起來對抗外力。棚工因依賴地緣和血緣關係入行，故棚業的同業組織具強烈的傳統社會網絡色彩。由於棚業商會的東主大部份原籍高要，故棚業商會由高要人主導。

香港棚業商會有限公司理事長蘇先生，祖籍為肇慶高要，整個家族均以搭棚為業，堪稱搭棚世家。父親創辦「匯隆棚廠」，蘇先生與兄弟蘇汝培共同創辦了「匯輝股份有限公司」，研發新的搭棚技術，並為新鴻基等大地產公司所採用。據蘇先生所述，高要八成以上的鄉民都從事搭棚行業[17]。另一位 2013 年已屆 57 歲的被訪者陳先生，家族五代包括他兄弟三人均以搭棚為業，父親在 1950 年代就已經在旺角西洋菜街經營搭棚生意[18]。在他的故鄉寶安沙井，也有眾多鄉親從事棚業。1948 年，搭棚同敬工會在戰後重新註冊，在該會 1965 年所編製的會員名冊中，詳細記錄了 1948 年以來登記入會的會員籍貫，當中絕大多數來自高要，其中以高要的水寨、新橋、蓮塘等地最多，會員又以馮、黃、梁、蘇、何等姓氏較多[19]。

從棚業工人的口述訪問中，發現很多棚舖、棚廠的老闆都是從低做起，由棚工逐漸成為東主。棚工在香港承接工程成為判頭以後，回鄉招攬同鄉兄弟或親戚到香港做工，累積資金後創辦棚舖。根據廣州棚業老師傅梁源的回憶，1925 年之前廣州地區有 95% 以上的棚舖東家都是棚工出身[20]。可見這些依靠大量人力的行業，不管在香港還是廣州，都是利用人際關係所締結的網絡團結起來，建立冒升的機會。

♯ 工會組織

表一　　　　　　　　香港棚業組織

組織名稱	成立／最早可考年份
香港棚業總工會	1893 年
同敬堂（1921 年改組同敬工會； 1948 改組港九搭棚同敬工會）	1911 年前
聯義堂	1920 年代
香港棚業總商會	1941 年前
域多利搭棚自由工會	1952 年

同敬堂

成立

「同敬堂」是香港搭棚業中最重要、歷史最悠久的工人組織之一，創會時間不詳。從梁源的口述回憶中得知，同敬堂是廣州「正義堂」的分支，兩個組織的成員籍貫均以高要為主 [21]。1911 年，香港政府頒佈社團登記條例，就全港的各類社團組織進行登記，政府憲報同時亦公佈了第一批轄免登記的社團名單，其中包括了同敬堂（登記名稱為 Matshed Builders Guild, Tung King Tong）[22]。說明同敬堂在 1911 年之前已經在

Labour Office
No. 24.

[Rule 5(2)(b)]

Form B.

THE TRADE UNIONS AND TRADE DISPUTES ORDINANCE, 1948.

Certificate of Registration of a Trade Union.

This is to certify that the Hong Kong & Kowloon Bamboo Scaffolding Workers Union (Tung-King), Trade Union, of No.65, Wanchai Road, 3rd floor, Hong Kong has complied with the rules respecting registration in force under the Trade Unions and Trade Disputes Ordinance, 1948, and has been duly registered as a trade union under the said Ordinance with effect from 8th September, 1948.

The registered number of the above-named Trade Union is 28.

Dated this 8th day of September, 1948.

(Signed)

Registrar of Trade Unions,
Hong Kong.

（細則五「二」「乙」）

表 式 乙

一九四八年職業社團及職業糾紛條例

職業社團註冊執照

為發給註冊執照事，茲有香港 港九搭棚同敬工會 遵照一九四八年職業社團及職業糾紛條例，依法組設並申請註冊，核與規定倘無不合，應准由一九四八年 九 月 八 日起生效，准予成立。合發給註冊執照，須至註冊者。

註冊號數 二十八

註冊日期 一九四八 年 九 月 八 日

香港職業社團註冊官
（簽署）

1948 年 9 月 8 日，港九搭棚同敬工會重新註冊，註冊編號為 28，會址位於灣仔道 65 號 3 樓。

香港成立了。

1921 年 2 月 26 日，由同敬堂改組的「搭棚同敬工會」（通稱「同敬公會」）在石塘咀香江酒樓舉行開幕典禮，劉星翹擔任工會總理[23]。根據《香港華字日報》記載，劉星翹又名劉柱石[24]，並非搭棚工人，而是一名華人醫生，除擔任同敬工會總理一職外，同時還在車衣工會、牛奶工會擔任義務醫療服務。在戰前，大部份的搭棚工人都加入同敬工會，1931 年該會已有 900 多個會員[25]。

日本佔領香港之後，大批搭棚工人返回內地家鄉，在 1941 至 1945 年期間，同敬工會基本上停止運作。在戰後，大批搭棚工人重返香港謀生，工會因而恢復運作。1948 年，香港政府頒佈戰後新的社團條例，搭棚同敬工會遵照香港政府的要求重新註冊，名稱改為「港九搭棚同敬工會」。

現時，港九搭棚同敬工會為香港建造業總工會的成員之一，在油麻地的建造業總工會會址辦公。與此同時，工會仍在灣仔保留舊會所，作集會、娛樂之用。

會員人數及福利

同敬工會是香港搭棚工人的主要工會，如前述，1931 年已有會員 900 多人。1930 年棚業東西家開展談判，同敬工會曾向東家提出，不可以僱用非同敬工會的搭棚工人，可見當時工會在行業的領導地位及明顯的排他性。既然搭棚工人必須加入工會方能取得就業機會[26]，估計這也代表了當時棚工的工人總數。1947 年，同敬工會會員只有 400 多

人 [27]，人數較 1931 年減少一半有多，可能是在戰爭期間大批工人返回內地，戰亂又導致人口流失，加上中國政局不穩定，香港的工程數量減少等因素。到了 1952 年，搭棚工人中有六七成都會加入同敬工會 [28]。根據工會在 1965 年所製作的戰後會員名冊，1965 年的註冊會員只有 346 人，數量仍未有長足增長 [29]。鄧先生在口述訪問中也曾經提到，和平後的十多年內，香港棚廠只有 20 多間，較戰前少了四分之三，其中以馮盛合、鄧盛合較具規模 [30]。

工會負責安排搭棚工人工作，甚至設有碌架床位（用金屬做支架的雙層床），為工人提供住宿。雖然棚工以肇慶人較多，但該會並沒有限制入住者籍貫，住在工會的工人並非全為肇慶人，只要獲得工會批准，繳交住宿費用者均可入住 [31]。據搭棚師傅回憶，1950 至 1960 年代，不少工會成員居住在工會位於春園街的宿舍內。工會也是會員的職業介紹所，宿舍設置一塊黑板，所有尋找工作的工會成員會將自己的名牌掛在上面。棚舖前來工會招聘工人時，會按照名牌的先後次序聘請工人。1970 年代末，由於建築業興旺，搭棚工人的工作機會多，工會取消了掛牌輪候工作的方法 [32]。棚舖東主在人手短缺時，除了到工會外，還會往搭棚工人聚集的茶樓如龍門、敏如、同心、雙喜等找工人 [33]。由於搭棚行業中多以血緣、地緣凝聚，工人與棚舖老闆互相認識，棚工在棚舖做工，只憑互相信任，幾乎都沒有簽訂合同。

工會的架構

1921 年之前的同敬堂，與傳統的行會相似，依靠地緣的關係結盟。1920 年代，同敬工會設有主席一職。1921 年，本身是醫生的劉星翹雖然不是棚業從業員，但因擔任工會的義診醫生 [34]，受到會員支持而出

任工會總理。1922 年，根據報章報導，同敬工會總理為謝培 [35]，1924 年的主席為羅順 [36]。1930 年，同敬工會主要的活躍人物有梁章、韋邦、葉輝、劉昌和陳祥等人。1931 年的主席為梁章、副主席為陳祥，當年的會員接近 900 人，會址位於灣仔石水渠街 [37]，工會的主要工作是與棚業東家組織「聯義堂」進行談判 [38]。

現存有關同敬工會最早的一份工會章程為 1963 年刊印的版本，因此，1963 年之前工會的組織架構，就只能夠透過報章零散的報導推斷。戰後報章有關同敬工會的報導，開始提及工會的理事會、監事會等職務。1952 年報章報導工會的最高領導為理事長，同時還設有監事長 [39]，可見戰後工會重新組織時，已經參考了香港其他工會的組織架構。

政治立場

同敬工會的領導人是工運的活躍分子，曾因煽動工人罷工而被香港政府逮捕。1919 年，時任同敬堂總理的劉星翹因領導罷市風潮，被警方拘押，同年 8 月 15 日被釋放 [40]。1921 年，劉星翹再次為牛奶工會的工人爭取加薪而被逮捕，被捕後香港十多個工會代表聯名向華民政務司要求釋放他 [41]。最後工團代表劉紳鑄等十多人繳交付 6 萬元的擔保費後，劉星翹獲得釋放 [42]。

1950 年以前，同敬工會隸屬於親國民黨的「港九工團聯合總會」（工團總會）。1951 年 12 月，工會醞釀退出工團總會的意圖，1954 年 9 月會員大會更通過加入「港九工會聯合會」（工聯）成為工聯會成員的決議 [43]。工會轉變政治立場引起了內部爭議，當時的理事長鄧二贊成加入「港九工會聯合會」（工聯），但監事長蒙鵬則反對，雙方僵持不下。

香港棚業總商會開幕同仁合照。照片中共有 41 人，其中 2 名兒童應是會員家眷。相片
中的兩幅牌匾現仍保存於香港棚業總商會灣仔會所。

最終蒙鵬帶領 200 多名工友退出同敬工會，另外籌組「港九棚業總工會」[44]，亦即後來的「域多利搭棚自由工會」。1952 年 5 月 22 日，域多利搭棚自由工會正式成立，由邵順國出任主席 [45]，該會便是由親國民黨的搭棚工人所組成。另一邊廂，加入工聯後的同敬工會則積極參加左派工會的政治活動，在 1967 到 1968 年，工會中有 30 多名工人因參與騷亂被逮捕入獄 [46]。

香港棚業總商會

成立於戰前的「香港棚業總商會」，是香港棚業的東家組織。關於棚業總商會的創立年份有多種不同的說法：按棚業總商會會所的宣傳版上聲稱，該會成立於 1932 年，但直至目前為止，仍未找到相關的文獻材料引證；現任會長蘇先生則認為該會創立於 1937 年；另外，會所仍存有戰前棚業總商會的兩面牌匾，一面寫有「精神團結」四個大字，上款寫有「棚業總商會成立紀念，民國三十年辛巳穀旦」，即 1941 年。該牌匾的落款為廖見、吳用章、馮全，均是當時棚業總商會的重要成員。另一面牌匾寫有「眾志成城」，則是由義合公司的郭英、蘇洲、蘇二、朱鑑田、梁炳輝、梁祐宸、蘇仕威等人共同贈送（見左圖）。牌匾所寫年份讓不少會員認為 1941 年是該會的成立年份，估計該會在 1941 年或以前已經成立。香港棚業總商會在戰前的會所位於灣仔蘭杜街 14 號 3 樓 [47]，戰後遷往灣仔春園街 16 號 4 樓。

日本佔領香港後，香港棚業總商會的活動被迫終止。1946 年 11 月 16 日，舊有會員籌劃總商會復會。1946 年 12 月 7 日，商會成員在皇后大道東冠海酒家舉行會員大會，決定恢復香港棚業總商會，並選出商會各部門的負責人。選出的領導層如下：

主席：吳用章；副主席：鄧掌、蘇三友；司理：區澤民；司庫：蘇二；顧問：朱錦洪；秘書：陸永慶；書記：鄧漢恩；幹事：覃妹、蘇其瑞、蘇順、蘇憲順；調查員：禤兆年、伍九、馮泗、焦章、石榮、蒙開；調解委員：金三、陳榮霖、梁公福、核數員梁芳、鄧發。上述會員中，除了吳用章（中山縣）、朱錦洪（寶安縣）、陳永慶（三水縣）之外，其餘皆為廣東高要縣人士，可見高要人士對香港的搭棚行業有重要影響力[48]。

自成立以來，香港棚業總商會曾多次代表棚業東家，與搭棚同敬工會就勞資糾紛問題談判[49]。1947年《香港工商日報》報導有關棚業東西家之間的糾紛，棚業總商會由梁福、吳用章、陳炳傑代表資方談判；代表勞方的搭棚同敬工會成員，有陳汝均、何榮均、馮汝柏。雙方就工人工資、膳食費、工時、學徒學師年期及薪金、因工受傷補償及死亡恩恤等條款，制訂行業合約。最終棚業總商會與搭棚同敬工會在1948年1月15日簽訂合約，是次事件足見搭棚同敬工會及香港棚業總商會在棚業的地位。

戰後復會的香港棚業總商會，繼續擔任香港搭棚行業的東家代表。1957年，商會的成員集資購置永久會所，在1960年正式遷入位於灣仔的會址。開幕的碑刻記錄如下：

「本會於辛巳年創立，中因戰事停頓，戰後恢復會務。丁酉年由同人集資購置會所，從茲基業宏開，永垂久遠。爰將芳名泐石以留紀念。

馮盛合、同利、榮合、盛合、開記、何蘇記、利和、其合、金恒利、梁金記、合利、公益、伍蝦記、建成、何泗合、義合、何美合、堅合、梁

搭棚同敬工會
香港棚業總商會　訂定合約

（一）搭棚散工每日工價銀七元八毫伙食由東家發給

（二）搭棚月工現值工價一律加工價百份之五十伙食由東家發給

（三）凡屬搭棚散工每工童每人每日由東家發給魚菜銀壹元以作參餐魚菜之用油鹽柴米由東家發給業曆每月初一十五由東家另供早粥二十六為禡祭之期每人是日晚餐多加魚菜銀六毫酒銀式毫如遇遠出工作伙食必須拆銀者早膳每人壹元午膳每人壹元晚膳每人壹元五毫另每年業曆四月初一日起至八月十五日止由東家每天每人另發下午三點晚食粥銀壹毫食粥時間仍作不起過壹十五分鐘為度

（四）工作時間凡搭棚工人每日由上午七時開工九時品茗（不能起過半點鐘）十二時食晝下午壹時返工五時離開工場收工如工傷返店後乘車搭船之時間須要四十五分鐘者得於下午四時至四十五分鐘離開工場收工若由工傷返店之路程在兩咪線以上者繼由東家發給車費（或以例按）

（五）凡做搭棚工以做足二十八天為壹個月如工人欲辭工者要預早壹個月通知東家如商號欲解雇工人之催者仍要預早壹個月通知工人如工人在工作時間有意及違例等行為得由東家隨時辭退之其工金照原定月工價應日支給如工人無故停工二連起過三日者不能在東家庭食宿

（六）凡童工學師以叁年為滿堂年由東家發給工金仍以不超過三個月為限第壹年薪式拾五元如學徒有緊事遊鄉必給假壹月為期東家不能妄誣學徒補師如出金時並須知東家如已産愈仍不間工者工金停止發給學徒在學師期間患病東家負責醫理如因工受傷或虫命照普通工人補師法辦理

（七）如工人因工受傷需要東家負責醫理在調理期內由東家發給工金仍以不超過三個月為限如工人每月工金在壹百元以下者每日照數給足如在壹百元以上者半期由東家給以工金半數下半期之工金應受傷人要留醫院調理方能照上列辦法支取工金到出愈時並須知東家如已産愈仍不間工者工金停止發給

（八）如工人因工做死命者應由東家盡其能力補卹仍以不小於式百五拾元為度如負傷離港後致死亡者東家不負補卹賠償責任

（九）如遇有棚業子前糾紛爭執事情發生應由工商兩會苟調解如仍不決者得呈請勞工處東公辦理

（十）此合約於一九四八年壹月十五日起發生効力至一九四九年壹月十五日止其有効期間為壹年

東莞朋業總商會

梁務

建合、同安棧、滙隆、成記、焦炎記、伍合、伍九記、志合、合益、陳
候記、允合、鉅合。

香港棚業總商會理事長蘇其瑞、副理事長何蘇、財務主任馮全、監事長
鄧發

一九六零年歲次庚子六月吉日立」

2015 年，香港棚業總商會由蘇先生擔任理事長，有會員 38 名。蘇先生
指出商會主要是政府與棚業各商號之間的橋樑，各商號如欲成為會員，
必先由其他會員介紹，經過理事會的批准之後方能正式加入。在 1980
及 1990 年代，該會的會員達 100 多名 [50]。根據 1992 年的資料，香港
棚業總商會登記在冊的棚廠有 66 間，以灣仔最多、旺角次之、深水埗
排第三位 [51]。

域多利搭棚自由工會

1952 年，原屬於搭棚同敬工會的 200 多名搭棚工人在邵順國的帶領之
下，組織「域多利搭棚自由工會」，並在勞工處取得 202 號勞工執照，
正式名稱為「域多利九龍新界搭棚業職工會」，臨時辦公地點位於旺角
煙廠街 5 號 3 樓 [52]。工會的分裂主要是因為雙方不同的政治傾向，邵
順國等人認為原有工會已經成為中國共產黨的政治工具，故決定成立新
的工會，在政治上傾向於中國國民黨，並由邵順國擔任第一屆主席。域
多利搭棚自由工會的開幕慶祝典禮在 1952 年 5 月 22 日灣仔英京酒家舉
行，由勞工處顧問碧架主持，其他出席嘉賓有港九工團聯合總會的馮海
朝、何康等 [53]。域多利搭棚自由工會後來解散，現已不復存在，但具

表二　　　　　　　　　1992 年 2 月 1 日香港棚業總商會會員地理分佈

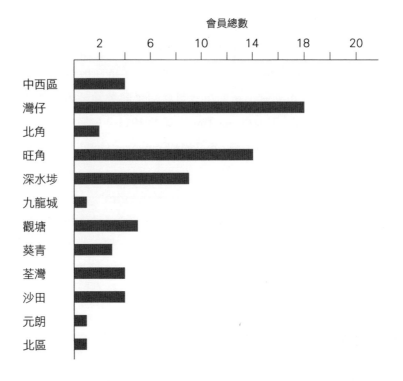

會員總數

體解散的年份仍有待進一步查證。

其他棚業工會組織

香港的棚業工會

香港棚業總工會：創辦人為馬寬，早在 1891 年已有該工會紀錄[54]。據《香港華僑團體總覽》記載，香港棚業總工會於 1893 年（光緒十九年）

成立，1947 年時會址設於灣仔交加街 7 號 4 樓，會員只有 40 人，主席吳用章，副主席鄧掌、蘇三友，司理區澤民，司庫蘇二，顧問朱錦洪，委員梁福、金三、馮福、陳榮霖，總幹事何鏡，書記鄧漢恩 [55]。

新同敬會：在 1940 年有會員 1,700 餘人 [56]。未知新同敬會是否針對作為舊工會的廣州正義堂，新同敬會可能即是同敬堂。因同敬堂（Matshed Builders Guild, Tung King Tong）曾於 1913 年解散 [57]，其後於 1915 年以「新同敬堂」（Matshed Builders Employees Guild, San Tung King Tong）名義重新向政府登記 [58]。

聯義堂：搭棚業的東家組織，在 1922 以及 1930 年棚業工人爭取加薪的運動中，代表資方與棚業工會進行談判 [59]。1930 年，聯義堂的主要成員有盛合祥、鄧三、全合、黎槐、秦泰合、蘇才、意合、蘇祺、合威、廖見、同安和吳用章等 [60]。

廣州的棚業工會

正義堂與太古堂：根據梁源的口述紀錄，廣州地區在清末民初的時候僅有棚工三四百人，規模並不龐大。當時的東家行叫做太古堂，位於大東區越秀坊。西家行稱正義堂，位於大東門線香街 [61]。正義堂的成員 80% 來自高要地區，故正義堂又有高要會館之稱 [62]。

聯益公會：1921 年，廣州搭棚工人梁耀軒帶領工人在原有的正義堂以外成立新的工會聯義堂，又稱聯益公會 [63]。根據 1924 年《華字日報》中的一篇報道，聯益公會的會長林海，副會長夏三，在三區一分署大市街設立辦事處 [64]。聯益公會曾代表工人向東主提出加薪請求，並以暴

力手段阻擾工人開工[65]。這裡的記錄與梁源的口述記錄相符，故相信在 1920 年的廣州存在正義堂、聯益堂兩家搭棚工人的組織[66]。

棚舖

馮盛合棚廠：根據現任東主馮先生的口述資料，棚廠創辦人馮源、馮全，原籍高要新橋，於戰前來港，與同鄉兄弟馮有、馮福創立馮盛合棚廠，最早期位於香港勿地臣街，之後遷到旺角洗衣街 117 號。馮盛合在香港、九龍的兩間店舖僱用近百名工人，是 1940 至 1950 年代香港規模較大的棚舖之一。至 1960 年代初四人分開經營，馮全、馮有及馮福於勿地臣街以「義合棚廠」招牌經營，馮源及其子則於洗衣街繼續使用「馮盛合棚廠」招牌。義合棚廠由馮全之子馮善初接手，至 1980 年代結業[67]。馮盛合則透過地緣關係擴充規模，所聘用的搭棚工人幾乎全是高要鄉里，在工程較多、人手不足時，仍會以回鄉招聘同鄉來港的方式解決勞工短缺問題[68]。根據棚業從業員鄧先生的回憶，戰前的盛合棚廠，有兩位東家。戰後兩位東家返港，將盛合棚廠一分為二，兩間棚廠都是當時香港著名的棚廠[69]。相信這是坊間對盛合棚廠分家所流傳的故事。

工會在工運的角色

同敬工會作為搭棚行業中歷史最為悠久的工會，曾就加薪問題組織工人，分別在 1922 以及 1930 年發動罷工。

1922 年 8 月，同敬工會的工人認為東家雖然提供伙食，但每餐所花費用極為低微，工人工資微薄，月入不夠支付其他日常生活所需，遂向

東家提出加薪以及改善待遇的要求[70]。《華字日報》8月16日報導，由
於工人要求加薪，香港搭棚行業的東家改為前往東莞等地招募工人代
替[71]。同敬工會隨即去信《華字日報》，指稱棚舖東家並未派人前往東
莞招募，東西家雙方已就加薪問題展開談判。9月7日雙方在建造商會
的調停下會面[72]。同敬工會指出，在四行（坭水、木匠、打石和搭棚）
之中，搭棚工人的工資最低，希望能夠將日薪增至1元。談判後東家答
允加薪至7.2毫。西家降低要求，底線為9.5毫，同時要求生病期間工
作至中午12點，應獲半天工資。雙方未能達成協議，需於週六再次談
判[73]。9月10日，在華商總會司理葉蘭泉、建造商會林蔭泉、譚肇康
等人的協調下，東西家雙方再次進行談判。9月13日，東西家雙方和
解，簽署協議，罷工結束[74]。

是次和解簽訂的協議細則：代表雙方簽約的東家為聯義堂的吳月章，西
家為同敬工會主席謝培，公證人為華商總會司理葉蘭泉、建造商會林蔭
泉、譚肇康等人。雙方達成協議有十項，同敬工會成功為工人爭取到更
高的工資及更好的伙食待遇。有關棚工改善待遇的細則：散工日薪增至
8.4毫，長工照工價加四成半，即每元增4.5毫。散工如從早上7時工
作到中午12時，東主需付三分之一工錢，如工作時間為下午1至5時
則需付三分之二工資。加開夜班，除原有工資外，東主需增加宵夜費及
伙食補貼「魚菜銀」2毫，如付現金需要付3毫7仙。伙食方面：長工
或散工伙食由東主提供，每天三餐食物津貼為1毫，不包括油鹽酒米在
內，工人倘若外出工作，東主需將伙食費折為現金每餐支付1毫。每月
初二、十六做禡，伙食補貼加至2毫。工人如果要轉工，需將預付薪金
退還東主，東主亦需付清虧欠工資。雙方同意同敬工會工人以後如有加
薪要求，需提前六個月通知東家，以便雙方進行洽商[75]。

1930 年，棚業工人再次要求加薪，這次東主非但沒有答應工人的加薪要求，還辭退工人，全體搭棚工人於是藉罷工行動向資方施加壓力[76]。8 月 16 日，東西家雙方在華商總會李右泉、李亦梅以及建造商會代表林裘謀和陳次生等人的協調下舉行談判，主要討論加薪和取消包工制的問題。東家行聯義堂代表有盛合祥、鄧三、全合、黎槐、秦合、蘇才、意合、蘇祺、合威、廖見、同安和吳用章[77]。西家行同敬工會的代表有梁章、韋邦、葉輝、劉昌和陳祥等人。

早在 1922 年，東西家的條約已經商定，東主需要承擔棚工的食宿以及每日 8 毫 8 仙工資。但是東家聯義堂希望能夠取消包伙食及住宿的制度，同時維持包工制（意謂工資亦包括了伙食費用），遭到西家的反對。李右泉作為調處人，提出七項條款供雙方討論。同敬工會初步提出 12 項要求，其中包括：每日工資減為 8 毫 4 仙，但工人加班可獲加班費，如開夜工，由下午 6 時至半夜 12 時作一工計算，並加宵夜錢 3 毫；作息時間，以朝七晚五的八小時工作算，上午 9 時品茗、中午 12 時至下午 1 時午餐、下午 3 時食粥；伙食方面，店東每天要付 1 毫 5 仙作為三餐的伙食費，晚上要供應每席米酒錢 1 毫，如遇外出工作，午餐以 1 毫 5 仙現金代替。每月初二、十六做禡加餸，當天三餐的伙食費增至 2 毫 5 仙；工人如果患病或受傷，按照工作時間也可支取半天或三分之二工資，同時可以向東主要求醫藥費，若身故可獲得喪葬費用 100 元[78]。談判了一整天，仍未獲得實質進展，雙方在當天晚上 7 時再次舉行會議，商討解決方案，結果無功而還[79]。

8 月 20 日，同敬工會在位於灣仔石水渠街的會所舉行同人大會，共有 120 多人參加。大會主席為梁章，書記劉昌，警方派出兩名華人警探到場維持秩序。工會代表向會員報告東西家雙方的磋商過程，及李右泉的

七項、東家行聯義堂的六項建議。結果與會者大部份人同意李右泉的七項建議，其中最重要的是按照 1922 年的條約支取薪水，散工日薪調整至 1 元 2 毫或 3 毫。雖然大部份人不同意東家行六項建議，但工人認為如東家能按照合約支付薪金，則可以放棄伙食費及住宿[80]。同敬工會舉行同人大會後，8 月 21 日東西家雙方再次於太和酒家磋商。雙方的重點在於工資，東家提出加薪至 9 毫 5 仙，而工人方面堅持加薪至 1 元 2 毫或 3 毫。雙方仍未達成共識[81]。

1930 年 8 月 22 日，報紙報導東西家就是次的勞資糾紛所訂立的六項條款為：

一、長工工資加二成五、日工工資增至 9 毫 5 仙；

二、無工作者支取薪酬後要離去，不再獲發食宿福利；

三、東家方面判工自由；

四、因工身亡者可獲東主 100 元賠償，其中的 50 元由建造行補貼，受傷僱員在治療期間可領取一半工資；

五、工人不再享有包食宿的福利；

六、舊約之中，如不與以上五項有抵觸者，照舊有效[82]。

由於市場的棚工供過於求，工人不得不讓步。正式的條約於 1930 年 8 月 26 日在華商總會簽訂[83]，但是雙方的糾紛並未完全解決，因為東家行竟從外地招聘新的工人來香港工作。同敬工會劉章指出，雖然雙方已達成協議，但東家不顧仍有過百名同敬工會的棚工失業，聘用非工會會員的新人，遂呈請華民政務司署調停。華民政務司署要求東家在新僱用工人約滿後不能續用，需優先僱用同敬工友，事件才告平息。

♯ 棚工的生活

行業特色

根據搭棚工人口述資料整理出來的行內專有名詞，反映了棚業的專業技能、工作方式及搭棚技術的變化。1970 年代後期，棚架使用膠篾代替竹篾，是戰後棚業技術最大的變化。

死人橋：為喪家搬運死者靈柩的竹橋。按照傳統習俗，亡者屍體需放置棺木內，方可離開住處。但由於唐樓的樓梯狹窄，亡者的靈柩需由窗外，經過「用竹子搭建的死人橋」運到地面。

車仔橋：連接建築物頂層水箱，與興建中的建築物外牆的臨時運輸升降機之間的竹橋。稱作「車仔橋」的原因是當時的工人會推動單輪的「雞公車」運送混凝土或雜物。自從採用天秤及吊斗後，工地已少有雞公車走動，車仔橋亦不復見。

花牌單棚：是一種節日慶典時的單層棚架，外置薄板，用以張貼廣告。

放料台：以竹和木板搭建的工作枱，用以擺放器材，大小因應場地環境不同。當建築物面積小時，必須製造工作台來放雜物或器材，現時已改用鐵做原料，可擺放重量以噸計算的器材，鐵台上方用鋼絲穩住，增加穩固程度。

電梯井棚：在電梯內的一個兩米寬、兩米高的竹棚，以便維修。1996年嘉利大廈大火，證實大火快速蔓延的原因是電梯內的油，經電梯井棚令上面樓層著火，造成傷亡，自此政府立例禁止電梯內搭建竹棚，現時已改用鐵棚。

天花架：適用於樓底高的建築，一些樓底高達 10 至 20 米的建築，需要做「天花架」進行天花工程，香港會議展覽中心就是一例。

杉架：過去樓宇外牆要鋪砌混凝土，會在要灌注土漿之位置擺放板模，用來承托混凝土漿，板模下面要建造一個「杉架」，來支撐灌注混凝土時數以噸計的重量，及工人施工時機器產生的震盪力，因此杉架必須非常堅實。杉架由相距約 3 厘米的杉枝組成，就好像梅花樁一樣，排列得密密麻麻，杉枝之間會再加上防止杉架擺動，行內稱為「暢」的斜排杉枝加固，杉架可承受從上而來的壓力。在 1990 年代，因杉木短缺，公司要做杉架就要買偷運杉木，風險太大，令杉架逐漸被鐵架取代，杉架技術亦已失傳。杉架的最大優點是不用繪畫圖則，而鐵架則要先將圖則交客戶存檔，方能施工。

探土橋：一般設在斜坡，方便以履帶行駛的鑽探機移動，工人特別指定要用竹架橋，因為竹子有彈力，承載重力後會彈回正常位置，如果是鋼鐵，承受重量後會彎曲變形，不能再使用。

圍棚：是圍繞著建築物而興建的棚架。「圍棚」有外內兩層，工人搭建「外皮棚」（外層棚架）時，先要豎立杉木或茅竹作主柱（又稱大柱），主柱如用茅竹，直徑必須為約 10 厘米。兩條主柱相隔 3 米，主柱與主柱之間放一條橫竹稱為「牽」，作用就像是房子的樑，在兩主柱之間紮

結約 75 平方厘米的方格，篙竹一枝接一枝的向上發展。工人先要紮穩主柱兩邊的「牽」，做好「平水」（意謂確保與地平線平衡）及「打底」（建好基礎），為工人提供臨時站立之處。當工人搭建到第三條牽時，竹棚已高過一個人的身高，為了不妨礙其他工人運輸或進出，棚架一直向上搭建，便會拆去最底的兩條牽。工人會在差不多三至四條牽的距離，放一條「暢」（傾斜度約為 45 度的竿），防止棚架搖擺，暢需要接駁竹子延伸長度，否則棚架不夠穩固。「內皮棚」（內層棚架）則以短的篙竹搭建，與外層棚架距離約 1 米，內皮棚架的方格高 2 米、寬 2 米，橫竹不叫「牽」而稱「對龍」，柱位距離也是 75 厘米。內皮棚與建築物的牆身距離在 300 毫米以內，因要預留空位讓工人拿木板進入室內或油漆師傅工作。最後便是釘板工序，一般來説棚架每五層需要擺放一層用篙竹做、寬 1.5 米的「斜板」，方便工人施工。

戲棚：專為上演神功戲搭建的棚架，以前主要依賴杉木。蘇先生在最近的 30 年均沒有承做過戲棚，他指這些一般是數十萬元的工程，通常以價低者得，並提供戲棚的木板及供觀眾使用的座位，很多公司不願承造。因為每做一次這類工程，需要添置很多工具，卻很少會在短期內接到同類型的工程，令工具不能循環使用，經濟效益低。最近工展會採用合金材料做棚，西九的戲棚卻採用竹棚，以傳揚傳統戲棚的價值。

鐵竹混合棚：整個結構用鐵通為主，中間用竹料輔助。以前一間公司承造五至八座地盤已算是大工程，全用竹料的話，投入資本不多，若改用「鐵竹混合棚」卻大大增加，因為竹每條十元，鐵每條百元，足有十倍。工人施工時，每隔三米便放鐵大柱一條，兩條大柱中間再放竹料三條；每隔 2 米用一條鐵橫通，兩條鐵橫通中間同樣放竹料。

系統棚架：鐵棚要預先設計及繪圖，按規劃搭建，全部採用標準六米鐵通，鐵棚必須用同類物料，否則尺寸不合就扣不上。鐵棚的好處是機械化，技工到工場施工時，只要依照圖樣行事，對現場執行的師傅依賴減少，工作效率更高，建好的棚架更有美感。

爬棚：又稱自動爬升棚架。2000 年前後，棚架改用鐵枝製造，鐵棚的裝置約有六層高，位於上層的棚架可以隨著建築物建高而升高。爬棚是近年引進的新技術，價錢較竹棚貴三倍以上，因為價格高昂，並沒有被普遍使用。

下降棚：約 2005 年，棚架再被優化，引進了一種專為維修建築物用的棚架。維修工程的順序大多從上層做到下層，所以從頂層依靠幾條鋼線（俗稱威也）吊著鐵棚施工，然後隨著工序逐步向下降，並以威也控制下降速度。

薪酬

1922 年同敬工會代表棚業工人與東家行聯義堂訂立合約，規定了搭棚散工的日薪為 8 毫 4 仙，長工的薪金在原有基礎之上增加四成半（增加後的長工日薪為 8 毫 8 仙 [84]）。不論長工散工均由東主提供伙食，如果外出工作，東主要將三餐伙食折現一毫。

香港政府在 1930 年代的行政報告中曾經記錄了一些行業的工資水平，1932 至 1934 年搭棚工人（Scaffolders）的日薪為 1 元 7 毫，1937 至 1939 年則下降至 1 至 1 元 5 毫。棚工的工資較三行中的坭水、木匠高 [85]。

1941 年棚業東西家所訂立的合約中，規定了搭棚散工每工為 1 元 1 毫 5 仙，同時伙食由東家提供。對於月工，雖然指明在原來工資的基礎之上增加三成，但最低每月只有 6 元。如果晚上加開夜班，每工的薪酬價格按照散工計算，為 1 元 1 毫 5 仙，東家同時還有提供 4 毫的宵夜費。

1941 年，同敬工會在勞工處的監督之下，與棚業的東家訂立了一份頗為詳盡的勞工合約，就搭棚工人的月工及散工工資、工時、食宿津貼費用、意外傷害的補償津貼等事宜，有清楚的說明。合約由同敬工會代表工人簽訂，足見同敬工會的地位。

戰後搭棚工人的工資，根據棚工馮先生的回憶，1945 年日薪為 9 元，仍較一般的工人高。根據 1948 年東西家訂立的合約，規定散工的每日工價為 7.8 元，由東家提供伙食。月工的工金在原有工價的基礎之上加價五成。合約中還規定了棚業工人的工作時間，上午為 7 時至 12 時，其中 9 時開始有不超過半小時的品茗，下午為 1 時至 4 時 45 分 [86]。

到了 1970 年代初，陳先生回憶當時搭棚師傅的工資為 45 元，學徒沒有薪金，男雜工的日薪為 35 元、女雜工的日薪為 20 元。1974 年師傅日薪增至 80 元，學徒日薪為 30 元；1976 年日薪更跳升至 120 元，1980 年代初日薪約為 180 元 [87]。

根據口述資料，戰後棚廠長工的住宿一般由東家提供，如果需要長時期在地盤工作，棚工會在地盤搭建簡易的窩棚居住，稱為「出廠」。同敬工會在灣仔春園街設有工會宿舍，為工人提供住宿，待業工人以及散工均可在工會宿舍內居住。

香港搭棚同敬工會訂定工商合約

（一）搭棚散工，每工價銀壹圓毫半。伏食由東家發給。

（二）搭棚月工，照提工工價一律加三成，如工價未滿足陸個壹月者由東家補足陸個。

（三）無論散工月工工富，每日每人由東家發給魚菜銀壹毫半，作三餐魚菜之用，油鹽酒米，另由東家發給。拾五止下午三點食粥，由東家發給，晚餐燒肉每人登山，由東家供給，如遇在遠處工作必須折食銀壹毫半，午膳每人壹毫半，晚膳每人登式半。

（四）如開夜工，依照原定時膳計，每人作散工壹工，上半東家發給銀四毫，凡開夜工，可於下一天休息。

（五）每月初二、十六，爲禡祭，每人每日由東家發給魚叁壹毫半，另由東家發給。油鹽酒米另。

（六）凡搭棚工人，每日由上午七點鐘往棚工，九點鐘飲茶，一點返工，三點食粥三十分鐘，五點而能超過半點鐘（不超過半點鐘）。

（七）凡做月工，依照原工廿八日爲壹個月，如未滿廿八日期內被東家解僱者，應照其月工工價，依期內所工作之久暫仲等。

（八）每月照原廿八日爲計算，受傷之工人，如未滿壹月爲壹工，由東家這往醫院診治，受傷之工人在一店未能工作之工金，由東家發給醫藥，或遠往醫院調理，輕重由東家給醫藥，又死者每家屬俸給在醫院留醫。

（九）上遇重病或因工受傷之工人，即由東家這往醫院調理，如未滿壹月者則東家每日發給壹工工金，上半期由東家每日發給壹工工金，下半期由東家發給醫藥，或遠往醫院調理，在調理期內，由東家發給工金叁拾壹元以上工金者，上半由東家補。

（十）凡學徒學師以三年爲滿期，第一年每月工金式元，第二年每月工金叁元，第三年每月工金四元，如學徒須有聯絡之家事，或因事旋鄉者，可以請假壹個月，如學徒因有聯絡之家事，東家亦不能住咽住補師。至於死亡，則東家幫助以喪葬之限度。

（十一）本合約由立合約簽字日起，四星期內，東家及工人雙方須各委出三人合組中，如死者有家屬俸給本之限度，則商會立即知東家。由立合約簽署日起，四星期內，東家及工人雙方須各委出三人合組。

（甲）由此合約簽署日起，四星期內，東家及工人雙方須各委出三人合組之調解委員會。

（乙）若遇有在搭棚業內之糾紛，或遇有在此合約範圍內之糾紛，其他糾紛，統須立即交調解委員會辦理，此委員會須出一會議召集人。

（丙）調解委員委出一會議召集人，以求和平解決。

（丁）東家或工人，任何一方，可隨時調換彼等在委員會內之代表，或填補空缺。

（戊）東家或工人，任何一方，於委定代表（不論原有或後補）於七天內須將其姓名通知勞工處長及其對方改有更動，亦照此辦理。

一九四一年九月十九日西曆一九四一年九月二十壹曰起發生効力。

此合約由一九四一年九月十九日雙方已在勞工處樓觀壁簽字幷得勞工處長允准（於辛巳年八月初一曰）即西曆一九四一年九月二十壹曰起發生効力。

行業宗教活動

搭棚行業中供奉三位神祇：有巢氏、魯班和華光。傳說有巢氏利用竹子和樹皮搭建房屋，其工作與搭棚工人相似，所以被視為祖師供奉。魯班為「百藝之師」，是三行共同供奉的神祇。華光是戲行所供奉的神祇，據搭棚老師傅回憶，可能搭棚工人經常搭建神功戲棚，也敬拜華光先師 [88]。也有一種說法是，華光先師擁有三隻眼睛，第三隻眼睛具有特異功能，可以準確估計距離，而銳利的目光對搭棚工人來說十分重要，所以被尊為行業祖師 [89]。

香港棚業總商會每年農曆正月十九日有巢氏誕辰時會舉行慶典，一同拜祭有巢氏、魯班和華光先師，祝願行業生意興旺、人口平安。棚業總商會內有神位，供奉著三位神祇，以有巢氏最尊，排在正中，魯班排在左面，地位稍遜，最右面為華光。商會還會召集棚舖東家及年長的師傅共同聚餐慶祝，到了今天仍保留這種傳統 [90]。另外每年農曆六月十三日會慶祝魯班誕，在這一天會由棚舖東主請客聚會。農曆九月二十八是華光先師誕辰，同樣也會舉行慶典。

⌗ 附錄一：搭棚同敬工會、香港棚業總商會訂定合約

（一）搭棚散工每日工價銀七元八毫，伙食由東家發給；

（二）搭棚月工照現值工價，一律加工價百分之五十，伙食由東家發給；

（三）凡屬搭棚散工、月工、童工，每人每日由東家發給「魚菜銀」壹元以作叁餐魚菜之用，油鹽柴米由東家發給，農曆每月初一、十五由東家另供早粥，初二、十六為褿祭之期，每人是日晚餐另加「魚菜銀」六毫，酒銀式毫，如遇遠出工作，伙食必須折銀者，早膳每人壹元，午膳每人壹元，晚膳每人壹元五毫。另每年由農曆四月初一日起至八月十五日止，由東家每天每人另發下午三點鐘食粥銀壹毫，食粥時間仍以不超過壹十五分鐘為度；

（四）工作時間凡搭棚工人每日由上午七時開工，九時品茗（不能超過半點鐘）十二時食晏，下午壹時返工，五時離開工場。收工如由工場返店乘車搭船之時間須要四十五分鐘者，得於下午四時四十五分鐘離開工場，收工若由工場返店之路程在兩咪線以上者，並由東家發給車費；

（五）凡做搭棚月工以做足二十八天為壹個月，如工人欲辭工者，要預早壹個月通知東家，如商號欲解工人之僱者，仍要預早壹個月通知工人，如工人在工作時間有怠工及違例等行為，得由東家隨時辭退之，其

工金照原定月工價按日支給，如月工無故停工一連超過三日者，不能在東家處食宿；

（六）凡童工學師以叁年為滿，第壹年由東家發給月薪壹拾元，第二年月薪壹拾五元，第三年月薪弎拾五元，如學徒有緊事旋鄉，以給假壹月為期，東家不能要該學徒補師，如學徒在學師期間患病，要東家負責醫理，如因工受傷或斃命，照普通工人補恤法辦理；

（七）如工人因工受傷，要東家負責醫理，在調理期內，由東家發給工金，仍以不超過三個月為限。如工人每月工金在壹百元以下者，每日照數給足，如在壹百元以上者，上半期由東家給以工金半數，下半期工金給足，受傷工人要留醫院調理，方能照上列辦法支取工金，到出院時，並須報知東家，如已痊癒仍不開工者，工金停止發給；

（八）如工人因工斃命者，應由東家盡其能力補恤，仍以不小過弎百五拾元為度，如工人受傷離港後死亡者，東家不負補恤賠償責任；

（九）如遇有棚業工商間斜紛爭執事情發生，應由工商兩會共同調解，如仍不決者，得呈請勞工處秉公辦理；

（十）此合約於一九四八年壹月十六日起發生效力至一九四九年壹月十五日止，其有效期間為壹年。

（簽署）

香港棚業總商會　梁福　吳用章　陳炳傑

香港搭棚同敬工會　陳汝均　何榮均　馮汝柏

Witness: R Harfry　15/1/48

⌗附錄二：香港搭棚同敬工會訂定工商合約（一九四一年九月十九日）

（一）搭棚散工，每工價銀壹圓壹毫半，伙食由東家發給。

（二）搭棚月工，照現工價一律加三成，如工價未滿足陸圓壹月者由東家補足陸圓，伙食由東家發給。

（三）無論散工月工童工，每日每人由東家發給魚菜銀壹毫半，作三餐魚菜之用，油鹽酒米，另由東家發給，晚餐燒酒每人壹仙，由四月初一至八月拾五止下午三點食粥，由東家供給，如遇在遠處工作必須折食銀者，午膳每人壹毫半，晚膳每人發給弍毫。

（四）如開夜工，依照原定時間計，每人作散工壹工，價銀壹圓壹毫半，另由東家發給消夜銀四毫，凡開夜工工人，可於下一天休息。

（五）每月初二，十六，為禡祭，每人每日由東家發給魚菜叁毫，油鹽酒米另由東家發給。

（六）工作時間，凡搭棚工人，每日由上午七點鐘往開工，九點鐘品茗，（不能超過半點鐘，）十二點鐘食晏，一點返工，三點食粥三十分鐘，五點半收工回到宿舍。

（七）凡做月工，依照原定廿八日為壹個月，如未滿廿八日期內被東家

解僱應每日照散工工價計算，工人自行辭工，應照其月工工價，依期月內所工作之久暫伸算，如未滿壹月東家不能因無工作可與工人之故，而停歇其工人，但如工人在一店未做滿廿八日亦不能往別棚業商號做搭棚工作。

（八）忽遇重病或因工受傷之工人，由東家送往醫院調理，輕則由東家發給醫藥，或送往醫院門診，受傷之工人，在調理期內，由東家發給工金以三個月為限，拾元以下工金者，每日照常發給，拾壹元以上工金者，上半期由東家每日發給半工工金，下半期由東家每日發給壹工工金，工人受傷若須在醫院調理者，則須在醫院調理，方能照上列辦法支取工金。上述各點，祇指工人不能工作超過三日之久而言。

（九）因公遇意外而致死亡或因公遇意外而在六個月之內死亡者，將由東家補卹銀式佰元，交由商工兩會給其家屬，此乃在「工人賠償法例」未通過時之臨時辦法，如工人受傷離港後死亡者，則商會不負責撫卹金。當工人因受傷在醫院留醫，在出院時須立即通知東家。

（十）凡學徒學師以三年為滿期，第一年每月工金式元，第式年每月工金叁元，第三年每月工金四元，如學徒因有緊急之家事，或因事旋鄉者，可給假壹個月為期，東家不能要該學徒補師。對於病及工作時受傷將照普通工人辦理，至於死亡，則東家將助以喪葬費，如死者有家屬須供給者，則東家須在普通工人撫卹費式佰元之限度中酌量給以撫卹。

（十一）（甲）由此合約簽署日起，四星期內，東家及工人雙方須各委出三人合組一調解委員會。

（乙）若遇有搭棚業內之糾紛，或遇有在此合約範圍內之糾紛，又或遇有其他糾紛，統須立即將事發交調解委員會辦理，此委員會須即向糾紛有關各方調解，以求和平解決。

（丙）調解委員會須委出一會議召集人。

（丁）東家或工人，任何一方，可隨時調換彼等在委員會內之代表，或填補空缺。

（戊）東家或工人，任何一方，於委定代表（不論原有或後補）於七天內須將其姓名通知勞工處長及其對方，遇有更動，亦照此辦理。

（十二）此合約由一九四一年九月十九日雙方已在勞工處長寫字樓親筆簽字並得勞工處長允准，（於辛巳年八月初一日）即西曆一九四一年九月二十壹日起發生效力。

一九四一年九月十九日

註 _____ ＃

1 黃先生口述報告，九龍灣常悅道企業廣場 1 期 1 座 10 樓有利建築公司，2009 年 11 月 23 日，檔案編號 HKCA_00021。

2 蘇先生口述報告，柴灣新業街 8 號八號商業廣場 18 樓 1810-1812 室，2013 年 4 月 29 日，檔案編號 0016-CON-004。

3 梁源口述，陳國康、霍家榮撰，〈廣州搭棚業〉，載於中國人民政治協商會議廣東省廣州市委員會文史資料研究委員會編，《廣州文史資料選輯第三十一輯》，廣州，廣東人民出版社，1984 年，頁 208。

4 〈四審馬棚浩劫案〉，載於《香港華字日報》，1918 年 3 月 12 日，第 1 張第 3 頁；〈五審馬棚失慎案〉，載於《香港華字日報》，1918 年 3 月 13 日，第 1 張第 2 頁。

5 "Agriculture, Cultivated and Uncultivated Lands, Wages, Produce, Stocks, &c.," *Hong Kong Blue Book 1862-1930*, Hong Kong, Noronha & Co, 1863-1931.

6 梁源口述，陳國康、霍家榮撰，〈廣州搭棚業〉，載於中國人民政治協商會議廣東省廣州市委員會文史資料研究委員會編，《廣州文史資料選輯第三十一輯》，廣州，廣東人民出版社，1984 年，頁 223。

7 "List of Societies Exempted from Registration by the Officer Administering the Government-in-Council under the Societies Ordinance, 1911, (Ordinance No. 47 of 1911), this 4th day of June, 1912," *The Hong Kong Government Gazette*, 7 June 1912, p. 412.

8 研究小組十分感謝港九搭棚同敬工會和香港棚業總商會兩個組織，對是項有關棚業工人研究的支持，並提供珍貴資料。另見〈搭棚行同敬工會開幕誌〉，載於《香港華字日報》，1921 年 2 月 28 日，第 2 張第 2 頁。

9 鄧先生口述報告，沙田美城苑暉城閣，2013 年 12 月 3 日，檔案編號 0109-SF-008。

10 梁源口述，陳國康、霍家榮撰，〈廣州搭棚業〉，載於中國人民政治協商會議廣東省廣州市委員會文史資料研究委員會編，《廣州文史資料選輯第三十一輯》，廣州，廣東人民出版社，1984 年，頁 209。

11 梁源口述，陳國康、霍家榮撰，〈廣州搭棚業〉，載於中國人民政治協商會議廣東省廣州市委員會文史資料研究委員會編，《廣州文史資料選輯第三十一輯》，廣州，廣東人民出版社，1984 年，頁 208-209。

12 此處的記載與搭棚師傅馮先生的回憶相符，參見馮先生口述報告，青衣長安邨安泊樓，2013 年 11 月 26 日，檔案編號 0107-SF-006。

13 馮先生口述報告，青衣長安邨安泊樓，2013 年 11 月 26 日，檔案編號 0107-SF-006。

14 陳先生口述報告，香港中文大學李和聲香港歷史資源中心，2013 年 4 月 19 日，檔案編號 0011-SF-001。

15 蘇先生口述報告，柴灣新業街 8 號八號商業廣場 18 樓 1810-1812 室，2013 年 4 月 29 日，檔案編號 0016-CON-004。

16 陳先生口述報告，香港中文大學李和聲香港歷史資源中心，2013 年 4 月 19 日，檔

案編號 0011-SF-001。

17　蘇先生訪問錄報告，柴灣新業街 8 號八號商業廣場 18 樓 1810-1812 室，2013 年 4 月 29 日，檔案編號 0016-CON-004。

18　陳先生口述報告，香港中文大學李和聲香港歷史資源中心，2013 年 4 月 19 日，檔案編號 0011-SF-001。

19　港九搭棚同敬工會在 1965 年製作的會員名冊，由何先生提供。見何先生口述報告，港九搭棚同敬工會油麻地上海街 383 號華興商業中心 2 字樓，2013 年 8 月 11 日、11 月 11 日，檔案編號 0081-SF-003。

20　梁源口述，陳國康、霍家榮整理，〈廣州搭棚業〉，載於中國人民政治協商會議廣東省廣州市委員會文史資料研究委員會編，《廣州文史資料選輯第三十一輯》，廣州，廣東人民出版社，1984 年，頁 208。

21　梁源口述，陳國康、霍家榮整理，〈廣州搭棚業〉，載於中國人民政治協商會議廣東省廣州市委員會文史資料研究委員會編，《廣州文史資料選輯第三十一輯》，廣州，廣東人民出版社，1984 年，頁 212、223。

22　"List of Societies Exempted from Registration by the Officer Administering the Government-in-Council under the Societies Ordinance, 1911, (Ordinance No. 47 of 1911), this 4th day of June, 1912," *The Hong Kong Government Gazette*, 7 June 1912, p. 412.

23　〈搭棚行同敬工會開幕誌〉，載於《香港華字日報》，1921 年 2 月 28 日，第 2 張第 2 頁。

24　〈劉星翹恢復自由〉，載於《香港華字日報》，1921 年 8 月 5 日，第 1 張第 3 頁。

25　〈同敬工會近況〉，載於《香港工商日報》，1931 年 8 月 4 日，第 3 張第 1 版。

26　〈棚業行東西家在商會正式談判〉，載於《香港工商日報》，1930 年 8 月 18 日，第 3 張第 1 版。

27　〈棚業工友要求加薪　資方請勞工司調處〉，載於《香港工商日報》，1947 年 12 月 27 日，頁 5。

28　〈港九棚業工人申請另組工會決定退出同敬工會〉，載於《華僑日報》，1952 年 2 月 11 日，第 2 張第 2 頁。

29　港九搭棚同敬工會在 1965 年製作的會員名冊，由何先生提供。見何先生口述報告，港九搭棚同敬工會油麻地上海街 383 號華興商業中心 2 字樓，2013 年 8 月 11 日、11 月 11 日，檔案編號 0081-SF-003。

30　鄧先生口述報告，灣仔春園街 16 號，2014 年 2 月 20 日，檔案編號 0119-SF-017。

31　蘇先生口述報告，柴灣新業街 8 號八號商業廣場 18 樓 1810-1812 室，2013 年 4 月 29 日，檔案編號 0016-CON-004。

32　伍先生口述報告，馬鞍山雅濤居 2 座會所，2014 年 1 月 20 日，檔案編號 0113-SF-012。

33　黃先生口述報告，灣仔譚臣道明寶石餐廳，2014 年 1 月 21 日，檔案編號 0114-SF-013。

34　〈同敬工會贈醫〉，載於《香港華字日報》，1921 年 3 月 24 日，第 2 張第 2 頁。

35　〈同敬工會加薪條約簽押〉，載於《香港華字日報》，1922 年 9 月 21 日，第 1 張第

3 頁。

36 〈同敬工會被人恐嚇〉，載於《香港華字日報》，1924 年 5 月 19 日，頁 9。

37 〈同敬工會近況〉，載於《香港工商日報》，1931 年 8 月 4 日，第 3 張第 1 版。

38 〈棚業行東西家在商會正式談判〉，載於《香港工商日報》，1930 年 8 月 18 日，第 3 張第 1 版。

39 〈港九棚業工人申請另組工會決定退出同敬工會〉，載於《華僑日報》，1952 年 2 月 11 日，第 2 張第 2 頁。

40 〈劉柱石出獄〉，載於《香港華字日報》，1919 年 8 月 19 日，第 3 張第 4 頁。

41 〈工會代表請釋劉星翹〉，載於《香港華字日報》，1921 年 7 月 29 日，第 1 張第 3 頁。

42 〈劉星翹行將省釋〉，載於《香港華字日報》，1921 年 8 月 2 日，第 2 張第 2 頁。

43 〈搭棚同敬工會已經加入工聯〉，載於《大公報》，1954 年 9 月 20 日，第 1 張第 4 版。

44 〈港九棚業工人申請另組工會決定退出同敬工會〉，載於《華僑日報》，1952 年 2 月 11 日，第 2 張第 2 頁。

45 〈搭棚自由工會成立，碧架主持揭旗典禮〉，載於《華僑日報》，1952 年 5 月 23 日，第 2 張第 5 頁。

46 〈搭棚同敬工會慶復會廿二年決擴大組織堅持鬥爭〉，載於《大公報》，1968 年 7 月 9 日，第 1 張第 3 版。

47 吳用章等，〈呈為恢復香港棚業總商會請求賜准立案註冊由〉，1946 年，載於 HKRS837-1-294。

48 香港棚業總商會編，〈香港棚業總商會公選職員姓名年齡籍貫表〉，1946 年，載於 HKRS837-1-294。

49 〈棚業工友要求加薪　資方請勞工司調處〉，載於《香港工商日報》，1947 年 12 月 27 日，頁 5。

50 蘇先生口述報告，柴灣新業街 8 號八號商業廣場 18 樓 1810-1812 室，2013 年 4 月 29 日，檔案編號 0016-CON-004。

51 伍先生、劉女士口述報告，葵涌葵盛東邨盛安樓，2013 年 11 月 26 日，檔案編號 0108-SF-007。

52 〈搭棚自由工會短期內可成立〉，載於《香港工商日報》，1952 年 4 月 24 日，頁 6。

53 〈搭棚自由工會成立　碧架主持揭旗典禮〉，載於《華僑日報》，1952 年 5 月 23 日，頁 5。

54 何佩然，《築景思城：香港建造業發展史，1840-2010》，香港，商務印書館（香港）有限公司，2010 年，頁 88。

55 區少軒、陳大同、麥顯揚主編，《香港華僑團體總覽》，香港，國際出版社，1947 年，第三章頁 13。

56 何佩然，《築景思城：香港建造業發展史，1840-2010》，香港，商務印書館（香港）有限公司，2010 年，頁 88。

57 "Government Notification No. 144," *The Hong Kong Government Gazette*, 9 May 1913, p. 212.

58　"List of Exempted and Registered Societies Published under Section 5 of the Societies Ordinance, 1911, (Ordinance No. 47 of 1911)," *The Hong Kong Government Gazette*, 16 April 1915, p. 204.

59　〈同敬工會加薪條約簽押〉，載於《香港華字日報》，1922 年 9 月 21 日，第 1 張第 3 頁。

60　〈棚業行東西家在商會正式談判〉，載於《香港工商日報》，1930 年 8 月 18 日，第 3 張第 1 版。

61　梁源口述，陳國康、霍家榮撰，〈廣州搭棚業〉，載於中國人民政治協商會議廣東省廣州市委員會文史資料研究委員會編，《廣州文史資料選輯第三十一輯》，廣州，廣東人民出版社，1984 年，頁 208。

62　梁源口述，陳國康、霍家榮整理，〈陳祥記棚鋪的經營特點〉，載於中國人民政治協商會議廣東省廣州市委員會文史資料研究委員會編，《廣州文史資料選輯第三十一輯》，廣州，廣東人民出版社，1984 年，頁 231。

63　〈搭棚工人罷工〉，載於《香港華字日報》，1921 年 6 月 15 日，第 2 張第 3 頁；梁源口述，陳國康、霍家榮整理，〈廣州搭棚業〉，載於中國人民政治協商會議廣東省廣州市委員會文史資料研究委員會編，《廣州文史資料選輯第三十一輯》，廣州，廣東人民出版社，1984 年，頁 208。

64　〈棚匠罷工後之風波〉，載於《香港華字日報》，1924 年 6 月 29 日，頁 12。

65　〈棚匠罷工後之風波〉，載於《香港華字日報》，1924 年 6 月 29 日，頁 12。

66　梁源口述，陳國康、霍家榮整理，〈廣州搭棚業〉，載於中國人民政治協商會議廣東省廣州市委員會文史資料研究委員會編，《廣州文史資料選輯第三十一輯》，廣州，廣東人民出版社，1984 年，頁 208。

67　馮先生口述報告，將軍澳都會駅會所，2014 年 2 月 17 日，檔案編號 0117-SF-015。

68　馮先生口述報告，將軍澳都會駅會所，2014 年 2 月 17 日，檔案編號 0117-SF-015。

69　鄧先生口述報告，2013 年 12 月 3 日，沙田美城苑暉城閣，檔案編號 0109-SF-008。

70　〈搭棚同敬工會要求加薪〉，載於《香港華字日報》，1922 年 8 月 16 日，第 2 張第 2 頁。

71　〈同敬工會要求加薪續聞〉，載於《香港華字日報》，1922 年 8 月 19 日，第 2 張第 2 頁。

72　〈同敬工會要求加薪近聞〉，載於《香港華字日報》，1922 年 9 月 7 日，第 1 張第 3 頁。

73　〈同敬工會要求加薪近聞〉，載於《香港華字日報》，1922 年 8 月 30 日，第 2 張第 2 頁。

74　〈同敬工會加薪問題解決〉，載於《香港華字日報》，1922 年 9 月 15 日，第 1 張第 3 頁。

75　〈同敬工會加薪條約簽押〉，載於《香港華字日報》，1922 年 9 月 21 日，第 1 張第 3 頁。

76　〈搭棚工人全體罷工〉，載於《香港工商日報》，1930 年 8 月 11 日，第 3 張第 1 版 - 第 3 張第 2 版。

77　《香港工商日報》8 月 22 日報導亦有列出聯義堂代表，與 8 月 19 日略有出入，包括：同安號吳用章、意合號蘇祺、泰合號蘇材、全合號黎挽、合成號廖見等十數人。「同安」、「意合」、「泰合」、「全合」、「合成」等應為行號，而非人名。8 月 22 日報導，見〈棚業行東西家糾紛已解決〉，載於《香港工商日報》，1930 年 8 月 22 日，第 3 張第 1 版。

78 〈棚業行東西家在商會正式談判〉，載於《香港工商日報》，1930 年 8 月 18 日，第 3 張第 1 版。

79 〈棚業工人再派代表謁見華民政務司呈遞意見書〉，載於《香港工商日報》，1930 年 8 月 19 日，第 3 張第 1 版。

80 〈棚業工人開同人大會〉，載於《香港工商日報》，1930 年 8 月 20 日，第 3 張第 1 版。

81 〈棚業風潮　今日再在商會會商〉，載於《香港工商日報》，1930 年 8 月 21 日，第 3 張第 1 版。

82 〈棚業行東西家糾紛已解決〉，載於《香港工商日報》，1930 年 8 月 22 日，第 3 張第 1 版。

83 〈棚業行東西家在商會簽約〉，載於《香港工商日報》，1930 年 8 月 26 日，第 3 張第 1 版。

84 〈棚業行東西家在商會正式談判〉，載於《香港工商日報》，1930 年 8 月 18 日，第 3 張第 1 版。

85 "Wages and Cost of Living," *Hong Kong Administrative Reports 1932-1939*, Hong Kong, Noronha & Co., 1933-1940.

86 馮先生口述報告，青衣長安邨安泊樓，2013 年 11 月 26 日，檔案編號 0141-SF-023。

87 陳先生口述報告，香港中文大學李和聲香港歷史資源中心，2013 年 4 月 19 日，檔案編號 0011-SF-001。

88 陳先生口述報告，香港中文大學李和聲香港歷史資源中心，2013 年 4 月 19 日，檔案編號 0011-SF-001。

89 蘇先生口述報告，柴灣新業街 8 號八號商業廣場 18 樓 1810-1812 室，2013 年 4 月 29 日，檔案編號 0016-CON-004。

90 可參閱 2014 年棚業商會的祭拜儀式錄像。見麥先生口述報告，灣仔春園街 16 號四樓，2014 年 2 月 17 日，檔案編號 0116-SF-014。

順應時勢

建造一棟建築物，但凡用混凝土施工的部份，
基本上都要靠坭水工人參與。
在戰前他們的主要工作可大致分為砌磚與批盪兩部份。

第四章

求變求存的坭水匠

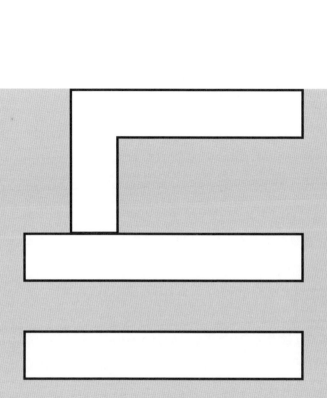

上 坭水業的發展概況

自 1841 年以來，香港殖民政府致力開發小島成為轉口港，三行工人對城市的基本建設起著舉足輕重的作用；而坭水行業又是三行的重要一環，坭水工人在香港的發展過程中，是如何發揮積極作用的呢？建造一棟建築物，但凡用混凝土施工的部份，基本上都要靠坭水工人參與。在戰前他們的主要工作可大致分為砌磚與批盪（在磚牆表面塗抹混凝土，使牆壁平滑）兩部份，批盪又細分為內牆批盪與外牆批盪。但在戰前香港政府的統計資料，將砌磚（Bricklayer）、批盪（Plasterer）視作兩個不同行業，與中國人的看法不一樣。

戰前香港絕大多數的坭水工人來自廣東省，其中以四邑、東莞、寶安等地為最。1937 年中日戰爭爆發後，上海有大批坭水工人南下到香港謀生，為香港坭水行業帶來了新的技術。但香港的坭水工人並非全為中國籍，1930 年代修建城門水壩時，就曾經引進了少量的印度籍工人 [1]，近年也有不少南亞裔加入坭水行業。

戰前香港最重要的坭水工人組織為廣義堂，其歷史可以追溯到 1874 年；1940 年代有東西家混合的飛鵬坭水批盪工會；與之相對應的東家組織則有廣裕堂。此外，資料較零碎的工會組織，還有義安工會、坭水工人土木工會、僑港坭水工業總工會等。坭水的專業技術可以說是易學難精，因此，行業的人才培訓較容易擺脫傳統的師承制度，從業員人數較多，地緣網絡也較廣闊。

占 行業的傳承

拜師學藝

坭水行業如其他三行工作一樣，講求師承關係，如要加入坭水業，就要跟隨一位已獲得行內人認同的師傅學藝，滿師之後取得行業認可，才可成為坭水師傅；如師父認為技術未能達標，還需繼續補師。學徒需沿襲舊禮，行拜師儀式，先向魯班先師下跪行拜師禮，再向師父敬茶。三年學徒期間，有食無工，到 1950 年代，學徒才開始獲發月薪 5 元。

1937 年出生的謝先生回憶，他在 1954 至 1956 年當過三年學徒，每月獲發薪金 5 元，三年後滿師成為坭水師傅，日薪 8 元，過了幾年更增至 14 元。1940 年出生的李先生則稱，其父親是一名判頭，在港開設「金福工程」，專接坭水批盪，他自小跟隨父親學藝，課餘或假期會跟隨父親到工地，幫忙做些雜活，如打井水、淋濕紅磚等工作。他 17 歲時正式入行，被父親帶到快富街（近旺角道）一座唐樓 3 樓的「廣裕堂坭水工會」（坭水東家的組織），在主席和理事面前向魯班先師上香，完成入行的拜神儀式[2]。

到了 1982 年，周先生在地盤跟一位原籍開平的譚師傅學藝時，不但已再沒有拜師的禮儀，在首日工作更獲發 50 元日薪，而當時的坭水師傅日薪為 120 元。他覺得要尊師重道，盡徒弟的本份，於是每天提前半小時到地盤，上午 8 時已做好開工的預備功夫，包括用水混和英坭、鋪

好橋板、在外牆灑水，以便師父 8 時半回來批盪。周先生在中午或下午「三點三」的時段會為師傅跑腿，到工地外的食肆買「外賣」（盒飯或下午茶餐）回來給師父享用，收工後要為師父清洗工具。其他工人對「學師仔」（學徒）呼呼喝喝是慣常之事，他記得學師期間，還未能掌握批水坭上牆做「包角」的技術，只是拿著工具做批盪的工作，完成初步功夫後，師父用「壓尺」木條幫徒弟修飾，假如批盪太厚，師父會著令徒弟刮去，重新批過。學了一年，周先生便成為「充師」，亦叫「二手仔」，每天工資增至 80 元，但二手仔仍被視為「未夠班」（未達標）的新手。周先生再做半年，換言之前後只花了一年半時間，就成為師傅，日薪增至 120 元。一個學藝三年的徒弟如工藝未符合師父的要求，不會被推薦給同行，行內稱被師傅「炒魷魚」（即暫時無法滿師），不達標的人一定要經過多次被師傅否決的過程才能成長，他本人也曾被多次「炒魷魚」[3]。周先生的兩位弟弟於 1984 年來港，跟兄長到各地盤學習坭水批盪，日薪 70 元，其他師傅日薪 110 至 120 元不等，多是寶安人。弟弟學了三個月已掌握基本技術，成為正式的坭水師傅，三兄弟開始承判工程，平分利潤。

1970 年代，政府開始推行《學徒制度條例》，年滿 14 至 19 歲者可申請成為青年學徒，實習期間可進入地盤學習[4]，年輕人入行再不需靠親友介紹。1980 年代，學徒在地盤跟師傅工作，可獲發 50 元日薪，政府亦設有職業訓練局、建造業訓練局[5] 等等培訓機構，聘請有經驗的導師，開班培訓坭水工人，學徒考取中工牌之後，可到地盤實習，令坭水行業考拜師學藝的情況有了很大的改變。

自 1990 年代末起，坭水師傅的培訓方法變得系統化。香港建造業總工會（·以下簡稱「建總」）先後設了四個培訓場地，舉辦各類培訓課程，

包括坭水、油漆、木工、水喉、防水、家居維修、鋁窗維修等，教授技術，並安排學員考試，領取中工牌。其他受政府規管的課程還包括：平安咭、平安咭重溫、密閉空間、安全督導員等[6]。周先生的弟弟在建總四個培訓場地之一的旺角塘尾道福康工業大廈 9 樓 3 室「香港坭水建築業職工會會員技術交流中心」出任培訓導師，並撰寫教材。培訓課程的收生人數規定至少 7 人方能開班，每班最多 15 人，每週培訓 30 小時。至於再培訓課程的時數則較多，15 天培訓，每天 8 小時，完成 120 小時後，可以參與工藝測試，考取中工牌。培訓班的學員有津貼，30 歲以上學歷中三以下的每日可獲 154 元，中三以上年齡較低的會少一些。至今，周先生的弟弟親手培訓的學員約有 300 人，但學員修讀完課程後未必找到工作[7]。

地緣與血緣關係

根據口述資料顯示，在戰前坭水工人大多靠地緣或血緣關係入行，流動性很大，每完成一項工程後工人便會返回內地鄉下，而在港的判頭在接到新工程後會再回鄉下招聘。地緣和血緣關係是行內相互支持的重要紐帶。

與打石、搭棚等其他三行行業相比較，坭水行業的地緣網絡更廣闊，不只局限於一個地方。來自廣東省四邑地區的較多，也有不少人來自東莞、寶安等縣，在 1930 年代後期更增加了不少上海的坭水師傅。這群來自上海的坭水師傅，很多都願意收廣東人為學徒，而本地的工會如廣義堂等組織也樂意接納上海師傅加入[8]，可見行業開放程度較高。

生於 1934 年的張先生是深圳觀瀾人，1953 年經同鄉介紹來港，在華懋

公司的地盤做坭工，推「雞公車」運送泥頭、落石屎（混凝土灌漿）。1960 年代，張先生介紹了數十名家鄉親友到地盤工作，因為他的人脈網絡廣闊，老闆便改聘他為長工，幫忙招工，自此每半個月可領取一次薪金，不再擔心工程完成後的就業問題[9]，可見地緣關係在行內有很大的助力。

1936 年出生的清遠人鄧先生在 1945 年來港謀生，當時只有 10 歲，無法做全職工人，只能靠跑腿、為雲吞麵檔看舖賺取兩餐。1946 年，他經同鄉介紹加入清遠同鄉會，覺得大家同聲同氣，十分親切，雖然各鄉里的行業不同，但大家時常聚在一起，交談之間，隨時可以找到工作機會。他在該會擔任義務工作，協助辦理會務。他又指出，當時清遠同鄉會和福建同鄉會與內地關係較緊密[10]。

鄧先生覺得做坭水可以無師自通，1954 年經介紹加入「僑港廣義堂坭水工業會」，投身坭水行業。他在地盤工作所認識的坭工差不多都來自四邑地區的台山、開平、新會和恩平，大家時有互相介紹工作[11]。因此，雖然他是清遠人，但長期在地盤工作，也學得一口流利的四邑話。四邑坭水工匠又被稱為「四邑幫」；來自東莞、寶安縣的師傅被稱為「東寶幫」；來自上海、寧波等地的師傅則被稱為「上海幫」。各幫成員按照原籍締結關係網絡，維護自己和同鄉的利益，例如有人經營建築公司或承判工程做了判頭，聘用工人時必優先考慮自己的同鄉。1930 年代起，不少上海人從內地移居香港，有些帶備資金來港創立建築公司，亦會優先聘用上海師傅，工資較本地人多 1 至 2 元。鄧先生認為上海師傅技藝較四邑、東寶等地的師傅更仔細，但效率較低，可能是「慢工出細貨」之故，上海幫在行內以技術聞名，受同行重視[12]。

晉升的渠道

根據香港坭水建築業職工會、港九飛鵬坭水批擋工會等老師傅的口述訪問，普通坭水工人晉升為判頭的機會不少。

前述的周先生在地盤認識了不同姓氏的工友，先與幾名坭水師傅組成異姓兄弟班，繼而承辦窩打老道青年會第一和二期的坭水裝修工程，初嘗做「大判」的經驗。1995 年他跟隨其中一名異姓兄弟到建總樓下的大排檔午飯，飯後一起到建總，並被推介加入港九坭水建築業職工會（簡稱坭水工會）。在工會中，他經工聯會安排，於 2003 至 2006 年，用了四個學年修讀三年制的中國勞動關係學，學習工會專業的課程，再於 2008 至 2010 年修讀中山大學政治及行政學院的行政課程。2009 年，周先生在地盤工作期間，被建總理事長蔡先生邀請到該會服務，接替理事長一職 [13]。

至於周先生的弟弟則跟著兄長學藝，靠血緣關係入行，其後更成為坭水培訓班導師 [14]。周氏兄弟認識不少工友及判頭，1994 年之後，周先生與其中一名兄弟合作，承判一些小工程，以「打大數」形式將利潤與合作伙伴平均分帳，如工程多的時候，各自找來一些異姓兄弟趕工，以多勞多得方式支付薪金。通常是將工程「斬件」（細分成不同部份），分別外判予其他人來做，以市場價格作為外判價格，例如以每井（100 平方呎）的工程費用計算。近這 30 年以來，周氏兄弟長期為「新輝發展有限公司」服務，雖然該公司近年已轉往內地建設，但在香港的樓房維修工程仍繼續進行 [15]。可見周氏兄弟在不同時期，依賴地緣與血緣關係，有著明顯的社會流動。

香港的建造業中，重要的工人團體包括工聯會、建總（會員 22 萬人）、職工盟（不足 1,000 人）、電梯工會（四至五萬會員）和港九勞工社團聯會。建總是最大的集團工會，周先生指出建總現時約有 380 名理事或幹事，99% 是義工，一般會員接近 22 萬人，屬會有 22 個，其中坭水工會會員約 3,000 人，水喉工會和木工工會會員各約 1,000 多人，都是較大的工會。周先生曾協助超過 100 名會員的工人組織組成工會，爭取權益，並以建總理事長身份與政府談判。由於工業意外導致工人死亡的數字不斷增加，工會需聯絡建築公司及家屬，講解如何避免無可挽救的工業意外 16。由於建總會員眾多，更有機會代表業界晉身立法會。

二 行業工會組織

表一　　　　　　香港坭水業組織

組織名稱	成立 / 最早可考年份
廣義堂	1884 年前
香港打樁義安工會	1920 年
僑港坭水工業總工會	1925 年前
香港建造工會聯合總部	1925 年前
萬安公會	1936 年前
建造工人工會	1939 年前
砌磚工人工會	1939 年前
飛鵬坭水批擋工會	1930 年代
四廣建築工會	1946 年
廣裕堂	未詳
香港建造商會	未詳

廣義堂

工會的成立

「廣義堂」是香港坭水行業中最重要的行業組織，成立於 1874 年 [17]。

1911 年 11 月，香港政府頒佈社團條例，監管地方組織 [18]，並豁免 234
個社團註冊，當中華人社團有 162 個，非華人社團有 72 個；屬商業性
質的有 98 個，1 個由非華人組成 [19]。廣義堂在 1912 年正式登記為註冊
社團。在廣義堂 100 多年的發展過程中，曾多次更改名稱 [20]，如 1913
年改稱為「坭水工業行廣義堂」，1914 至 1915 年年間再就「行」字做
過修訂。1927 年 5 月，廣義堂控告六名會員拖欠工會會費 249 元，入
稟法院追討 [21]，反被法官指控廣義堂會章第六條「不許會員接造別會
員未經竣工而發生爭執之工程」違犯香港法例，被定為非法組織 [22]。
廣義堂不服上訴，最終被法院頒令維持早前下級法庭判決，廣義堂需繳
付堂費 [23]。廣義堂避免被政府取締，修改會章，將工會名稱改為「坭
水工會廣義堂」。根據香港歷史檔案館資料，1931 年 4 月 8 日廣義堂
以「廣義堂泥水工會有限公司」(The Kwong Yee Tong Brick-layers' Co.,
LTD) 的名義註冊，登記辦公地點為香港第二街 120 號 3 樓，會員因
而以西營盤一帶為活動範圍。1939 年勞工處處長畢特士 (Butters) 在
年度報告記錄廣義堂 (the Plasterers' Guild, Kwong Yee Tong) 的會員人
數為 3,300，是香港當時最大的行會組織之一；另外，建造工人工會
(Building Construction Workers Guild) 有會員 2,700 人，砌磚工人工會
(Bricklayers Guild) 則有會員 3,000 人 [24]。

日佔時期，廣義堂的活動被迫停止，工會的註冊章程及相關文件亦已
散佚。和平後廣義堂曾短暫使用過「坭水工藝社」這名稱。1945 年 10
月 10 日，工會成員關揖、關章、黎錦、關超、關樹、曹旺、王鐘、麥
權芳、曹錦池、關壽、黃培、曹拔等合力重建工會。1948 年港府重新
頒佈勞工團體註冊條例，要求所有工團修改會章重新登記。1949 年 4
月，羅文錦作為廣義堂多年的法律顧問，協助廣義堂修改會章，審核後
呈交勞工司，工會新註冊名稱為「僑港廣義堂坭水工業會」(The Hong

表二　　　　　　　　廣義堂歷年名稱變更表

年份	中文名稱	英文名稱
1912	廣義堂	Bricklayers Guild, Kwong Yi Tong
1913	坭水工業行廣義堂	Builders and Plasterers Guild, Kwong Yi Tong
1914	坭水工業廣義堂	Builders and Plasterers Guild, Nai Shui Kong Ip Kwong Yi Tong
1915	坭水工業行廣義堂	Builders and Plasterers Guild, Nai Shui Kong Ip Hong Kwong Yi Tong
1927	坭水工會廣義堂	
1939	廣義堂	The Plasterer' Guild, Kwong Yee Tong
1944	廣義堂坭水工會	
1948	僑港廣義堂坭水工業會	The Hong Kong Brick-laying Workers Union（Kwong Yee Tong）
1975	港九坭水建築業職工會	
2007	香港坭水建築業職工會	Hong Kong Brick-Laying & Construction Trade Workers' Union

Kong Brick-laying Workers Union, Kwong Yee Tong），仍用香港第二街
120 號 3 樓為辦公地點[25]。辦妥註冊手續後，任命陳繼、譚基、龍志、
黃贊南等 23 人負責工會於九龍區第一支部「聯興社」的會務，會址暫
設於旺角康樂街 18 號 3 樓[26]。1949 年 7 月 15 日，聯興社在九龍大中
酒家舉行開幕暨第一屆職員就職典禮，由傅石出任主席[27]。

1949 年，工會在灣仔聖佛蘭士街 10 號重建會所，成員決定以「廣義堂
坭水工會有限公司」的名義登記業權。因此自 1949 年起，廣義堂曾經

1937 年廣州市建築業職業工會坭水二分部僑港駐省廣義堂全體仝人公祭

同時以兩個不同的名義註冊，直至 1964 年政府發現工會同時擁有兩個名稱，決定註銷廣義堂坭水工會有限公司的註冊登記，僅保留僑港廣義堂坭水工業會[28]。1950 年，工會出版會刊。

1965 年，僑港廣義堂坭水工業會設第一、二支部[29]，1975 年易名為「港九坭水建築業職工會」，設有四個會址，分別位於旺角亞皆老街 35 號 8 樓、觀塘裕民坊 30 號 E 座 4 樓、灣仔交加街 4 號 8 樓，及西營盤第二街 120 號 4 樓。

2007 年，工會註冊改稱為「香港坭水建築業職工會」（Hong Kong Brick-Laying & Construction Trade Workers' Union）[30]，是香港坭水行業中最大的工人組織，傳承廣義堂的傳統。現為香港建造業總工會的屬會之一，但財政獨立，直至 2013 年，該會擁有超過 20 多個住宅單位、舖位、工廠大廈等出租物業。

會員招募

在戰前，坭水業聘用工人的最基本條件是必須成為廣義堂會員，非會員根本沒有機會可以入行，因此有志入行者都會自願入會。1940 年代，加入工會需透過兩名會員介紹。戰前的工會會員名單早已散佚，現存的工會「入冊」會員 2,000 多人，以來自兩個地區的較多，一是四邑（開平、恩平、新會和台山），一是東寶（東莞和寶安）。仍定期到工會繳交會費者只有 400 多人，這些會員被稱為「合格會員」[31]。

工會相當重視會員定期交付的會員費。過往工會的經費主要來自會員向判頭繳交的厘金，程序是判頭在聘用員工時，先行在工人薪金中扣除伙

食費，及在工程費中抽出 5% 收入，作為厘金，會員稱為「會費」[32]。1927 年 5 月，廣義堂因追討會員欠繳會費興訟失敗[33]，停止向會員徵收厘金。

工會設有帛金福利，如會員定期繳交會費，離世後家人可獲發帛金。為鼓勵會員參與計劃，工會鼓勵會員用分期方法繳納會費。另工會每年年底會舉辦「尾禡」團年餐聚，餐券每位需費 10 元，60 歲以上的老會員及已繳納會費者均可免費用餐。已繳納部份會費者可獲減免餐費 3 至 5 元。會員亦可選擇放棄帛金的權利[34]。戰後，由於法例規定凡徵收會費的團體必須在會章聲明，工會因此修改會章。1957 年，廣義堂向以前入會，已繳會費而身故者發放 200 元；自收會費日起，欠繳不超過三個月者，仍可獲發帛金 200 元；如供滿一年會費者，每年增加帛金 50 元，以 10 年為限，連原本帛金 200 元計算，可獲發 700 元；若會員欠繳六個月月費，會當作自動棄權論[35]。

根據工會 2008 年的章程，所有坭水業工人不論性別均可加入工會。入會時需繳交入會基金 20 元、福利基金 5 元，共 25 元，另每年會費 60 元及福利金 36 元。會員如欠繳六個月會費，將被視為不合格會員。會員入會滿三個月後不幸身故者，其家屬可獲發基本帛金 800 元，以後按會齡遞增，由入會日起計，每滿一年加帛金 100 元，以 3,000 元為最高限額。凡 1978 年 9 月 1 日以後入會者，年齡達 65 歲及入會滿 15 年者可申請免交會費，但仍需繳交福利金及經理事會議決的特別費用。會員入會達 30 年者自動成為永久會員，毋須交會費及福利金；新入會者一次過交足 30 年會費及福利金，亦可成為永久會員；合格會員如一次過交齊會費和福利金餘額，以 30 年為上限，同樣可成為永久會員[36]。

投資物業

戰前工會的主要收入來自厘金，該項收入相當可觀，足以用來投資房產。1940 年代入行的鄧先生聽聞老一輩的師傅稱，工會收取判頭的厘金和會員每年的會費，累積一段時間後，在廣州購置了數個物業，可惜自 1949 年政權易手後，工會不敢向內地政府索回物業業權，直至 1959 年，工會派秘書胡達聯絡廣州工會，向內地政府追討物業業權，最後無功而回。現時廣州仍有一條「廣義街」，但屬廣義堂的物業已無法確認業權[37]。

工會秘書胡達指出，他在 1959 年進入工會工作時，工會已取消厘金制度。厘金制度自會員的工程費中抽取 5% 作基金，雖然有很多會員不願繳交，但總體上厘金仍然為工會帶來收入。1950 年代末，工會利用累積到的財富，購入西營盤第二街 120 號一幢四層高的樓宇，4 樓用作辦公室，其餘三層出租。另外，油麻地東安街 25 號及灣仔進教圍 10 號這兩棟四層高的物業，是工會先購入地皮，再與承建商協商，以先建樓，再利用所得租金分期還款的形式興建。1962 年起，承建商將該兩幢樓宇交還工會收租。

後來工會出售西營盤第二街 120 號物業，利用所得到的資金，再購入皇后大道西 397 號一座六層住宅加兩層地庫的物業，作收租用途。隨著油麻地東安街的發展，工會接受地產經紀建議，將其位於東安街 25 號四層高的樓宇交換皇后大道西 395 號的一座物業，使與 397 號的樓宇相鄰。稍後，工會出售進教圍 10 號樓宇，餘款存在銀行，並租用灣仔慶雲街 4 樓一個約 500 多平方呎的單位，和旺角亞皆老街的一個住宅單位作辦事處（現時該處仍掛有工會昔日的招牌）。工會於 1970 年代購入

的物業包括灣仔洛克道安隆商業大廈 6 樓一個 300 多平方呎的單位（用作辦事處）、油麻地上海街 395 號安業商業大廈 2 樓、旺角砵蘭街 398 號 3 樓及觀塘裕民坊的一個唐樓單位。2010 年代，工會以 190 多萬出售裕民坊單位 38。

組織架構

1949 年，僑港廣義堂坭水工業會在旺角設第一支部「聯興社」，執事會共 19 人：正副監事長共兩人、核數兩人，另設正副幹事長、總務、財務共六人，交際兩人、幹事五人、慈善兩人 39。據 1950 年報章的報導，該會在戰後復會時最高權力機構是會員大會，由理事會與監事會共同處理會務，職員有正副理事長、正副監事長、總務、財務、交際共 10 人，理事十多人，另有庶務、調查、宣傳等職位 40。1951 年經會員大會選舉的第七屆理監事會，增加了顧問、書記和核數的職位 41。由於該會在港九多處擁有物業，因此在 1951 年 6 月召開會員大會，商討重新註冊為有限公司之必要，隨後又一次修改章程 42。

工會發展至今，已採用理事制，理事會共有 25 人，其中設主席一人，副主席兩人，其餘以主任相稱，有會務、財務、職業安全健康、福利、宣教、康樂及青年工作、公關、權益及投訴主任各一人，理事 14 人，此外還有多名候補理事。理事會每三年選舉一次，在各區的合格會員中按人數以每 30 人選出代表一名，餘數如超過 15 人而不足 30 人亦選代表一名，組成會員代表大會，如某一區的合格會員人數不足 30 名時，要與鄰近地區合併，以不記名投票方式選出理事會成員，中選者可以連任，任期三年。

工會的活動

廣義堂與內地關係密切,曾組織會員支持內地賑災等活動。1937 年 11
月,廣義堂聯合香港其他的工會組織,號召會員購買救國公債,由於會
員收入不穩定,工會在銀行內設立帳號,每積累到 5 元就購買一定國
債[43]。1947 年,廣義堂又組織工人捐款賑濟粵省三江水災[44]。戰後,
工會關注香港事務及本地會員福利,1948 年工會將 360 元捐款,由關
樹、陳添壽、朱國、伍培、吳銳、麥金興、吳就、鍾品興等八人購買白
米三包共 500 多斤,賑濟九龍城被清拆房屋的災民,另將餘款 48.6 元
亦捐贈九龍城居民[45]。1953 年年底工會籌得款項數百元,用作興辦管
教班,1954 年 2 月 20 日於九龍第一支部首先開辦,已吸引 20 多人登
記入讀,另一班在灣仔區於 1954 年開辦[46]。

工會不但為工人爭取更佳待遇,處理會員勞資糾紛,亦出版會刊或其他
刊物,提倡體育及娛樂活動、文化、技術、社交及政治知識等[47]。鄧
先生指出,戰後初期工人大部份都加入工會,當時工會在政治上擁護國
民黨。1940 年代末,工會分裂成兩派,一派支持國民黨,另一派支持
共產黨,經過一輪「鬥爭」後,直到 1958 年,左派工會正式成立[48],
該會受到香港政府政治部的關注。胡先生也指出,他每週輪流在西營盤
的總部和灣仔、旺角的兩個支部上班,負責抄寫工作,不時有政治部
官員到來查問有什麼活動。及至 1967 年騷亂期間,當有警員上樓搜查
時,大家都聞風而逃,工會亦將大量會員資料銷毀。工會沒有宿舍,平
時只有一位老伯看守,眾人叫該老伯離去,但他堅持留守,終於被警方
帶走,數天後才獲釋放[49]。

1950 年,工會會員有千多人,較 1939 年的 3,300 人少了三分之二。

1959 年，會員增至 2,500 多人，該會便用旺角亞皆老街 35 號 8 樓作為新會址 50，春節後舉行開幕 51。1960 年代是會員增長的高峰期，1961 年，合格會員急增千多名。1961 年，連原有灣仔支部也不敷應用，工會遂遷往灣仔交加街 2 號 8 樓，是為第二支部 52。1961 年加入工會的鄧先生出任福利主任，翌年開始出任理事。1962 年，鄧先生遷到柴灣木屋區居住，也成為柴灣的分區幹事，他按時到灣仔第二支部開會，並按工會指示與柴灣另外四名幹事交代，舉辦活動。工會更編印傳單，將相關訊息和信件，經各分區幹事派送予各會員派送，以省卻郵費。工會幹事一有空就聚在工會內，一齊摺疊及派送傳單 53。1960 年代初，工會有一個總部和兩個支部，只聘用一名受薪秘書，及清潔工各部一名，其他的工作職位全屬義務性質。1967 年騷亂時，會員人數下降至不足 1,000[54]。同年 8 月，亞皆老街 35 號 8 樓的會址被警方搜查，搜出大批標語及白米。警方又發現工會用一條塑膠水喉，接駁著兩個長期開放的水龍頭，然後將水引向水渠作為「鬥爭」，當時正值港府實施制水，警方因而通知水務署取消水錶停止供水 55。警方又到灣仔第二支部搜出尖銳的鐵水管、鐵尺、大量玻璃瓶、60 多瓶鏹水，並拘捕一人 56。1968 年，廣義堂會員 800 多人在工人俱樂部慶祝 23 週年會慶暨 23 屆職員就職典禮，並演出革命文藝，會場內各人高呼「毛主席萬歲」57，反映了 1967 年期間香港左派工會反對殖民政府的立場。

港九飛鵬坭水批擋工會

「港九飛鵬坭水批擋工會」的前身「飛鵬坭水批擋工會」，是成立於戰前的坭水工人組織。根據其會慶特刊中的一名老師傅撰寫的回憶錄憶述，戰前由於廣義堂的成員主要集中於西環一帶，對部份居住在灣仔一帶的坭水工人來說路途較遠，不便加入廣義堂。1937 年，在中國發生

盧溝橋事變後不久，工人便組織了飛鵬坭水批擋工會，以便相互扶持幫助，最初會址位於皇后大道東 250 號 3 樓[58]。1941 年香港淪陷，大批工人返回內地家鄉，工會的活動也告停止。

和平後，工會的舊成員返回香港，主要的人物有關文養、胡活、關廣興、利凡、梁卓譽、司徒利、朱炳、關高、梁炳、關宗興、鄺卓、方庚、譚柏、余泮、關良、陳光、林文照等，重新組織工會[59]。會址設於灣仔石水渠街地下，之後遷到皇后大道東 200 多號的樓宇。根據飛鵬坭水批擋工會的會章可知，工會致力於團結全香港所有坭水行業從業者，工人及判頭均可加入。（參見附錄一）

1948 年香港政府頒佈社團章程規範，規定所有行會需註冊為正式團體，以方便政府管理。1949 年 2 月 22 日工會負責人利凡、鄧志梁等為工會登記註冊為「港九飛鵬坭水批擋工會」，社團註冊編號 163 號。不過在工會慶祝週年紀念時，一般從 1946 年工會復興開始算起[60]。港九飛鵬坭水批擋工會現稱為「港九飛鵬坭水建造工會（1949）有限公司」，成員主要是香港坭水行業的判頭。工會現任理事長為鄧偉熙，會址位於油麻地彌敦道 514 號錦華樓 3 樓 A 室[61]。

港九飛鵬坭水批擋工會在政治上一直傾向於國民黨，與港九工團聯合總會關係密切。在工會的會慶特刊中，曾多次刊登蔣介石、蔣經國等為工會題字的照片。1950 年代，廣義堂轉變為左派工會時，部份會員脫離廣義堂，加入港九飛鵬坭水批擋工會。

飛鵬坭水批擋工會創辦了兩所職工子弟學校：一是位於橫頭磡的天台學校，有課室八間；另一位於灣仔莊士敦道 58 號 2 樓[62]。

其他坭水工會組織

〈省港罷工中各業罷工情況〉一文提到 1925 年香港多個坭水行業的工
會，如香港打樁義安工會、僑港坭水工業總工會、香港建造工會聯合總
部等，都曾參與罷工活動[63]。

香港的坭水工會

義安工會（香港打樁義安工會）：根據 1949 年的《華僑日報》報導義安
工會慶祝成立 29 年，由此推算義安工會應於 1920 年成立。該工會曾參
與 1925 年省港罷工，和平後仍然存在[64]。

萬安公會：根據《廣東革命歷史文件彙集》有關 1930 年代香港工人生
活狀況的報告，記載於 1936 至 1939 年年間，香港有 50,000 多建築工
人，當中 35,000 人包括建築工人及判頭，都是萬安公會會員。報告更
指該公會與三合會有關[65]。

廣裕堂：戰前的坭水行業東家行會，是廣義堂的對口組織。直至 1957
年，仍然在旺角快富街設有會所[66]。

四廣建築工會：成立於 1946 年，註冊辦公地點為灣仔石水渠街 28 號 3
樓。在 1940 至 1960 年代，主要負責人為司徒莊、余柱。會員主要來自
新會、開平、台山等縣[67]，在政治上傾向於國民黨[68]。

廣州的坭水工會

廣東土木建築工會：1921 年，梁復燃等人在廣州成立「廣東土木建築工會」，郭植生出任工會主席[69]。1921 年 8 月工會領導建築工人罷工，會員包括了 4,000 多名木工和坭水工[70]。根據《香港華字日報》報導，罷工在廣東省長的介入下平息，土木行業的東西家達成協議，工人按原有的工資日薪增加 2 毫，坭水工程的價格如造大窗門，大工每工工資 6 毫；坭水小工由東主自由聘用，工價面議；東家也可自由聘請工人[71]。

1926 年 6 月 8 日，工會召開各個支部大會，將會長制改為執委制，設立常務委員會[72]。1926 年 9 月 28 日，廣東土木建築工會與「建築工人研究社」發生衝突，廣東土木建築工會的會員到廣東省農工廳請願，要求解散建築工人研究社。

建築工人研究社：1922 年 5 月，鄒耀森等人認為廣東土木建築工會通過暴力手段組織工會，於是另起爐灶。雖然在公安局的介入下廣東土木建築工會得以成立，但整個 1920 年代，這兩個工會作為坭水行業中的對立組織，衝突不斷。

佛山土木建築工會：1921 年春由梁復燃、王寒爐在佛山組織成立[73]。

僑港坭水工會（僑港坭水駐省工會）：成立於 1921 年 10 月，由陳金等人在廣州市公安局立案登記。當時廣州市的建造業中已經有木藝建築工會、廣東土木建築工會等組織，但公安局在審核後，認為僑港坭水工會與其他工會並無抵觸，批准其成立[74]。

廣東建築同業聯合總工會：1924 年 5 月，由廣州市與建築行業相關的工會「木藝建造工會」、「建造木工西式傢俬工會」、「建築工人研究社」、「僑港坭水工會」等聯合成立[75]。在籌建過程中，由於土木建築工會與建築工人研究社再次發生衝突[76]，並沒加入廣東建築同業聯合總工會。

廣義堂：港九飛鵬坭水批擋工會內保存有一張僑港駐省廣義堂的公祭合照，標題為「廣州市建築業職業工會坭水二分部僑港駐省廣義堂全體全人公祭」，證明廣州與香港兩地確實都有廣義堂，並且兩地之間聯繫較為密切。（參見頁 200 照片）

澳門的坭水工會

根據被訪者的口述資料，戰前廣義堂在省港澳三地都設置有分支[77]。澳門最早在 1840 年代前後，已有坭水工人的行會組織「坭水太模堂」，當時澳門與三行相關的行會組織還有「上架木藝行」、「造船工羨行」等[78]。

ᄃ 坭工的生活

行業特色

行內人認為上一輩的坭水師傅工作全憑經驗，但到了 1980 年代，坭水判頭也要懂得看簡單圖則，被訪者周先生曾在彭定康的港督府鋪砌磁磚，需要依照圖則施工。他們靠兄弟班做「細判」，但施工時仍需依圖則指示，如牆壁下面的腳線、中間的腰線、上方凸出的封口線等，有技巧地將磁磚放在混凝土上。師傅還要把握混凝土的乾濕度，知道要多長時間磁磚才可固定在牆壁上。他們憑經驗就知道剛鋪好的磁磚哪一塊可以踩上去，不會被踩凹或造得太鬆。

又例如批盪要光滑，但太早批得平滑會失去穩定性，太遲混凝土又會乾透，要灑水。光滑也分很多種，其中一種叫「生光」，要預留小孔，外牆油漆不能批得太光滑，稍稍的不平反而有助疏水，否則一下雨，油漆會全部「撲」起（油漆因被雨水侵蝕而無法黏在牆上）。盛載鹹水的缸不能鋪砌磁磚，批盪就要光滑得令水不會停留在表面上，這些都要講技巧。1950 至 1960 年代，十分流行意大利批盪，又叫「磨石」，在唐樓的扶手、建築物大堂等都會採用，光滑而閃亮，批上去已有顏色，十分美麗。上海批盪又叫「洗石」，例如黃大仙廟的外牆，先批得非常光滑，再用「鷄脾掃」掃牆身，使一粒粒小石子浮現在表面。洗石要把握得很好才能做到這些效果，否則會掃掉所有泥沙，泥沙太乾也不能洗出效果來。鋪琉璃瓦要做兩三層功夫，水龍頭如何放置也要講究，現時的

工人已不用學這些技巧 [79]。

周先生認為坭水工人面對現代化，也有些轉變。例如以前批盪是將混凝土往牆身上推，推滿後以木板拉至平滑；牆壁的轉接處需要「包角」，方法是用木條按著牆身的轉角處，用混凝土填平，再刮走多餘的混凝土。包角要提早一天，包完後移走木條便成為一個「地柱」，中間有凹入的地方，翌日就由批盪工人去批。以前包角要用「秤頭」去測量垂直度，然後移走木條或木線，現在更加先進，約在 1996 年起，行內已開始使用紅外線儀器來測量垂直水平，原理是利用鐳射光線照射出「三隻角」的標準位置，整個空間的垂直角度也能呈現出來，更能方便砌磚的工作，毋須再用「秤頭」。儀器初期約 3,000 元，至 2000 年價格下降，約「一工」工資（當時坭水工人每天工資由 800 元增至 1,000 元）就可以買到，差不多每個師傅都有一個；2014 年，價格更下降至幾百元。面對現代化，不同工種或工具都有變化（詳見附錄二）[80]，例如坭水工具通常有沙剷、鋤頭，現時的工序有貼磁磚，大多數使用商用的攪拌機來混和膠沙、英泥；批盪匙也改為坑匙，而砌磁磚則改用一號或二號的「耳匙」[81]。在各種器材不斷現代化的情況下，工人也必須適應新的工具和工作程序。

薪酬

坭水工人內部有著等級劃分：上海地盤中將坭水工人分為大工和小工，大工是師傅，小工則是指徒弟；廣東方面則分為大工、中工和小工，其中增加的中工一般由學師滿兩年的學徒擔任，在工地為大工做幫手 [82]。但是不管大工、中工、小工都需要熟練掌握砌磚、批擋等工藝。一般在工程進行期間，東家會在地盤搭建棚屋為工人提供免費的住宿。

表三　　　　　　1930 年代香港政府年度報告坭水行業的砌磚工人與
　　　　　　　　批盪工人的薪金 [83]

（工資單位：元）

	1932	1933	1934	1937	1938	1939
砌磚	1.10	1.10	1.10	0.80 － 1.30	0.80 － 1.30	0.80 － 1.30
批盪	1.10	1.10	1.10	1.00 － 1.50	1.00 － 1.50	1.00 － 1.50

註：工人每天需工作九小時，東主需為工人提供免費的住宿以及伙食。

廣東的坭水工人一般每月初一十五獲發薪水。1930 年代上海建造業來
港投資，上海人經營的地盤採取每週支薪，是與廣東公司的一個明顯差
異 [84]。1940 年代中期起，全行都改發日薪。

從表三中可以看到 1930 年代末，坭水工人的工資變得不很穩定，最低
工資有下降的趨勢，賺取最低工資者能否維持生活，是一項重要的挑
戰。報章如《香港工商日報》、《天光報》等曾在 1937 年 1 月刊登報
導，一名居住在九龍城牛池灣的坭水工人林某因失業，迫於生活壓力而
自縊 [85]。

1941 年廣義堂提出加薪要求，要求恢復之前東主為工人提供食宿的規
定，並將原有的薪金提高 25% [86]。

戰後，香港建造業已不再為工人提供伙食。1948 年 11 月廣義堂曾向東
家要求回復戰前由工地提供伙食的做法，工人願意在薪金中扣除伙食
費。最終東西家達成協議：伙食倘由東家提供，每工人每日三餐伙食費

為 1 元 7 毫，不提供午餐則扣回 5 毫半，每席八人。年初一到初三的伙食則由判頭免費提供 [87]。

1946 年，當一名坭水師傅日薪 5 元，學徒日薪 2 元，雖然天天發薪水，但中午買一碗大肉飯就要 1 元，即學徒的工資只夠吃兩頓飯。成為師傅後，勉強能與工友合資租住每月 10 元的一張床位，租客另外會按人頭計算水電費。由於坭水師傅是散工，未必每天都有工作，收入很不穩定，如遇判頭欠薪，生活就更困苦。1956 至 1958 年間，坭水師傅日薪約 7 至 8 元。被訪者鄧先生因與工友相熟，遇上欠薪時，會一起到判頭家樓下，等判頭回家時追討欠薪，如果判頭無法支付薪金，工人仍需「捱義氣」多撐幾天，待工程完工後才獲發薪金。與其「迫死」判頭，倒不如大家一起捱，反而有一個希望。鄧先生還記得當年中午只有 2 毫子買一碗綠豆糖水和一塊沙糖大夾餅充飢的日子。時至今日，他有些工錢仍被判頭拖欠，有些直至判頭死了也追不回來 [88]。

工人聚集在一起，放工之後並無什麼娛樂活動，所以經常會在地盤設立賭局賭錢。1930 年代，合益建造公司的地盤曾發生一宗傷人案，起因便是地盤的看更組織坭水匠設立賭局而引發的 [89]。鄧先生與那些合作慣的坭水師傅相處尤如手足兄弟，兄弟中也有人嗜賭，輸了沒錢開飯，鄧先生在灣仔修頓球場乘涼時，工友向他求助，他只好將手上的手錶拿到當舖抵押，換取些少金錢讓兄弟渡過難關，待他們獲發薪水後再贖回手錶。

1970 年代坭水工人的底薪約有 60 元。1972 年廣義堂為坭水工人爭取加薪，可看到薪金情況。工會要求從 1973 年 1 月 10 日起，按照每工底薪 60 元加薪 5 元，判工照現有工程值加 10%。混凝土灌漿、擔磚、

渠務、馬路工等按底薪每工加 5 元，地盤公司男女雜役、平水工、判頭男女雜役等按底薪每工加 3 元 [90]。2007 年坭水工人日薪已達 800 元，2008 年增至 850 元，2009 年仍是 850 元，之後每年加 50 元，2011 至 2012 年維持在 950 元水平，2012 年 11 月至 2012 年已達 1,000 元。

坭水工人的工作較為危險，尤其是外牆批擋等工作，報章亦時有報導 [91] 坭水工人由高處墜下受傷的事故 [92]。1953 年，鄧先生與另一名坭水師傅到荃灣南海紗廠宿舍工作，二人站於 4 樓外的棚架「橋架」上批盪外牆，並不察覺該棚架的「企竹」被水喉匠鋸斷，當他接過工具及混凝土漿，放在橋架上時，橋架倒塌，二人從 4 樓高處墮下，跌到 2 樓時僥倖地被多根竹枝承著，減輕下墜力才能保命。他落在地上時仍手握灰匙、磨板，頭臉都擦傷，地盤管工沒有送他們到醫院，卻帶領他們到荃灣警察局報案，一進警署，警員便大聲質問他們是否打架，錄取口供後，二人獲准離開。當時工人受傷，沒有有薪假期，真的是手停口停，他在家休息幾天，便要四出找工作，生活十分艱苦 [93]。

鄧先生記得在 1950 及 1960 年代香港的兩次偷渡潮，有很多鄉里偷渡來港加入建造業，成為打石、坭水和造木工人。他又聽聞師傅講述在 1920 及 1930 年代，很多師傅都「吹大煙」（吸食鴉片煙），早上 8 時工作，個多小時後便要休息一會兒「上電」（吸食鴉片煙），下午 1 時午膳後工作不一會，又要停下來「上電」，故此三行工人有「九點九」和「三點三」的時段要稍事休息的習慣。及至 1950 年代這些情況仍然維持，師傅教徒弟時也要徒弟將工錢「奉獻」，才能獲得傳授藝技的機會。鄧先生批評一些坭水工人為求生計，那裡有工作，工資多一點便馬上跳槽，罵那些無義氣的鄉里為「乞兒」，正因如此，大家都反稱他為「乞兒」，因為他到最後也得跟著一些能出高價的判頭謀生。自從 1970

年代他當上工會主席後，會員們覺得這些稱謂實在難聽，便為他冠以
「幫主」的稱謂，令他認為自己有如丐幫幫主一樣 94。

坭水行業分為上海幫和廣東幫，兩幫人只是功夫上不同，工具有所分
別，但大家都是同行，會互相欣賞，不會打架。在地盤上發生的不少打
架事件，其實是不同行的人因工作而產生矛盾，初則口角，繼而動武。
例如坭水匠與水喉匠就是「死對頭」，工作時有糾紛，導致誓不兩立，
鄧先生認為這是判頭制度造成的。坭水判頭將工程判下來，交由坭水師
傅完成，但水喉匠進場時，要將牆壁鑿穿才能安裝水管，要放下 4 分喉
管，又要預留曲尺位，隨時在牆身打開一些 4 至 6 吋的缺口，完成後隨
意修補便了事。因此，坭水師傅要為水喉師傅「執手尾」，否則建築公
司不肯收貨，工人便收不到應得的工資。但鄧先生不會因此與水喉匠打
架，通常只會大罵，罵完之後也是自己動手修補。由 1950 年代至今，
這些紛爭仍時常可見，他見過行家們一對一的，或兩個打一個的，不過
大家吵過、打過之後，大多數都不了了之，不希望將事情鬧大，以免有
警察到場，惹禍上身。95

工會的活動

工會活動

三行工人重視魯班先師寶誕，每年農曆六月十三日都會在西環的魯班廟
慶祝。戰前三行工人並沒有勞工假期，如有工程，坭水工人幾乎全年無
休。但在魯班誕那天，包括坭水工人在內，全行都會獲得一天的休息，
並且還會得到東主的宴請，感謝工人一年的辛勞。

農曆六月十三日，全港的三行工會分別在不同地區用不同的名義慶祝魯班誕。1959 年，「廣悅堂建築業工商行公所」在西環青蓮台設茶會，晚上 8 時在灣仔英京酒家設宴，有粵劇、電影助興，席券每人 8 元；四廣建築工會、港九飛鵬坭水批擋工會則在悅興酒家設宴，並同時舉行創會 15 週年紀念、第 14 屆理監事就職、新廈開幕等四項慶典；廣義堂則在石塘咀金陵酒家 4 樓設宴[96]。鄧先生自 1961 年加入工會，每年農曆六月十三日都會在工會舉行魯班誕的拜神儀式，事前接受會員每月供款做「福肉會」賀師傅誕，他忘了每月供多少錢，只記得有供款的人當天可拿一份燒肉回家[97]。現時，建造業議會和職業訓練局也會帶領一些學員到魯班廟參與拜神活動，近年來更增設「青年魯班選舉」，由香港廣悅堂舉辦、建造業議會和職業訓練局協辦[98]，晚上會在酒樓設宴聚餐。

工潮

按報章整理得知，廣義堂曾多次積極為工人爭取加薪，發動工潮。1924 年前廣義堂與內地的「泥水工人土木工會」關係密切。1922 年廣義堂與木藝工會被列作「港派」，均在廣州參與「絕大風潮」的罷工行列，要求將泥水工人每日工資由 4 毫加至 6 毫，最後由廣東省署判決，工人每日工資增至 6 毫[99]。

1924 年，工人再度向東家提出要求，將工資由 6 毫加至 1 元 1 毫，每日伙食費 5 毫，每月做餸四次，每席有雞一斤八兩、燒肉四兩，另每名工人有燒酒四兩及其他蔬菜。當時，省港兩地工會分為兩派，省派有土木建築工會、粵東五市建築聯合會、五市十堂西友團、廣東建築工人研究社，港派則有木藝工會和廣義堂，省港兩派互不妥協。其中，廣東建築工人研究社不欲讓東家「復生惡感」，不同意罷工，坭水工人土木工

會要分頭「勸説」[100]，反映工人也未必全部支持罷工。

在 1967 年騷亂中，廣義堂作為左派工會，其會員積極參與[101]。香港政府曾經多次搜查廣義堂的各處會所，並逮捕了多名會員。

ᄂ 附錄一：港九飛鵬坭水批擋工會註冊章程

第一章　名稱及辦事處

第一條　本會定名為港九飛鵬坭水批擋工會。

第二條　本會辦事處業經註冊，設在灣仔利東街五十二號六樓本會自置之物業內。

第二章　宗旨及事務

第三條　本會為坭水及批擋業工人及判頭組織之職工會。凡在香港、九龍、新界從事坭水業之所有工人及判頭，不分男女，均應加入本會為會員，在本會互助合作、精誠團結之下，成立一個完全組織。

第四條　本會以維持會員公平正當工金率，並八小時工作鐘點暨合理生活條件，與通常保障會員利益。

第五條　本會調協會員與僱主間、會員與會員間，或會員與其他工人間之關係，並採取融洽辦法，調解各方面互生之糾紛。

第六條　本會得應會員利益之需要，經會員大會或代表大會與理事會議決，辦理後列事項：

（一）生產、消費、信用等合作社之創辦。

（二）職業教育及特種技術教育之舉辦。

（三）職業之介紹或維持失業會員工作之設法輪班工作。

（四）閱書報社及圖書館與工作試驗所之設置。

（五）出版報紙雜誌、書籍、小冊或其他刊物之刊行。

（六）增進勞工運動工團主義並有關工人利益之贊助。

（七）德、智、體育、劇藝、娛樂，增進會員興趣事業之舉辦。

（八）在會款積存項下投資於其他或購買政府公債券及公開買賣公司股
券等，作福利事業之運用。

（九）凡在本港有關勞工運動及工團主義之一切法律指導及保障事項。

第三章　入會退會及除名

第七條　（甲）凡在香港、九龍、新界從事坭水業之工人及判頭，年齡
　　　　在十六歲以上，品行純正，應依照第三條之規定加入本會為會
　　　　員，並遵守會章奉行決議，有會員二人之介紹，經審查認可並經
　　　　左列手續者，方得為本會會員。（一）填寫入會志願書並附本人
　　　　最近寸半身相片三張。（二）遵章繳納入會費。（三）領取會員證。
　　　　（乙）凡會員年齡已達六十五歲，因退休關係不在坭水批擋業服
　　　　務，而又非在別業正式受僱及從事者，可經理事會議決，得為名
　　　　譽會員，對本會任何議案無表決權，可享受本會之利益。

第八條　會員如有另圖別業，自願退會者，必須於一個月前具備理由書
連同證書、證章，到會聲請退會，惟前繳各費概不退還。

第九條　會員有不遵守會章第十二、二十六條各項之一者，理事會得按

其情節之輕重，予以下列之處分。（一）警告。（二）有限度停止會籍
（或有限度不超過五十元）之罰款。（三）有期間開除會籍。（四）永遠
開除會籍。上項開除會籍及罰款有不服時得訴諸會員大會或代表大會定
奪，是為最後之決定。

第十條　會員退會或被開除會籍，須繳回會員證件等物，從前所繳各費
概不發還，倘有積欠，仍應追繳。

第十一條　會員應享之權利如左：
（一）有選舉及被選舉權。（二）有提議及表決權、出席會員大會之權。
（三）有享受因疾病、意外、殘廢、患難、失業、工潮等之救濟。（四）
有享受規定喪費賻贈。

第十二條　會員應盡之義務如左：
（一）遵守章程及決議案與通告等。（二）按月清繳本會常費及章程第
二十五條所規定增收之各費。（三）負責義務維持公益。（四）介紹會員
職業或徵求同業工人入會。

第四章　組織及職權

第十三條　本會設理事十八人、候補理事二人、監事六人、候補監事二
人，由會員在會員大會或會員代表大會前三十天內（日期及程序由理事
會決定之）就會員中以秘密投票方式直接投票選舉之，即日由理監事分
行組織理監事會，並由理事中互選，一人為理事長，一人為副理事長，
並設會務、財務、組織、福利、調查、公共關係、康樂、徵收八組，每
組設正副主任各一人；監事會設監事長一人、副監事長一人，並設審

查、風紀兩組，每組設正副主任各一人，分由理監事互選之。

第十四條　本會以會員大會或代表大會為最高權力機關，閉會後本會之管理以及會務之處理概由理事會執行。

第十五條　理事會之職權如左：
（一）執行會員大會或代表大會決議案及交辦事項。（二）處理會內一切事項。（三）對外代表本會。（四）推行章程內規定事項。（五）召集會員大會或代表大會。

第十六條　正副理事長及各組主任之職掌如左：
（一）理事長接受全體會員之選任，處理日常會務並指揮各組工作。
（二）副理事長接受全體會員之選任，協助理事長處理日常會務並指揮各組工作。
（三）會務主任承理事會之命掌理印信、編訂議程、執行決議案、辦理文書通告、保管案卷等事宜，並由副主任協助辦理之。
（四）財務主任承理事會之命掌理銀幣、收支、會計、出納、簿據、帳目、支票、存款、投資之單據等，並每月編造決算，依期報告註冊官及公佈會員週知等事宜，並由副主任協助辦理之。
（五）組織組主任承理事會之命掌理會員名冊、發給證書等事宜，並由副主任協助辦理之。
（六）福利組主任承理事會之命掌理會員疾病、意外、殘廢、患難、失業、罷工等之救濟及衛生、儲蓄、保險、娛樂、體育、職業介紹等事宜，並由副主任協助辦理之。
（七）調查組主任承理事會之命辦理統計、調查、編組糾察、維持秩序等事宜，並由副主任協助辦理之。

（八）公共關係組主任承理事會之命辦理聯絡會員、交際款接及公共關
係有關等事宜，並由副主任協助辦理之。

（九）康樂組主任承理事會之命辦理本會有關娛樂、康健、體育、運動
等事宜，並由副主任協助辦理之。

（十）徵收組主任承理事會之命辦理本會有關徵收會費及捐款等事宜，
並由副主任協助辦理之。

以上各組得因事務之繁忙，酌量聘用職員或僱員勷助之。

第十七條　監事會職權如左：

（一）維持及整肅會員風紀行為。（二）檢舉及罷免職員違法之處分程
序。（三）考查職員工作勤惰之紀錄及獎懲。

第十八條　監事長及各組主任之職掌如左：

（一）監事長接受全體會員之選任，處理日常會務並指揮各組工作。

（二）副監事長接受全體會員之選任，協助監事長處理日常會務並指揮
各組工作。（三）審查組主任承監事會之命掌理審查職員工作之勤惰，
會員義務是否履行，各種事業之進行狀況等是否符合章程及議決之規
定，並由副主任協助辦理之。（四）風紀組主任承監事會之命掌理風紀
之整肅、違法之檢舉、勤惰之獎懲等事宜，並由副主任協助辦理之。

第十九條　本會理監事及職員任期為一年，期滿改選，連選得連任，或
中途離職出缺時，由候補理監事分別依次遞補之。

第二十條　本會理監事均為義務職，但因辦理會務或公務得依照職工會
登記條例之規定，並經理事會議決許可，得核實開支公費。

第廿一條　理監事有左列各款情事之一者，應即由理事會解除其職務，被解職之理監事有不服時，得上訴會員大會或代表大會決定之。

（一）職務上違反法令，營私舞弊，經檢舉屬實者。（二）曠棄職守，貽誤會務者。（三）因不得已事，經決議准其辭職者。

第五章　會議規定

第廿二條　本會會員大會或代表大會規定每年在農曆六月十三日舉行，由理事會負責召集之，並於開會前二十天通知各會員或各代表遵照，同時將討論事項議程詳細列明在通知書內，開會時須有合格會員或代表三分之一人數出席，方為合法，出席三分二以上之同意方得議決，至代表之產生，於每次通知書發出後按照每一商號工場滿五人者，得推舉代表一人，餘照類推，於每年農曆五月份，由理事會派員到各商號工場監選之，如遇重大事宜，經理事會決議或監事會函請及會員十分之一聯署請求，得舉行臨時會員或代表大會，其決議與會員或代表大會有同一效力，上項會員大會如因會員人數過多，無由借得廣大會場，或因交通及工作關係不能召開會員大會時，改開代表大會、臨時會員大會或臨時代表大會，其召集方法、法定人數及決議與會員大會或代表大會同。

第廿三條　（甲）左列事項須經會員大會或代表大會之決議：

（一）會章之修正及變更訂立或刪除。（二）每年度經費收支預算。（三）事業報告及收支決算之承認及通過經已審核之上年度賬目。（四）福利基金之設立管理及處置。（五）勞動協約之維持或變更。（六）會務進行方策之決定及公共福利事業之創辦。

（乙）凡有關於下列各事項之議案須以秘密投票方式表決之：

（一）本會職員及理監事之選任及罷免。（二）本會名稱之更改。（三）本會與另一間之工會合併。（四）本會與其他工會組織工會聯合組織或加入任何其他工會聯合組織為會員。

第廿四條　理事會及監事會或理監事聯席會議每月召開一次，如有特別會務得隨時召開理監事或理監事聯席特別會議，開理事或監事會議時，須有理事監事過半數之出席，方為合法，開理監事聯席會議時，由理事長擔任主席，會議時須有理監事各過半數之出席，方為合法，所有會議之決議須有出席者過半數以上之同意，方為有效，贊成者與反對者人數若係相同，主席有權取決任何一方，至開會時，候補理監事得列席會議，惟袛有發言權，無表決權，如遇理監事缺席時，可得分別依次遞補，有臨時表決權。

第六章　會費之來源

第廿五條　本會經費之來源以左列各款充之：
（一）會費：由會員負擔之，分入會費、常年月費、福利基金、賻金年捐四種。（甲）入會費：每員一次過繳納三十元。（乙）常年月費：每年繳納十五元或每月繳納一元五角。（丙）福利基金：新加入會員一次過繳納十五元。（丁）賻金年捐：每年繳納十五元或每月繳納一元五角。
（二）事業費：本會為全體會員舉辦章程第六條之規定事項時，得由會員大會或代表大會議決依法則許可範圍內募集事業費。
（三）福利金：本會依照章程第二十三條（甲）第四項及第十一條第三、四項之規定內，理事會主辦福利金，福利金袛限用於福利用途，不得移作經常費或其他用途。（甲）賻金規定：會員入會滿三個月不幸仙遊者，由賻金項下給予喪費一千元。（乙）其他殯儀救濟金：視本會經濟

情形許可時，經理事會決定舉辦之。（丙）合格會員如遇疾病或因工作意外受傷不能工作時，得通知本會，經調查屬實，由本會發給醫藥補助費每天七元五角，接受是項醫藥補助費之會員在任何之十二個月期間內祇得享受六十天之醫藥補助費為限，倘因生活環境困難得報請本會，由理監事會體察實情，酌予補助之。

第廿六條　本會會員對入會費、常年月費、事業費、福利基金、賻金年捐、課捐、特捐等均須依章清繳，如有欠交月費、賻金年捐七個月或事業費、課捐、特捐逾期七個月（特捐由該工程完竣後由出入伙紙之日起計算）為不合格會員，並停止享受本會賻贈及一切權利，倘經通知後，能於逾期之一個月內清繳者，仍須於清繳所欠各費之日起三個月後，始得恢復享受本會之賻贈及一切權利，如仍逾期不繳者，則作自動退會論，由理事會執行以除名之處分。

第七章　　會費之動用

第廿七條　本會款項之動用：根據會員大會或代表大會所議決之收支預算動用作左列合法用途，並保證不移作非法之用。（一）支給本會職員、僱員之薪金及津貼公費。（二）支給處理會務、審核帳目及職員因公往返舟車與過時膳食等之費用。（三）撥出款項救濟會員之用及促進本會各項宗旨與事業發展之費用。（四）支給維護本會權利，或因維護會員與僱主，或會員與所僱之人關係間之權利訟費。（五）支給為處理本會或會員大會勞資糾紛之費用。（六）支給補償會員因工潮糾紛而受之損失。（七）支給會員死亡、年老、疾病、意外或失業之津貼。（八）支給本會週年紀念誌慶費及港九社團紀念慶典賀儀費用。（九）支給會員大會或代表大會決議需用合法之款項。

第廿八條　核數員一名或多名，在會員大會或代表大會委任或選舉之非本會會員亦得被委任。

（一）本會採用會計制度，所有收支數目實行日清月結，並應於月底造具結算書，送核數員稽核，並每月在會內公佈。

（二）本會財政年度由每年七月一日起至六月三十日止，核數員於每一財政年度終止後或需要時，儘速將會內經常費及福利費帳目核算，審查簿冊及證明其是否正確，又須造具報告書以備提交會員大會或代表大會向會員報告。

（三）核數員之報告書一份須放置在本會辦公室明顯地方。

第廿九條　凡本會收支款項達三千元以上者，應貯入殷實銀行保管，至於存款摺據，由財務主任、理事長等共同管理，並經理事會議決及會同財務主任、理事長等之簽名，方得提取，或組織保管會共同負責保管。

第八章　罷工及罷業

第三十條　凡會員與僱主間遇有爭執情事，應即報告理事會，會員與僱主間無論爭執至任何嚴重情態，非經主管調處及未經理事會認可，不得自動停工或提出停工威脅。

第卅一條　凡有一部份會員欲求加薪或改善待遇，當即報知理事會裁定進行辦法。

第九章　附則

第卅二條　凡本會會員對於會內財政收支帳目、會務冊籍、會員名冊、

帳簿及本會章程等認為需要查閱時，向會務主任、財務主任請求交出查閱，負責會務、財務主任者，對會員之要求應即接納。

第卅三條　本會如遇時勢演變，影響會務至不能維持時，應召開會員大會，有會員總數六份五之出席，經投票方式表決，認為應予解散時得解散之，並推定清算人依法辦清算事項。清算時，本會一切合法債務均須清償，若有餘款，則由合格會員均分之。

第卅四條　本會之組織章程由會員大會或代表大會議決制定之。

第卅五條　本章程如有未盡事宜，得由會員大會或代表大會修改之。

第卅六條　本章程經會員大會或代表大會之議決，呈准註冊官署認可後公佈施行。

第卅七條　（一）契約　凡經理事會以本會名義訂立之契約，必須由理事長及會務主任，或根據會章當時執行理事長及會務主任職務之會員，及其他由理事會特別為辦理此事而委任之會員加以簽署。
（二）公印　本工會須設備公印，此公印非經理事會議決同意，不得加蓋於任何文件上，如得理事會議決同意，仍須在理事長及會務主任，或根據當時執行理事長及會務主任職務之會員當前，方可加蓋於文件上。

一九七九年七月六日會員代表大會修正呈奉八月十六日核准施行

ᄂ附錄二：坭水工具

1/ 刮刀

第一次批盪完成後，要用刮刀刮出 6 分的伸縮
縫，好讓物料冷縮熱脹。

2/ 釘扒

分兩層批盪時，完成第一層後要用釘扒刮花，翌
日再做面層批盪。

3/ 光匙

通常較批盪匙大些，約 4 乘 10 吋，當底層批盪完
成，再用光匙造面層批盪。

4/ 單邊坑匙

用於鋪砌較厚的磁磚，牆壁塗上泥沙漿後，用這
坑匙牙位打刮牆身使之起坑，使磚塊黏實牆壁。

5/ 油尺

刮坭油底之用，使坭油光滑平整。

6/ 渠匙

或劍匙，用於批盪明渠，連柄約 2 呎長。

7/ 上海灰板

砌磚或批盪時，用來承著水坭沙，是坭水師傅主
要工具。

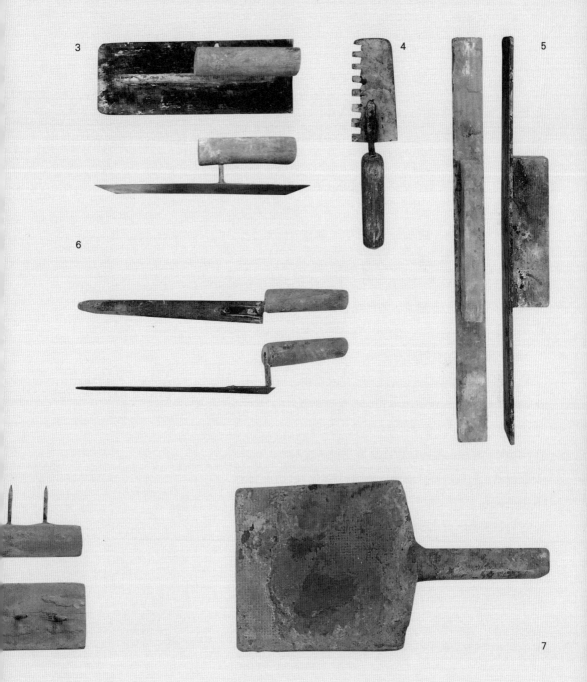

8. 木推尺：做紅磚牆不會批盪，就用木推尺將水坭漿厚度扭均勻，方便砌磚。

9. 三角尺：度直角用。

10. 壓尺：輔助平直牆身或地台。

11. 上海磚刀：鐵製品，用來斬磚，刀柄長約 350mm，其直位可拍齊磚塊，又可當尺使用。

12. 廣東磚刀：鐵製品，頭部呈曲線形，用來斬磚，中間有部份挖空可以用來起釘。

13. 鐵牌 / 執刀：用於鋪地台、紙皮石，執直線之用。

14. 線稱：用來量度垂直線。

15. 膠鎚：用來鋪磁磚。超過 1 呎以上的較大磁磚都會使用膠鎚，主要鎚實磁磚與地台、牆身，方便黏合。

16. 廣東磨板：批盪完成一個平面後，再用磨板磨至均勻。

17. 推鐵或磚隙：推滑明口磚隙。

18. 陰角匙：批盪完成後，用陰角匙推至直角之用。

19. 明角匙：批盪完成後，使用明角匙推明角，形成光滑的半圓形，防止鎅傷。

20. 批盪匙：3 乘 9 吋的批盪匙，方便批沙之用。

21. 膠灰匙：完成磁磚鋪砌後，用膠灰匙作「扲口」。

22. 兩邊坑匙：用於鋪砌較厚的磁磚，牆壁塗上泥沙漿後，用坑匙的牙位打刮牆身，使之起坑，使磚塊黏實牆壁。

23. 三邊坑匙：用於鋪砌較厚的磁磚，牆壁塗上泥沙漿後，用這坑匙牙位打刮牆身使之起坑，使磚塊黏實牆壁。

24. 曲匙 / 曲條 / 灰匙仔：前尖後闊的扁鐵，用於小面積或灰匙伸不進去的地方，並可用來扲門框、窗框、磚縫。

25. 胡鉗：可修剪磚塊成小圓角。

26. 分瓦鉗／迫鉗：鉗頭兩邊有弓形軟膠，按壓磚塊時應聲而斷。如磚塊超過 10 毫米時便要使用推機。

27. 鎅叉：狀如圓規，拉後便可鎅出平衡線的磚塊。

28. 凹搪匙：推滑陰角之間的收口，使原本的直角成為內半圓。

29. 凸搪匙：推滑明角之間的收口，使原本的直角成為凸的半圓。

30. 雲石鑼頭：電鑽插上雲石鑼頭，便可在磚塊、雲石、玻璃等表面鑽圓孔，一邊鑽一邊加水。

31. 棕掃：用來灑水在牆身。

32. 雕刀：雕成圖案或樹紋。

33. 橫掃：完工時，清理水坭漿之用。

34. 雞脾掃：完工時，清理水坭漿之用。

35. 平水喉：內裝染了顏色的水，用作「打平水」。兩人分持首尾，在牆身畫上記號之後，用墨斗彈線。

36. 墨斗：用作彈線。

資料由周先生提供，2013 年 8 月 9 日 [102]。

註

1   H. R. Butters, "Report on Labour and Labour Conditions in Hong Kong," *Hong Kong Sessional Papers*, No. 3/1939, Hong Kong, Noronha & Co., 1940, p. 111.

2   李先生、謝先生、鄧先生、李先生口述訪問，西環青蓮台 15-16 號魯班廟廣悦堂，2013 年 7 月 20 日，檔案編號 0035-PW-007。

3   周先生口述訪問，油麻地上海街 383 號華興商業中心 2 字樓，2013 年 5 月 6 日，檔案編號 0023-PW-003。

4   "No. 8 of 1976: Apprenticeship Ordinance 1976," *The Hong Kong Government Gazette*, Legal Supplement No. 1, 13 February 1976, pp. A65- A82; "Legal Notification No. 164 of 1976: Apprenticeship Ordinance 1976 (Commencement) Notice 1976," "Apprenticeship Ordinance 1976 (Designation of Trades) Order 1976," *The Hong Kong Government Gazette*, Legal Supplement No. 2, 16 July 1976, pp. B541-B542.

5   香港建造業訓練局是根據法例《工業訓練（建造業）條例》於 1975 年 9 月成立。見 "Government Notification No. 1927: Appointment of Members of the Construction Industry Training Authority," *The Government Gazette*, 5 September 1975, p. 2701.

6   香港建造業總工會，《香港建造業總工會二十五週年紀念特刊，1986-2011》，香港，香港建造業總工會，2011 年，頁 64。

7   周先生口述訪問，旺角塘尾道福康工業大廈 9 字樓 3 室香港坭水建築業職工會會員技術交流中心，2013 年 8 月 1 日、8 月 9 日，檔案編號 0039-PW-011。

8   王先生口述訪問，旺角砵蘭街 240 號鴻業大廈香港坭水建築業職工會活動中心、旺角倫敦大酒樓 3 樓，2013 年 11 月 23 日，檔案編號 0101-PW-042。

9   張先生口述訪問，葵涌石蔭商場麥當勞餐廳，2013 年 5 月 27 日，檔案編號 0027-PW-005。

10 鄧先生口述訪問，香港坭水建築業職工會油麻地上海街 383 號華興商業中心 2 字樓，2013 年 8 月 1 日，檔案編號 0036-PW-008。

11 鄧先生口述報告，香港坭水建築業職工會油麻地上海街 383 號華興商業中心 2 字樓，2013 年 8 月 1 日，檔案編號 0036-PW-008。

12 鄧先生口述訪問，香港坭水建築業職工會油麻地上海街 383 號華興商業中心 2 字樓，2013 年 8 月 1 日，檔案編號 0036-PW-008。

13 周先生口述訪問，油麻地上海街 383 號華興商業中心 2 字樓，2013 年 5 月 6 日，檔案編號 0023-PW-003。

14 周先生口述訪問，旺角塘尾道福康工業大廈 9 字樓 3 室香港坭水建築業職工會會員技術交流中心，2013 年 8 月 1 日、8 月 9 日，檔案編號 0039-PW-011。

15 周先生口述訪問，旺角塘尾道福康工業大廈 9 字樓 3 室香港坭水建築業職工會會員技術交流中心，2013 年 8 月 1 日、8 月 9 日，檔案編號 0039-PW-011。

16 周先生口述訪問，油麻地上海街 383 號華興商業中心 2 字樓，2013 年 5 月 6 日，檔

案編號 0023-PW-003。

17 〈各盛行年捐經費列〉，載於東華醫院編，《東華醫院徵信錄一八七三》，香港，東華醫院，1874 年。何佩然，《築景思城：香港建造業發展史，1840-2010》，香港，商務印書館（香港）有限公司，2010 年，頁 89。

18 "No.47 of 1911, The Societies Ordinance, 17 November 1911," in Chaloner Grenville Alabaster, *The Laws of Hong Kong*, prepared under Ordinance No. 19 of 1911 (1912 edition), Hong Kong, Noronha, 1913, pp. 2045-2112.

19 "No.47 of 1911, The Societies Ordinance, 17 November 1911," in Chaloner Grenville Alabaster, *The Laws of Hong Kong*, prepared under Ordinance No. 19 of 1911 (1912 edition), Hong Kong, Noronha, 1913, pp. 2045-2112.

20 "List of Societies Exempted from Registration by the Officer Administering the Government-in-Council under the Societies Ordinance, 1911, (Ordinance No. 47 of 1911), this 4th day of June, 1912," "List of Exempted and Registered Societies Published under Section 5 of the Societies Ordinance, 1911, (Ordinance No. 47of 1911)," *The Hong Kong Government Gazette*,7 June1912, p. 411;28 April 1913, p. 195;24 April 1914, p. 137; 16 April 1915, p. 201; 20 April 1916, p. 207; 27 April 1917, p. 258; 26 April 1918, p. 144; 17 April 1919, p. 196.

21 〈坭水工會上控案〉，載於《香港華字日報》，1927 年 5 月 5 日，第 2 張第 3 頁。

22 〈坭水工會上控案〉，載於《香港華字日報》，1927 年 5 月 5 日，第 2 張第 3 頁。

23 〈廣義堂上控案宣判〉，載於《香港華字日報》，1927 年 5 月 26 日，第 2 張第 3 頁。

24 H. R. Butters, "Report on Labour and Labour Conditions in Hong Kong," *Hong Kong Sessional Papers*, No. 3/1939, Hong Kong, Noronha & Co., 1940, p. 119.

25 〈廣義堂祝師誕改選〉，載於《華僑日報》，1948 年 7 月 4 日，第 2 張第 1 頁。

26 〈廣義堂恢復九龍支部〉，載於《華僑日報》，1949 年 4 月 27 日，第 2 張第 2 頁。

27 〈廣義堂支部前日開幕〉，載於《華僑日報》，1949 年 7 月 17 日，第 2 張第 4 頁。

28 "Memorandum from Registrat of Trade Unions to Registrar of Companies," enclosure (60) in HKRS114-6-50, 22 October 1962.

29 〈廣義堂坭水工業會昨慶祝師傅誕〉，載於《華僑日報》，1965 年 7 月 12 日，第 7 張第 2 頁。

30 〈廣義堂祝師誕改選〉，載於《香港華字日報》，1948 年 7 月 4 日，第 2 張第 1 頁；〈坭水工會上控案〉，載於《香港華字日報》，1927 年 5 月 5 日，第 2 張第 3 頁；〈廣義堂公會〉，載於《華僑日報》，1951 年 11 月 1 日，第 2 張第 1 頁；〈廣義堂坭水工會新職員今日就職〉，載於《華僑日報》，1952 年 9 月 1 日，第 3 張第 1 頁；〈廣義堂坭水工會昨慶祝師傅誕　新員同時就職〉，載於《華僑日報》，1965 年 7 月 12 日，第 7 張第 2 頁；〈廣義堂工會討論修會章〉，載於《香港工商日報》，1957 年 2 月 23 日，頁 6；〈影聯及醬油坭水工會將分別慰問失業工人〉，載於《大公報》，1975 年 1 月 23 日，第 2 張第 5 版； "List of Societies Exempted from Registration by the Officer Administering the Government-in-Council under the Societies Ordinance, 1911, (Ordinance No. 47 of 1911), this 4th day of June, 1912," "List of Exempted and Registered

Societies Published under Section 5 of the Societies Ordinance, 1911, (Ordinance No. 47of 1911)," *The Hong Kong Government Gazette*, 7 June1912, p. 411;28 April 1913, p. 195;24 April 1914, p. 137; 16 April 1915, p. 201; 20 April 1916, p. 207; 27 April 1917, p. 258; 26 April 1918, p. 144; 17 April 1919, p. 196; "Illegal Guild? Workmen's Right to Down Tools," *The China Mail*, 8 April 1927, p. 7.

31 胡先生口述訪問，香港坭水建築業職工會油麻地上海街 383 號華興商業中心 2 字樓，2013 年 8 月 1 日，檔案編號 0037-PW-009。

32 鄧先生口述訪問，香港坭水建築業職工會油麻地上海街 383 號華興商業中心 2 字樓，2013 年 8 月 1 日，檔案編號 0036-PW-008。

33 〈廣義堂上控案宣判〉，載於《香港華字日報》，1927 年 5 月 26 日，第 2 張第 3 頁。

34 〈廣義堂〉，載於《華僑日報》，1949 年 1 月 8 日，第 2 張第 2 頁。

35 〈廣義堂工會討論修會章〉，載於《香港工商日報》，1957 年 2 月 23 日，頁 6。

36 參考鄧先生提供的 2008 年 1 月的《香港坭水建築業職工會章程》，見鄧先生口述報告，香港坭水建築業職工會油麻地上海街 383 號華興商業中心 2 字樓，2013 年 8 月 1 日，檔案編號 0036-PW-008。

37 鄧先生口述報告，香港坭水建築業職工會油麻地上海街 383 號華興商業中心 2 字樓，2013 年 8 月 1 日，檔案編號 0036-PW-008。

38 胡先生口述報告，香港坭水建築業職工會油麻地上海街 383 號華興商業中心 2 字樓，2013 年 8 月 1 日，檔案編號 0037-PW-009。

39 〈廣義堂支部〉，載於《華僑日報》，1951 年 9 月 5 日，第 2 張第 3 頁。

40 〈廣義堂工會〉，載於《華僑日報》，1950 年 7 月 30 日，第 2 張第 2 頁。

41 〈廣義堂工會〉，載於《華僑日報》，1951 年 9 月 4 日，第 2 張第 3 頁。

42 〈廣義堂大會〉，載於《華僑日報》，1951 年 5 月 31 日，第 2 張第 1 頁；〈廣義堂工會〉，載於《華僑日報》，1951 年 11 月 1 日，第 3 張第 1 頁。

43 〈百元以下救國公債券五百萬元昨已運港〉，載於《香港工商日報》，1937 年 11 月 16 日，第 3 張第 2 版。

44 〈廣義堂坭水工〉，載於《華僑日報》，1947 年 6 月 23 日，頁 4。

45 〈僑港〉，載於《華僑日報》，1948 年 2 月 2 日，第 1 張第 4 頁。

46 〈廣義堂坭水工會管教班開課有期〉，載於《香港工商日報》，1954 年 2 月 19 日，頁 6。

47 《香港坭水建築業職工會章程》。2008 年修訂的會章。

48 鄧先生口述訪問，香港坭水建築業職工會油麻地上海街 383 號華興商業中心 2 字樓，2013 年 8 月 1 日，檔案編號 036-PW-008。

49 胡先生口述訪問，香港坭水建築業職工會油麻地上海街 383 號華興商業中心 2 字樓，2013 年 8 月 1 日，檔案編號 0037-PW-009。

50 〈廣義堂增新會所　坭水工人更團結〉，載於《大公報》，1959 年 3 月 4 日，第 2 張第 5 版。

51 〈廣義堂坭水工業會九龍支部遷新址〉，載於《大公報》，1959 年 2 月 4 日，第 2 張第 5 版。

52 〈廣義堂坭水工會灣仔支部遷新址〉，載於《大公報》，1961 年 3 月 1 日，第 2 張第 5 版。

53 鄧先生口述報告，香港坭水建築業職工會油麻地上海街 383 號華興商業中心 2 字樓，2013 年 8 月 1 日，檔案編號 0036-PW-008。

54 〈廣義堂坭水工業會昨慶祝師傅誕〉，載於《華僑日報》，1965 年 7 月 12 日，第 7 張第 2 頁；鄧先生口述報告，香港坭水建築業職工會油麻地上海街 383 號華興商業中心 2 字樓，2013 年 8 月 1 日，檔案編號 0036-PW-008。

55 〈警方搜九龍左派工會　再發現故意虛耗食水〉，載於《華僑日報》，1967 年 8 月 11 日，第 2 張第 3 頁。

56 〈警隊百餘傍晚出動搜灣仔五社團〉，載於《華僑日報》，1967 年 8 月 17 日，第 2 張第 1 頁。

57 〈廣義堂泥水工會近千人歡祝會慶〉，載於《大公報》，1968 年 7 月 10 日，第 2 張第 5 版。

58 胡活、關廣興憶述，〈港九飛鵬泥水批擋工會史略〉，載於《港九飛鵬坭水批擋工會成立二十六週年紀念特刊》，香港，港九飛鵬坭水批擋工會，1973 年。

59 胡活、關廣興憶述，〈港九飛鵬泥水批擋工會史略〉，載於《港九飛鵬坭水批擋工會成立二十六週年紀念特刊》，香港，港九飛鵬坭水批擋工會，1973 年。

60 〈飛鵬泥水工會積極發展辦學〉，載於《華僑日報》，1965 年 7 月 12 日，第 7 張第 2 頁。

61 鄧先生口述報告，油麻地彌敦道 514 號錦華樓 3 樓 A 室，2013 年 11 月 18 日，檔案編號 0082-PW-025。

62 林佐，〈發刊詞〉，載於《港九飛鵬坭水批擋工會成立二十週年紀念特刊》，香港，港九飛鵬坭水批擋工會，1966 年。

63 羅珠、彭松福等，〈省港罷工中各業罷工情況〉，載於廣東省政協學習和文史資料委員會編，《廣東文史資料存稿選編》，廣州，廣東人民出版社，2005 年，第 3 卷，頁 184-185。

64 〈義安工會〉，載於《華僑日報》，1949 年 8 月 7 日，第 2 張第 3 頁。

65 〈香港職運工作報告——1936 年 6 月至 1939 年 11 月香港工人的生活概況、職工組織和反日鬥爭等情況（1939 年 11 月）〉，載於孫道昌編輯，《廣東革命歷史文件彙集（1938-1941）》，廣州，中央檔案館、廣東省檔案館，1987 年，頁 14。

66 鄧先生口述報告，香港坭水建築業職工會油麻地上海街 383 號華興商業中心 2 字樓，2013 年 8 月 1 日，檔案編號 0036-PW-008。

67 港九四廣建築工會及致香港勞工處的信件，1962 年 7 月 29 日，香港歷史檔案館資料，檔案編號：HKRS837-1-35。

68 〈四廣建築會主幹陳文昨病逝〉，載於《香港工商日報》，1955 年 4 月 15 日，頁 5；〈四廣建築工友籌備慶祝元旦〉，載於《香港工商日報》，1957 年 12 月 30 日，頁 7；〈四廣建築工會號召三行工友慶祝雙十國慶〉，載於《香港工商日報》，1958 年 10 月 6 日，頁 5。

69 廣州工人運動史研究委員會辦公室編，《廣州工人運動大事記（徵求意見稿）》，廣州，廣州工人運動史研究委員會辦公室，1985 年，頁 45。

70 廣州工人運動史研究委員會辦公室編，《廣州工人運動大事記（徵求意見稿）》，廣州，廣州工人運動史研究委員會辦公室，1985 年，頁 50。

71 〈調處建築東西家行條件〉，載於《香港華字日報》，1921 年 9 月 1 日，第 3 張第 4 頁。

72 廣州工人運動史研究委員會辦公室編，《廣州工人運動大事記（徵求意見稿）》，廣州，廣州工人運動史研究委員會辦公室，1985 年，頁 120。

73 廣州工人運動史研究委員會辦公室編，《廣州工人運動大事記（徵求意見稿）》，廣州，廣州工人運動史研究委員會辦公室，1985 年，頁 46。

74 〈僑港坭水駐省工會請立案〉，載於《香港華字日報》，1921 年 10 月 3 日，第 2 張第 3 頁。

75 〈土木建築工人之大聯合〉，載於《香港華字日報》，1924 年 5 月 31 日，頁 12。

76 〈土木建築工人風潮近訊〉，載於《香港華字日報》，1924 年 6 月 14 日，頁 12。

77 黃先生口述報告，香港坭水建築業職工會油麻地上海街 383 號華興商業中心 2 字樓，2013 年 11 月 19 日，檔案編號 0090-PW-033。

78 《澳門工會聯合總會成立四十週年紀念特刊（1950-1990）》，澳門，澳門工會聯合總會，1990 年，頁 39。

79 周先生口述訪談，油麻地上海街 383 號華興商業中心 2 字樓，2013 年 5 月 6 日，檔案編號 0023-PW-003。

80 坭水工具資料由周先生提供，見周先生口述報告，九龍塘尾道福康工業大廈 9 字樓 3 室港九坭水建築業職工會會員技術交流中心，2013 年 8 月 1 日、8 月 9 日，檔案編號 0039-PW-011。

81 周先生口述訪談，油麻地上海街 383 號華興商業中心 2 字樓，2013 年 5 月 6 日，檔案編號 0023-PW-003。

82 王先生口述報告，旺角砵蘭街 240 號鴻業大廈香港坭水建築業職工會活動中心、旺角倫敦大酒樓 3 樓，2013 年 11 月 23 日，檔案編號 0101-PW-042。

83 "Wages and the Cost of Living," *Hong Kong Administrative Reports 1932-1939*, Hong Kong, Noronha & Co., 1933-1940.

84 王先生口述報告，旺角砵蘭街 240 號鴻業大廈香港坭水建築業職工會活動中心、旺角倫敦大酒樓 3 樓，2013 年 11 月 23 日，檔案編號 0101-PW-042。

85 〈坭水工人失業自縊〉，載於《香港工商日報》，1937 年 1 月 23 日，第 3 張第 2 版；〈坭水工人失業自縊〉，載於《天光報》，1937 年 1 月 23 日，第 3 版。

86 〈坭水工人加薪圓滿解決〉，載於《香港工商日報》，1941 年 11 月 11 日，港聞版。

87 〈坭水工會議決恢復開伙食〉，載於《香港工商日報》，1948 年 11 月 29 日，頁 6。

88 鄧先生口述報告，香港坭水建築業職工會油麻地上海街 383 號華興商業中心 2 字樓，2013 年 8 月 1 日，檔案編號 0036-PW-008。

89 〈坭水匠刺傷看更人與廚子〉，載於《香港華字日報》，1930 年 4 月 28 日，第 3 張第 2 頁。

90 〈廣義堂坭水工人提調整工資方案〉，載於《大公報》，1972 年 12 月 31 日，第 1 張第 4 版。

91 〈建築工人由四樓墜下慘死〉，載於《天光報》，1936 年 11 月 5 日，第 3 版；〈建築工人墜樓慘死〉，載於《天光報》，1936 年 11 月 15 日，第 3 版；〈建築工人被風吹倒受傷〉，載於《香港工商日報》，1936 年 8 月 14 日，第 3 張第 3 版。

92 〈坭匠墜樓〉，載於《香港華字日報》，1897 年 5 月 8 日。

93 鄧先生口述報告，香港坭水建築業職工會油麻地上海街 383 號華興商業中心 2 字樓，2013 年 8 月 1 日，檔案編號 0036-PW-008。

94 鄧先生口述報告，香港坭水建築業職工會油麻地上海街 383 號華興商業中心 2 字樓，2013 年 8 月 1 日，檔案編號 0036-PW-008。

95 李先生、謝先生、鄧先生、李先生口述報告，西環青蓮台 15-16 號魯班廟廣悦堂，2013 年 7 月 20 日，檔案編號 0035-PW-007。

96 〈三行商工祝魯班誕〉，載於《大公報》，1959 年 7 月 16 日，第 2 張第 5 版。

97 鄧先生口述報告，香港坭水建築業職工會油麻地上海街 383 號華興商業中心 2 字樓，2013 年 8 月 1 日，檔案編號 0036-PW-008。

98 周先生口述報告，九龍塘尾道福康工業大廈 9 字樓 3 室香港坭水建築業職工會會員技術交流中心，2013 年 8 月 1 日、8 月 9 日，檔案編號 0039-PW-011。

99 〈土木工人大罷工之進行〉，載於《香港華字日報》，1924 年 6 月 29 日，頁 12。

100〈土木工人大罷工之進行〉，載於《香港華字日報》，1924 年 6 月 29 日，頁 12。

101〈警方搜九龍左派工會　再發現故意虛耗食水〉，載於《華僑日報》，1967 年 8 月 11 日，第 2 張第 3 頁。

102 周先生口述報告，九龍塘尾道福康工業大廈 9 字樓 3 室香港坭水建築業職工會會員技術交流中心，2013 年 8 月 1 日、8 月 9 日，檔案編號 0039-PW-011。

5

香港的油漆工人並非單指負責
修飾建築物牆壁的油漆匠，
也包括了製作牌匾、
傢俱和為船隻劃漆及翻新油漆的工匠。

第五章

增添色彩————廣納新血的油漆匠

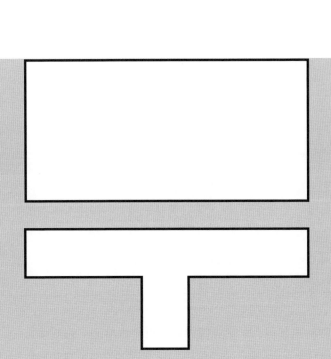

🖌 行業的發展概況

傳統的「三行」包括打石、木業和搭棚[1]。坭水和油漆的工作，是自從建築技術轉變，大量使用混凝土後，才變得愈來愈重要，成為今天建造業的骨幹行業，被視為三行的一部份。根據油漆師傅的口述資料，香港的油漆工人並非單指負責修飾建築物牆壁的油漆匠，也包括了製作牌匾、傢俱和為船隻剷漆及翻新油漆的工匠。

戰前的上環及西營盤是基層工人聚集的地點，也是油漆工人的活躍區域，凝聚了專營牌匾的油漆店舖，今天仍可找到它們的痕跡。被訪者蔡師傅更指出，上環是香港手藝最好的油漆師傅的集中地[2]；西營盤、香港仔以及紅磡黃埔船塢一帶是船務油漆、鏟漆工人的集中地；而從事粉刷建築物的油漆師傅，則分佈在上環、灣仔、紅磡以及旺角各區。油漆匠不但粉刷建築物的牆壁，在木器流行的年代還會為木製品上漆。

1911 年以前，香港至少有三個油漆工會，分別為「同志堂顏料行」（Dyeing Materials Masters Guild, Tung Chi Tong）、「廣和盛油漆行」（Painters Guild, Kwong Wo Shing）和「彩致堂油漆行」（Painters Guild, Tsoi Chi Tong）[3]。1913 年，廣和盛油漆行轉型為類似同鄉會性質的「廣和盛油漆會館」[4]，除為同業介紹工作之外，也為同鄉提供臨時棲身居所，具濃厚的地緣色彩。這三個行會，以彩致堂油漆行發展最穩定，自創立以來，不斷與其他堂口合併，延續至今。會址設於西營盤的彩致堂，時常聚集百多會眾，會員多是東莞和寶安縣人，大部份是船塢的專

業油漆工人，部份更是「行船佬」（海員）。據資深油漆師傅稱，1919
年，彩致堂與聯勝堂、同勝堂組成「油漆工商總會」，成了灣仔區歷史
最悠久的團體，當時會員約有 300 人。1946 年，由於工人分佈不同地
域，分別組成七個財政獨立的支部，後來再整合為「油漆業總工會」。
1948 年，該會在職工會登記局以「港九油漆業總工會」名義註冊[5]。
根據油漆行前輩蔡先生的回憶：2013 年港九油漆業總工會慶祝成立 94
週年，將工會的歷史追溯至彩致堂成立的年份，得到工會其他成員肯
定。蔡先生的說法與《華僑日報》1949 年 2 月 25 日前記載的成立年份
為 1919 年有所不同。工會希望能把創會年份推前到與彩致堂同一年的
想法，是可以理解的，因為彩致堂的規模從小到大，組織在戰後重組，
先有支部，再有總部，但各支部財政卻獨立於總部，是一個非常獨特的
工會。

1920 年代起，以顏料行或油漆行命名的行業組織愈來愈少，但卻保留
著堂口的稱謂，如「東海堂」（東家）就是其中例子[6]，更能凸顯行業
的傳統特色。行業開始組成工會，例如「油漆工會」[7]、「港僑油漆總
工會」[8]、「漆務工會」[9]、「聯盛油漆工會」[10] 等。在 1922 年的報刊上
也可見一些組織以「總會」名義運作，例如「油漆劃漆工商總會」[11]。
1926 年的廣州亦有「僑港駐省油漆工會」[12] 和「油漆牌扁（匾）工
會」[13]。1949 年，報章上見到有關「港九船務劃漆油漆工會」[14]、「廣
樂油漆業工業會」[15] 等的報導。新舊工會並存的現象反映油漆業傳統
與現代兼容並包的特性，這也是油漆行特別的地方。

⊤ 行業的承傳

拜師學藝

戰前，油漆行業與其他三行行業一樣，實施三年的師徒制度，師父提供
食宿，學徒沒有工資，只有一元幾毫的理髮津貼[16]。1921 年，香港的
油漆工人已超過千人，日薪只有 5 毫子，通常開工不足，每月很難賺
到 15 元。究其原因，主要是人手過剩。三年的學師制度，讓沒有工資
的學徒成了免費的勞動力，如果店舖東主自己是油漆師傅，學徒免費為
東主作義工、做僕人，東主根本沒有必要再聘請工人，嚴重影響同行
就業[17]。廣悦堂的廟祝胡先生是退休油漆師傅，他憶述學師時全無薪
金，但絕不敢有半點怨言，每天跟隨著師父到工地做雜役，打掃灰塵、
鏟灰、油漆。他覺得做徒弟要時刻觀察師父如何工作才能學到手藝，師
父絕不會執手教導。滿師後，他仍然跟隨師父謀生，戰亂時，生活無
繼，師徒以「餿水飯」、麵包皮充飢[18]，猶如父子一般相依為命。

油漆業內部有行家名冊，記錄了行內認可的油漆師傅及徒弟的名單。會
員如果違犯行規而被從行家名冊中除名，表示他往後不能在該行業中繼
續謀生。1909 年東西家發生糾紛時，行內的資深會員就曾以從行家名
冊中除名來威脅試圖私自開工的油漆工匠[19]。

1950 年，學徒待遇有所改善。李先生在灣仔區由新會人開辦的「黃新
記」當學徒，首兩年沒有薪金，每月只有 1 元理髮金，第三年才有機會

跟店內的油漆師傅外出工作，中午開始獲發伙食費 1 元，當時一碗大肉飯售價 6 毫子；如不在本區工作，可多得 1 元車馬費。1953 年他滿師後，要多留在店內工作一個月，稱為「補師」，在這個月內他才學懂如何油漆，真正拿著用絲綢廢料捆成的「絲骨」，浸上油漆塗抹天面或木器，使用陰柔的力度均勻地上色，直至東主師傅滿意才算成功。他體會到要奉承師父才有機會學到油漆技術，覺得很多師父會刻意戲弄徒弟，甚至教授他們錯誤的方法 20。油漆看來是「手板眼見功夫」，但徒弟必須留在師父身旁做三年雜役才能滿師，真正學到技藝竟是在滿師之後，可見傳統的教授方法並不能保證技藝的傳承。學徒需由師父簽發一張「滿師紙」，經兩名同行師傅證明，加入工會，並繳交入行費後，才能在行內立足，透過工會找到就業機會，否則沒有判頭或油漆店聘用。因此，師父時常以「滿師紙」為要脅，迫令徒弟服從 21。

1970 年代中期起，建造業訓練局設有油漆科目，聘請導師開班授徒，聘來的導師全是行內經驗豐富的師傅，其中一位導師麥先生，與學員分享個人工作經驗，並教導學員如何利用目測調校準確的顏色 22。1980 年代開始，行內盛行用電腦計算混色，與以前的方法完全不同，使舊的技術失去獨特性，油漆匠的主要工作只能局限在地盤做批灰 23。

地緣與血緣關係

油漆師傅大多數靠地緣關係入行，鄉里之間互相引薦，亦有少部份是父親開辦油漆舖，兒子自小耳濡目染，長大後子承父業。以 1950 年代初由寶安縣福永鄉人在深水埗開設的「潘記油漆舖」為例，東主以血緣關係聘任親屬為員工 24，從照顧同宗族人開始，以親屬關係共同面對逆境，親情較經濟效益重要。謝先生父子倆也是油漆工人，謝先生

自小隨父到地盤學習油漆，1960 年代末成為師傅後，便在油漆公司做長工 25。以地緣連繫起來的工作伙伴，計算工資及利潤時必須數目清楚，「打大數」接工程時，要準確評估利潤，並確保利潤平均分配，否則日後難以合作 26。

從被訪者口中得知，香港的油漆工人多來自廣東的四邑、順德、東莞、寶安以及番禺等地。鄺先生指出，在 1960 至 1970 年代與他一同做油漆師傅的主要來自順德、四邑（新會、開平、恩平、台山）等地，四邑之中又以台山和開平人居多。位於灣仔的廣雄堂的會員多數來自四邑、東寶、番禺等地 27。蔡先生在 1955 年經鄰居介紹，到灣仔大王東街「安泰油漆舖」學師，才知道戰前的油漆師傅多是五邑人（四邑再加上鶴山），主要從事牌匾木器的油漆工程。五邑人聚居於灣仔區，而東莞人則愛在上環和西營盤等地集結 28。地區不同，凝聚的群體也有分別。

1965 年入行的溫先生稱，他在灣仔「麥潤記」學師時，四週都是油漆舖，師傅們幾乎全部來自東寶地區，以福永和松崗鄉的人最多 29。三水人麥先生於 1966 年跟隨李鄭屋徙置區的鄰居入行，在地盤認識一名四邑師傅，並跟隨他到廣勝堂，發現堂內的師傅全部從事裝修，大家互相介紹工作。當時的油漆組織至少有三個堂口：「廣雄堂」、「廣英堂」和「廣勝堂」，其中以廣雄堂人數較多、規模較大。這些堂口全由大公司大集團包辦，他們能取得渣甸、匯豐銀行等宿舍的油漆工程，每個堂口有自己的地盤，分別位於深水埗石硤尾街，桂林街與北河街的唐樓，多數設在 9 樓連天台的地方，方便練武 30。據廣雄堂的王先生稱，在 1950 至 1960 年代，中環、上環一帶的油漆從業員約有八成來自東莞及寶安 31。推測 1960 年代，這兩個地方的油漆匠人數較多，後來一起合作開拓牆紙市場，向裝修行業進軍。

晉升渠道

由油漆工人晉升為判頭、工會理事長的例子很多，麥先生便是一例。1966 年他隨李鄭屋徙置區的鄰居入行，到工地做學徒，當時的老闆是寶安沙井人，地盤上的油漆、坭水工人以東莞和寶安人居多，裝修則以四邑人最多。他認識那些師傅後，便跟隨其中一位學習當時新興的貼牆紙技術，翌年，跟隨該名師傅到廣勝堂結交了大群寶安人，大家相互合作，一起承辦牆紙裝修工程。1974 年，他與三數名鄉里，合作外判油漆牆紙工程，接下喜來登酒店的大工程後，貼牆紙的生意一直沒有間斷。由於人脈網絡不斷擴張，2004 年麥先生已認識了不少裝修師傅，便自行組織「香港裝修及屋宇維修從業員協會」，2012 至 2015 年出任第四屆理事長。至 2013 年該會已有會員 900 多人，這些會員有很多來自管理層，為方便工作而加入該會，希望取得最新的資訊和技術 32。藉此，麥先生利用地緣網絡結交不同層面的朋友，發展事業。

寶安沙井人陳先生是另一名從小判頭晉身為社團理事長的個案。他在 1968 年偷渡來港，由鄉里帶領入行，由學徒做起，半年已掌握油漆技術。1979 年，適逢公屋工程需要大量油漆工人，便與三幾名同鄉做起小判頭來，收到半年的工程費之後，大家一起攤分。1981 年，他加入同鄉陳師傅（廣勝堂成員）的團隊工作，陳師傅是「武林中人」，拳腳功夫了得，有「老叔父」的威嚴，大家對他極為敬重。他聽聞陳師傅講及，戰後初期的香港油漆行業有很多堂口，經常互相毆鬥，但 1960 年代末至 1980 年代初國內的兩次逃亡潮，將這些打鬥文化改變，整個行業已很少講打講殺。大家都很敬重陳師傅，2003 年「沙士」疫症之後，經濟蕭條，但陳師傅的團隊依然工程不斷，陳先生得到團隊的支持，承包的工作也不斷。為擴展其人際網絡，陳先生亦加入了港九油漆業總工

會，現為第 52 屆理事長，也是香港建造業總工會第三副理事長 33。

族群的力量

1960 年代，廣雄堂、廣英堂和廣勝堂的成員全是油漆師傅，大多數來自東莞及寶安縣，廣勝堂的陳師傅有「老叔父」地位，受到行內敬重 34。各堂口為維護自己堂口成員的利益，有工程時，必定優先關照自己堂口兄弟，凝聚力不容置疑 35。鄺先生向陳師傅的師弟拜師學藝，知道陳師傅武功了得，是行中的高手，有他們照應，出路不成問題。1964 年，他跟隨陳師傅與師兄弟包下當時油麻地很出名的「成合油漆舖」的工程，以「打大數」（總管）形式將利潤均分，多勞多得。鄺先生發覺行業之間，時有爭吵及以武力解決問題。如上文所述，油漆工人素來與水喉匠不和，成合油漆舖的一大群師傅也會率眾聲討水喉匠，言語不合就大打出手。他們手持油漆灰掃、灰桶，以灰水潑向對方眼睛，對方如受灰水所傷，有可能會失明。地盤時常會發生這些十多人打鬥的事件，警方一般不會提控。兩批人素有積怨，鄺先生在太子道的樓房工作時，曾見到油漆的一幫人用報紙、泥沙等雜物堵塞水渠位，所以很多水喉匠都害怕油漆匠 36。

械鬥要取勝就得勤練武功，廣勝堂的手足兄弟平時會聚在一起練拳，有練蔡李佛的，也有練洪拳的。不打拳時，便打麻雀、賭十三張、打天九。在節日時，廣勝堂也會以花炮會、體育會等名義出隊，到各處賀誕 37。

同樣有花炮會的廣雄堂，也是油漆匠的工會組織。據資深成員王先生稱，戰前的油漆從業員大都是寶安人，王先生自己也是來自寶安松崗

鄉，1942 年在西營盤的「直利油漆公司」當學徒，為取得就業機會，成為師傅後馬上加入了彩致堂。戰後初期，彩致堂成員失散，1946 年再重組時，會員分佈於多個支部。他滿師之後，由於經濟不景，只能找到散工，收入不穩定，遂加入灣仔支部，希望增加就業機會。

每天的黃昏時分，王先生會到灣仔波地（今修頓球場）找熟人介紹工作，閒來便到春園街的廣雄堂「打躉」（閒坐）[38]。其實，廣雄堂的會員有不少是彩致堂成員，1942 至 1945 年戰爭期間，廣雄堂的師傅沒有糧食，其中有幾人率先到西環米倉「爆倉」（搶掠），將大米拿回廣雄堂分給其他油漆工人。香港淪陷前後，社會凡事都以武力取勝，動輒以拳頭來定輸贏[39]，孔武有力者，亦以武力來解決糧食問題。

王先生記得戰後的廣雄堂在春園街的會址，其實只是一層唐樓的騎樓而已，地方很小，租金大約是 12 至 14 元，全部來自在船上工作的油漆師傅的捐獻。1957 年他得到該堂的兄弟介紹到船上工作，也將第一個月的薪金作為介紹費交給了舉薦人，之後亦有捐錢交租。他在廣雄堂待了十多年後，由他經手以每月 18 至 20 元租金，租了皇后大道東另一個騎樓作會址，會員人數已增至百多人。隨著廣雄堂成員遷到旺角和筲箕灣等地區工作，發展出旺角一分部和筲箕灣二分部，人數不斷增加，現時會員仍有二三千人。1961 年，他團結眾兄弟集資，以 200 多元租用灣仔道一層唐樓作為會址，不但可容納三張麻雀枱，還有空間擺放椅子讓會員閒坐。幾年後，他們再集資購買該物業，後因地產發展，會址被發展商收購，工會用發展商的補償金購入灣仔機利臣街 4 號 3 樓作會所[40]。目前，廣雄堂已改稱為「廣雄體育會」，會員多達二三千人，王先生是該會輩份最高的成員，受到各會員的尊重，大家都願意聽從他的指導[41]。

工會組織

表一　　　　　　香港油漆業組織

組織名稱	成立 / 最早可考年份
同志堂顏料行（東家）	最早見於 1905 年
彩致堂油漆行（東西家）	最早見於 1911 年
廣和盛油漆行（東西家）	最早見於 1911 年
港九油漆業總工會	約 1912 年
聯勝堂	不遲於 1919 年
同勝堂	不遲於 1919 年
油漆業工商總會	1919 年
港九船塢劐漆油漆工會	約 1920 年
東海堂（東家）	最早見於 1921 年
港僑油漆總工會	最早見於 1921 年
油漆劐漆工商總會	最早見於 1921 年
聯勝油漆工會	1921 年
廣樂油漆工會	1938 年
塗業堂	1940 年代
「廣」字頭堂口（廣聯堂、廣盛堂、廣眾堂、廣雄堂、廣英堂）	1950 年代
港九油漆總商會	1965 年

香港油漆行業的工人組織發展，較其他三行工會複雜。早在 1909 年，報章已有記載關於油漆行的紀錄 42。1911 年之前，香港最少有三個油漆行的工會存在，當年香港政府豁免登記註冊名單中，油漆行東家的組織有「同志堂顏料行」、東西家的混合組織有「廣和盛油漆行」和「彩致堂油漆行」43。1913 年，廣和盛油漆行改組成類似同鄉會性質的「廣和盛油漆會館」44，除了介紹工作之外，也為鄉里提供臨時棲身居所，發揮了同鄉互相照應的作用。1921 年左右，油漆總工會成立。到日本佔領香港前夕，油漆總工會、彩致堂、同勝堂、聯勝堂、塗業堂等，是油漆行業西家行的代表。戰後，油漆總工會旗下的五個組織連同西灣河、香港仔從事船務油漆的工人共同組成了港九油漆業總工會，並劃分為七個支部。至今仍活躍的工會包括彩致堂、同勝堂，兩個工會仍保持一定的獨立性。此外，還有廣和盛油漆行、廣樂油漆工會、港九船務剷漆油漆工會、油漆工商總會，以及戰後由油漆工人成立的多個廣字頭堂口。

彩致堂

「彩致堂油漆行」是 1911 年香港政府豁免登記註冊名單中，三個被豁免登記的油漆行會之一，註冊名稱為 Painters Guilder, Tsoi Chi Tong 45。1920 年前後，彩致堂加入油漆工商總會，但仍舊保持其一定的獨立性。彩致堂的成員大都是東莞、寶安縣人，會員既做船塢油漆工作，也是海員。1938 年，彩致堂曾參與抗日戰爭募捐運動，並捐贈國幣 100元 46。1940 年代日本佔領香港前一年，彩致堂會員大約有 200 多名 47。

聯勝堂

1921 年 10 月,《香港華字日報》報導了「聯勝油漆工會」開幕的消息 [48]。根據蔡先生的回憶,聯勝堂的會所位於中環一帶,成員多為油漆牌匾的師傅,以東莞人為主 [49]。堂口中也有一部份會員是造船業的油漆師傅,亦有隨船出海的海員,每當船舶在中環一帶靠岸,就會有東莞縣的蛇頭召集油漆師傅上船工作。

同勝堂

「同勝堂」位於紅磡曲街,成立年代未詳。加入同勝堂的全部都是黃埔船塢中的油漆工人,會員大多數是番禺人。在最興旺的時候同勝堂有會員 1,000 多人 [50]。

塗業堂

「塗業堂」位於旺角,據說成立於日本佔領時期。據蔡先生回憶,塗業堂中各個籍貫的工友都有一些,不過仍以東莞、寶安人較多 [51]。

港九油漆業總工會

「港九油漆業總工會」的前身為「油漆業總工會」。油漆業總工會在 1949 年召開會員代表大會時曾經指出,該會已有 37 年的歷史 [52]。據此推斷,工會應當早於 1912 年已經成立。油漆業總工會成立後,會所設於上環保良新街。1921 年,工會的新增會所還包括灣仔汕頭里 [53]、中環皇后大道 74 號 [54]。油漆業總工會為油漆行的西家行,曾多次為

油漆工人在勞資談判中向資方爭取加薪。例如在 1921 年 8 月施工非常活躍的時期，領導油漆工人向行業東家提出加薪要求 55。10 月會員與人械鬥、中環皇后大道 74 號會所遭人焚燬，或多或少説明了工會的性質。1946 年，油漆行業工人重新組織工會，在原有的五個堂的基礎上，加入了西灣河、香港仔兩地船務的油漆工會，共有七個支部。1946 年夏，工會的成員在中環仁人酒家聚餐，並選舉戰後第一屆理事會成員。當時工會並未向政府註冊，也沒有設置總會會所，每屆理事任期半年，理事長則由各個支部輪流擔任 56。1948 年香港政府頒佈社團註冊條例，工會依法以「港九油漆業總工會」名義註冊，會址為灣仔太原街 55 號 3 樓；1956 年 9 月 18 日遷至灣仔洛克道 93 號 4 樓 57。

會員招募

1959 年，蔡先生加入港九油漆業總工會灣仔支部時，會員已有百多人。他拿著師傅發出的「滿師紙」，經兩名會員介紹，並繳付福利費 15 元，年費 12 元，每月會費 1 元，合共 28 元方能入會。從當時一名散工每日工資只有 8 元來看，這筆費用相對昂貴。他記得當時有很多工人隻身從內地來港工作，工會內設有兩張上下格的鐵床，讓會員暫住，倘若有會員身故無人殮葬，工會也會通知其內地親友並負責該會員的殮葬事宜。灣仔區的會員以五邑人（四邑加鶴山）為主，而上環和西營盤的支部則以東莞人最多。蔡先生滿師後不獲作為東主的師傅聘用，失業一年多，到工會找工作，交了費用，並將一塊刻有自己的名字、大約 2 乘 1 吋的木牌，掛在工會的待聘木板上輪候，但仍然失業了一年多。他每次上工會時，聽到的全是四邑話及打麻雀的聲音，見到一些會員在閒聊，一些會員手持煙槍、煙燈等工具吸食鴉片煙，覺得工會是龍蛇混雜之地 58。

工會在 1960 年代初以「一工人」運動，發動工友每人捐出一天工資購置會址，反應相當熱烈，有些工友不只捐一天的工資，還認捐若干數額，日後支付。1970 年代末，工會再運用物業租金積存的資金，租下紅磡寶其利街一棟唐樓的 6 樓作為會址。其後有資深會員建議購入彩虹道一個有電梯的大廈單位，再一次籌款購買物業。現時油漆工會擁有六個半物業：

1) 灣仔洛克道 146－148 號 11 字樓（兩個單位）
2) 皇后大道西 386 號 8 樓
3) 中環嘉咸街 34 號唐 4 樓
4) 彩虹道 44 號寶興大樓 4 樓 404 室
5) 上海街 395－397 安業大廈 4 樓
6) 與木匠工會合資購入砵蘭街 340 號 3 樓（擁有半個單位業權）

1970 年代末，工會出售新填地街近山東街一個背海向山的唐樓 8 樓頂樓，將收到的款項購入砵蘭街 340 號 3 樓半個單位。該處原本有兩個單位出售，坭水工會先買入一個單位作收租用途，其餘一個單位就由油漆與木匠工會合資購入 59。坭水、油漆和木匠工關係密切，對投資物業的取向相近，都是利用會員的捐獻投資物業，收租累積財富後，再購入其他物業。三個行業連在一起，在這兩個相連單位聯合辦公，「聯合總工會」初期的組織就是這樣組成，直至 1986 年再聯同其他工會，組成「香港建造業總工會」，遷到上海街 383 號華興商業中心 2 字樓。

戰後，七個油漆支部的會員大多數來自該區，只要是 16 歲以上，有兩名會員介紹便可入會，現時會章則改為只需要一位會員介紹。會員年滿 18 歲或以上，可享有選舉權和被選舉權，遇上疾病、意外、失業、結

婚、生育、教育、工潮時會得到工會的援助；福利部在會員離世後，會送上花圈及問候其家屬，1999 年之前入會的會員更可享受帛金福利；生兒女時以每名嬰孩計算可得賀金，子女學業成績優異也可享獎學金，會員生日會收到賀咭 60。各支部提供麻雀耍樂，會員可在工會消遣，1978 年工會會員有 3,800 多名。1986 年，工會併入香港建造業總工會聯合辦公，但港九油漆業總工會仍擁有自己的會員，2014 年會員人數增至 9,000 人，其中有些更是創會會員。鄺先生聽一些前輩師傅說，各支部在戰後初期全由國民黨控制，會內掛有青天白日滿地紅旗。有權利必有義務，會員需要繳付會費，但在那個時代，全年 24 元的會費並不容易，有時要動用武力方能收齊 61。

會員繳交的會費中有一半會撥入福利金，如工友不幸身故，支部會發帛金慰問，以 2004 年 6 月至 2005 年 5 月計算，單在帛金方面的支出就達 86,700 元 62。2007 年工會修訂會章，會員一次過付 50 元作為基金，另加每年年費 96 元、慶祝費 6 元和福利費 54 元。會員倘超過半年未付會費者，將被視為不合格會員，不能享受任何福利。1999 年之前入會者，如會齡未滿 12 年，身故後家屬可獲發帛金 1,500 元；會齡足 12 至 20 年者帛金 1,800 元；會齡超過 20 年者 2,000 元。會齡超過 20 年而年滿 80 歲的會員，自動成為永久會員，可免交會費及其他費用，身故後家屬可享帛金 2,000 元。1999 年以後入會的會員，年滿 80 者也自動成為永久會員，終身免年費及其他雜費，但不再獲發帛金 63。換言之，帛金制度以 1999 年 1 月 1 日為分界線，此後才加入工會的會員，再沒有帛金福利。

組織架構

2007 年修訂的港九油漆業總工會章程規定，工會以地區劃分，每區按
會員數目多寡推選代表，每 40 名會員可推選一位，41 至 80 人推選二
位，如此類推。不足 40 名會員的分區，需與鄰近地區聯合推選代表，
代表任期三年。每年 7 月由理事會召開會員大會或代表大會，理事會除
理事長外，有 25 位正副理事，以不記名投票互選一位理事長、二位副
理事長，下設總務、財務、福利、康樂、發展主任，各有一正兩副主任
共三人，而公關、文教、職安和權益主任則只有正副主任各一位。選舉
制度中有補選，同樣以不記名方式互選 [64]。

工會的活動

工會主要是團結工人，為工人爭取加薪，例如 1909 年工會代表西家
行，與東家行「油漆劏漆工商總會」進行談判 [65]。1927 年 2 月，工會
以罷工的方法爭取加薪，顏料行被迫停業並關門防止被搶掠 [66]。1960
年代，工會再次發動罷工，與各建築公司或油漆店舖談判，要求東主簽
署加薪要求協議書，事後工人按工會指示復工 [67]。

工會會員之間感情要好，一方有難，八方支援。工會設有碌架床讓工友
留宿，還設有廚房可供煮食。謝先生的父親是工會會員，工作時把他留
在工會，直至下班才帶他回家，因此謝先生時常在工會吃飯。1960 年
代，謝先生的母親分娩時，他也是留在工會等父母。謝先生長大後成為
油漆師傅，在 1970 年代建築業興旺時期加入工會，還記得工會的康樂
部文藝組經常舉辦衛生健康講座、文娛、體育、劇藝、曲藝、旅遊等節
目 [68]。工會的活動多元化，有時會發動抗爭。他有興趣踢足球，便與

十多名工友組成一隊七人足球隊，輪流出賽。球隊活躍於 1970 至 1980 年代，他協助籌辦球隊買球衣、申請場地，足球活動十分受年輕人歡迎，大家志在參與，輸贏只是其次[69]。

與政府的關係

蔡先生記得七個工會支部於 1946 年結合時，在中環仁人酒家聚餐，即席選出第一屆理事。當時還沒有向政府註冊，也沒有會址，直至 1948 年香港政府頒令所有社團必須註冊，他們才租用灣仔太原街作臨時會址。1949 年 8 月，該會加入香港工會聯合會（簡稱工聯會），同年 10 月 1 日參加工聯會成立慶祝典禮。1985 年 10 月，泥水、木匠、油漆、喉鐵、劏漆、雕刻、碼木、搭棚等工會，倡辦「建造業工會聯合辦事處」，1986 年 12 月註冊為「香港建造業總工會」，歷屆理事長包括了各行業的領導：林旺、王洪、何培、陳文輝、李耀棠、郭慶鎏、蔡鎮華等，其中郭慶鎏是油漆行業代表[70]。

廣字頭堂口

1950 年代以後，活躍於灣仔一帶的油漆工人曾經建立「廣」字頭的堂口組織，這些組織在當時都未進行正式的社團註冊。

堂口的成立

1950 至 1960 年代，油漆工人為了維護本身的利益，在不同地區組成堂口，與黑社會「單耳」、「老歪」、「同字頭」等勢力抗衡。堂口領袖被工人稱為「亞頭」，據稱 1950 年代末至少有五個油漆行業的堂口，包

括「廣聯」、「廣盛」、「廣眾」、「廣雄」、「廣英」等,各堂的亞頭都與黑社會有聯繫。例如廣雄、廣英的亞頭與灣仔「同新和」有聯繫;廣聯的亞頭與油麻地「單耳」有聯繫。所謂「單耳」,是指「聯」字的耳字部首。至今,上述各堂口只有廣雄堂依然運作[71]。

加入堂口的情況

油漆工人要加入堂口非常容易,毋須介紹人,也毋須交任何會費,只要肯「埋堆」便能成為判工。蔡先生覺得 1950 至 1960 年代是講究拳頭的年代,凡事全靠一個「惡」字,只要夠惡就能取得工程。他在廣聯或其他堂口的地盤工作,日薪 8 元便會被堂口扣起 2 毫,但工人仍然願意投靠這些堂口,因為可以增加就業機會。這些堂口的判頭也會到七個工會支部招工,蔡先生失業時到支部登記,雖然有「掛牌仔」輪候工作的制度,但那些判頭到各支部請工人時,只將手放在背後,舉起手指做出要請多少個工人的手勢,支部的職員便自行通知相熟的工友。蔡先生認為,掛牌仔制度根本不能解決失業問題,因此也加入廣聯成為一名判工,才知道他們的運作。1950 年代末,廣英堂時常與廣雄堂毆鬥,廣眾堂亦經常向廣雄堂挑戰,五個堂口時常集齊人馬,互相毆鬥。他記得1950 年代末,工人的薪金加到 10 元之時,堂口所扣的伙食費亦大增至2 元,工人實收 8 元。他覺得即使加薪兩成,大部份都由堂口扣去[72]。這些收入就是堂口運作的經費,積聚財富後便購置物業,加強堂口的凝聚力,有助發展。

這些堂口在 1960 年代大多數都改以花炮會或體育會形式營運,現時廣雄堂已註冊為合法團體「廣雄體育會」,其他的堂口則不再活躍[73]。廣雄體育會現任主席溫先生稱,該會沒有束縛會員,亦沒有會費制度,只

是眾多兄弟團結起來，免受人欺負 74。1948 年該堂有七八十位成員，1957 年已增至百多人，隨著很多廣雄堂兄弟遷到旺角和筲箕灣等地區工作，廣雄堂發展了旺角一分部和筲箕灣二分部，人數不斷擴大，現時仍有二三千人 75。他們在 1961 年籌款置業，現時擁有灣仔機利臣街 4 號 3 樓的會所，好讓「廣雄人」聚集或打麻雀耍樂 76。

堂口的架構

這些堂口並非註冊的工會，沒有會章或入會規定，架構也沒有那麼嚴謹。堂口成員有很多是判頭，接到工程，必定有一個「班底」，加入堂口的都是一群一群合作伙伴，稱為「判工」。蔡先生也是其中一員，他加入廣聯堂成為判工，工作機會較多，不用再在工會掛牌仔。每個堂口都有一至兩名領袖，稱為「亞頭」，如有糾紛，堂口成員都要聽從亞頭的調停或調動 77。廣雄堂的成員全都是油漆工人出身，當然有不少已成為二判、三判，都是因為堂口人多勢眾之故，大家擴展人際網絡，有利就業 78。成立「廣雄體育會」時，理論上根據公司註冊章程有各種職位，但眾會員稱，只要有人肯做，大家就會推舉該人擔任，例如王先生已被會員公認為「話事人」。如遇上「廣雄人」身故，該會會馬上送上花圈慰問家屬，如該會的職員或話事人離世，會多發一筆帛金。由於廣雄體育會在行內仍有影響力，最近五年工會要求商會加薪時，也邀請廣雄體育會派員出席會議，亦尊重他們提出的意見，也算是維護行業工友的利益 79。

堂口的活動

廣雄體育會現時有二三千名成員，大家都自稱為「廣雄人」，並以師兄

弟相稱。1970 年代開始，廣雄體育會按時舉辦各項活動。平日，眾師兄弟在新填地街一棟唐七樓連天台的旺角二分部練習舞獅，每年農曆三月廿三的天后誕，四五百名成員會浩浩蕩蕩地提著獅頭出發，到屯門青山灣天后廟參神。在會所張貼的照片中可見，他們除了參拜天后，5 月端午節期間也會參與龍舟競賽，也有一隊足球隊。現時每年四月初八，該會也會派出獅隊迎著「花炮」，送到筲箕灣的譚公廟賀譚公誕。總之，如有什麼喜慶，只要是熟朋友相邀，他們也會考慮出獅隊到賀「採青」。採青是主家將青菜包著紅封包，吊在會場或店舖門上，讓獅隊採摘，作為表演後的答謝金，金額任由主家隨意付給。

廣雄體育會會所內設有一座大神壇，上放約三呎多高的關公像，旁邊另有一小神像。平時，廣雄人回到會所打麻雀時，會先在神壇前上香，然後打牌，大家「抽水」（在打牌期間按一定比例奉獻金錢）作為廣雄堂日常經費。

堂口與政府的關係

1967 年香港發生騷亂期間，廣雄堂被警方控以「三合會」罪名，眾兄弟不服，由王先生領導進行上訴，最終上訴得直，獲警方撤銷控罪。這次事件，成為他們計劃註冊成為廣雄體育會的契機。1970 年代初，有關當局進行審查，判定眾申請者都沒有犯罪紀錄，是有生意的正當商人，便正式為體育會發牌。從舊照片中顯示，1989 年 8 月 5 日，該會舉行「廣雄體育會有限公司第十一屆職員就職暨慶祝師傅誕會員聯歡大會」[80]，以此推算，該會在 1979 年申請成為有限公司。

其他油漆工會組織

香港的油漆工會

同志堂顏料行：有關「同志堂顏料行」最早的紀錄，可見於 1904 至
1905 年《東華醫院徵信錄》的記載，是年「顏料行同志堂」曾捐款 200
元 [81]。1911 年香港政府頒佈的豁免社團登記的社團名單中，亦包括了
該組織，登記的英文名稱為 Dyeing Materials Masters Guild, Tung Chi
Tong [82]。

廣和盛油漆行：同樣最早出現在 1911 年的社團登記中，組織類型為
Painters Guild，英文名稱為 Kwong Wo Shing Tong [83]，據推斷於 1911
年之前便已存在。在《築景思城》一書中，曾經提到過「廣和勝油漆會
館」，未知是否指同一組織 [84]。從現有的資料，不能夠判斷廣和盛油漆
行與油漆總工會之間的關係。1921 年，廣和盛堂曾代表西家，與代表
東家的東海堂會面，商討油漆工人加薪事宜 [85]。

油漆業工商總會：香港油漆行業的東家行，成立於 1919 年 [86]。在 1921
年的油漆行業爭取加薪的過程中，代表行業東家與油漆總工會進行談
判 [87]。從談判過程中可知，當時灣仔地區主要的油漆商舖有「德利梁郁
記」、「榮新順泰宋後記」、「榮茂廣平鴻茂松記」、「合利」[88]。1922 年
曾經有報道，油漆業工商總會接待了來自上海振華油漆公司的商人邵晉
卿到香港訪問 [89]。

港九船塢劃漆油漆工會：「港九船塢劃漆油漆工會」是專門從事船塢油
漆的工人組織，並不屬於港九油漆業總工會，工人主要在九龍倉、太古

船塢以及長沙灣等地的船塢工作。根據工會的黃先生稱，該會於 2013
年已經有 93 年歷史，據此推斷工會應當成立於 1920 年前後。不過工會
中僅保留了最近七年的歷史資料，其他已經丟棄。

報紙中有一部份資料，記錄了該工會在戰後的一些活動。1946 年工會
曾經在勞工處的協調之下，與資方達成協議，將工人的日薪維持在 8
元 [90]。工會在 1949 年選舉出左派的理事會，自此廢除了之前由判頭抽
佣二成，以及主席職員受薪的制度 [91]。工會在 1970 年代最為興盛，總
共有一間總會和三間分會。總會位於紅磡必嘉街 12 號 8 樓，三間分會
分別位於西灣河筲箕灣道 92 號、深水埗大南街以及九龍殯儀館附近。
1980 年代後期，隨著香港本地船舶製造及維修行業的衰落，工會也逐
漸式微。現在各個分會已經解散，只留下總會併入香港建造業總工會。
在 2007 年，工會更名為「香港船塢剷漆油漆工會」，由於老會員多已
經過世，並少有新會員加入，現在工會僅有會員 70 多人 [92]。

廣樂油漆工會：1938 年成立，到 1949 年選舉第 10 屆理事會，理事長
由秦永江擔任 [93]。同年工會還開辦了免費的識字班，教授失業的油漆
工人以及子弟讀書識字 [94]。

港九油漆總商會：創立於 1965 年，是香港油漆行業的東家組織，英文
名稱為 Hong Kong & Kowloon Painting Employers Association，會址位
於灣仔洛克道 446 號 11 樓 [95]。

廣州的油漆工會

僑港駐省油漆工會：又稱為「僑港駐省洋務油漆工會」，會所位於廣州

荔灣菜欄東街。從工會的名稱可知，該會應與香港的油漆工人有所聯繫。工會在 1930 年選舉第 10 屆職員，可以推斷成立於 1921 年 [96]。

油漆牌匾工會：工會在 1921 年 5 月 23 日舉行罷工，要求將工資由每天 4 毫增加到 6 毫 [97]。

廣東漆工工會：1922 年 4 月成立，在同一時期成立的還有「省港玻璃樽工會」、「省佛港澳皮箱支總會」等一批工會 [98]。

▛ 油漆工人的生活

行業特色

戰前，油漆舖的工作以掃灰水或簡單的油漆工程為主，掃灰水通常會交由學徒處理。油漆行內盛行「補師」制度，即剛滿師的學徒以較低的薪酬獲聘用作長工。李先生在「黃新記」做補師時，每天帶著絲骨、棕掃等工具到各處工作，以絲骨粉刷天花的木條，用棕掃粉刷瓦頂、掃灰水。他曾親眼目睹行內「灰水王」的功夫，粉刷瓦頂時灰水不會向下滴，一個人掃灰水的速度等於兩個人，李先生表示自己只有其三分之一的功力。1949 年後，上海師傅來港做油漆，功夫也是相當了得，可以用雙腿夾著一把工字長木梯，在工地上行走自如，掃灰水時也特別有效率，使油漆行業增添了「行梯」這伎倆。雖然上海師傅工作效率不及廣東人，但手工較佳，很多店舖都愛聘用他們 [99]。郭先生在中環「梁財記」學師三年，食住都在店內，雖無薪金但不用挨餓，已感到滿足。他每天也是背著油漆掃、排筆、毛筆、絲骨、油漆桶等工具，跟著店內師傅四出工作，例如曾到上環翻新油漆。當時香港很多樓宇都是木結構，以杉木做天花，油漆匠掃灰水時，要拿著一個捲得像網球般大小的絲骨，不斷向上推揉，十分疲累 [100]。1950 年代初，建築業使用的油漆大多含有重金屬，氣味難聞又傷皮膚，工作並不易做。

1950 年代中，油漆舖仍沿用戰前的方式運作，在舖內自製油漆。手製油漆俗稱「揸油」，全部用「熟灰」混和「哥士的」製造出來。熟灰是

坭水工人把「沉灰」倒進灰池內，發酵一個多月再撈上來的灰；哥士的是一種強鹼，腐蝕性強，兩者混和後，加上紅黃綠三個主色，以不同比例份量，配製成各色油漆，氣味難聞又傷皮膚。至於油掃方面，工人會在水坑邊摘取棕草，紮成一綑綑的棕掃，或用絲綢廢料的絲骨搓揉成團。工人一手托著浸滿油漆的絲骨上油，另一手用油漆掃掃均勻，如漆油不慎滴在皮膚上，會又癢又痛，長期接觸這些油漆會令手掌發黑，除了傷皮膚之外，還有中鉛毒的機會。以人手造出來的油漆，只能製到300 個微粒，進口的「ICI」漆油卻能製到 800 個，後來「巴路士」漆油更提升到 1,500 個，效果平滑得多。戰後，有些油漆舖的老闆開始害怕工人中鉛毒，不再在舖內「揸油」，改買其他店舖的人手製漆，行內常用的牌子有「冧寶」、「雅達」、「國民」、「菊花」等，但這些本土產品質量都不及外國名牌巴路士。蔡先生任職的油漆舖素來都以「包人工不包料」的方式承辦油漆工程，他記得為匯豐銀行上油漆時，使用的油漆稱為「刁佬」，全部來自英國，正是 ICI 油漆的前身。油木器時，油漆工人通常會用砂紙磨滑木器才上油漆；做牆身時，先要使用鋼皮或木刮來批灰，現時已改用「灰匙」。以前的油漆工人採用青州英泥廠的優質「雪花英泥」已算是很先進，先用機器加水攪拌，類似榨汁機一樣，使其發熱，成為膠水一樣，用來油漆，最近十年才沒有再使用 [101]。

油漆行業不敵現代化的洪流，不少工種漸被淘汰。戰前，上環有很多牌匾舖，聘請懂得繪畫花鳥魚蟲等裝飾品的油漆師傅，直至戰後，全港手藝最佳的師傅皆聚集於上環。油漆工人如要上進，便到灣仔大鵬畫社學藝。除了上環外，西營盤、香港仔或紅磡黃埔船塢等地，也有一批油漆工人，專做剷船底和重新上漆等工程。以前各行各業都需要油漆工人，在 1950 至 1960 年代，油漆工人做一輛汽車的翻新漆油工程，由剷淨漆油、磨水砂紙到重上漆油，需時約兩個月，反觀現時工人工資太貴，車

主與其請人翻新，倒不如買台新車更划算得多。當時還有不少繪畫工作，如在巴士車身繪畫商標廣告、戲院廣告等，每項工程至少會聘二至三名油漆工畫圖、打格仔之後放圖、填色等，現時這些工作已被機器取代。1980 年代，蘭克施樂或柯達等大公司加入競爭，其複印及放大技巧甚佳，出品沒有接駁口亦沒有細紋，無論尺寸多大也可以應付，取代了過往油漆工人的工作。現時連大廈外牆也不用油漆，九成樓宇不是玻璃外牆就是合金鋁或砌磁磚，根本沒有油漆工序；以前有很多老師傅從事翻新舊木椅的工作，現時就算是國貨公司如裕華，那些售價動輒以萬元計算的一套套傢俱，也是由機械造出來，根本沒有人手工序。1991年，工會已強調要提升勞工技術及多樣化，但蔡師傅認為只是「單蹄馬」，實則上，油漆工人在地盤除了批灰一個工序，再沒有其他工種可做 [102]，行業很難持續發展。

薪酬

1909 年，油漆工人的薪金每天為 3 毫 5 仙，同年 10 月在工會的爭取下增至 5 毫 [103]。工人收入不足以糊口，原因是就業不足。1921 年，工資依舊維持日薪 5 毫，油漆行業內的學徒人數眾多，市面上有千多名油漆師傅，不少油漆匠只能當散工，每月收入少於 15 元 [104]。1921 年 8月，香港油漆工工人在油漆總工會的組織下向東家爭取加薪，將散工的工資提高到日薪 7 毫，另加伙食費 1 毫 5 仙，長工的工資在原有基礎上增加兩成 [105]。1921 年 10 月，廣東僑港駐省油漆工會成功為廣州油漆工人爭取，上調工資到日薪 8 毫，伙食 6 毫 [106]，反映當時廣州的工資水平高於香港。1925 年，油漆行業的東西家就薪金問題進行磋商，最終雙方同意，從農曆正月初一起把油漆工人日薪增加到 8 毫 8 仙，東主另付伙食費 3 毫 [107]。香港政府統計資料顯示，1932 至 1934 年油漆工

人的平均日薪為 1 元 1 毫，與砌磚、批盪工人日薪相同。1937 至 1939
年，油漆工人日薪為 8 毫至 1 元 3 毫。工人需每日工作九小時，僱主為
工人提供住宿及伙食 [108]。船上的油漆工人工資稍高，1925 年的香港政
府藍皮書記載，日薪約為 1 元 2 毫至 2 元 4 毫 [109]。

1945 年後，香港航運業發達，不少船隻來港，需要大量油漆工人，每
逢過年過節，上環的「鹹魚欄」就有許多翻新油漆工程。因此，一群一
群從內地來港的油漆工人經常聚集在西營盤尋找工作。

王先生是在遠洋輪船工作的油漆師傅。1942 年，他在西營盤「直利油
漆公司」當學徒，頭三年沒有薪金，第三年獲發理髮金 1 至 2 元。1945
年滿師，在店內當長工，月薪 3 元，後因工資微薄難以維生，轉職位
於洛克道的「祥泰油漆舖」補師一年，多賺數元。1948 年，他轉做散
工，日薪 5 元，但時常開工不足，收入沒有保證，唯有在生活上節約，
用 1 毫買一大袋前一天的麵包充飢 [110]。1949 年後，開始有上海油漆師
傅移居香港，日薪較本地油漆工人的 10 元多 2 元 [111]。由於王先生功夫
仔細，工作認真，人脈網絡廣闊，薪酬也較本地工多兩成。根據蔡先生
1970 年代的調查，油漆工人的薪金自 1960 年開始不斷上升，由 10 元
加至 12 元，升幅達 20%；1963 年由 12 元增至 16 元，升幅達 33.33%；
1964 年再增至 20 元；1972 年由 30 元加至 42 元，升幅高達 40% [112]。
到了 1980 年代初，一名學徒日薪 30 元，師傅日薪 75 至 80 元，全部散
工制，沒有任何福利 [113]。直至 2008 年，日薪增至 800 元 [114]。

1957 年初，王先生得到廣雄堂的師兄弟介紹，正式到船上工作，有固
定收入。他沒有收取上船第一個月的薪金，稱之為「剃光頭」，之後每
月支取 160 至 180 元工資。1962 年他的月薪有 270 元，他覺得自己能

養妻活兒，真的是「除笨有精」。雖然收入較穩定，但在船上工作甚為危險，他被指派為船身上漆，站在一塊以兩條麻繩繫著的 8 吋闊的小木板上，懸吊在大船外面，整天盪來盪去，一不小心，隨時掉進茫茫大海，真是膽小的也做不來。在船倉內工作也不見得安全，他就曾經從高處墮下，跌斷了左腿，終身行動不便。受傷後他返回岸上養傷，痊癒後繼續工作。1962 年他在岸上工作，改發日薪，每天工資 12 元 [115]。另一位油漆工林先生也是在 1957 年到船上工作，每月薪金 150 元，但他實際只能收取 135 元，其中 15 元（10%），被扣除作為介紹費（亦稱「館佣」）和灣仔譚公廟的「關帝費」[116]。

1960 年代初，油漆工人在各區組成以「廣」字為首的堂口，例如「廣聯」、「廣英」、「廣信」、「廣豪」，行內統稱之為「廣眾」，堂口的油漆師傅稱為「判工」。蔡先生加入廣聯堂後，以判工形式與判頭恩叔合作已有十年，入職初期，工餘時間為恩叔填寫報價表，承接「福利建築公司」的油漆工程。蔡先生每天賺取 8 元工資，扣除 2 毫伙食費，相對外面的油漆師傅長工日薪 10 元的工資低；但他做為判工，可多分 3 至 4 元分成費，每天總收入有 11 至 12 元。1960 年代，做判頭仍然要向工會登記，有「八厘」的制度。作為判頭的恩叔，如承接到 10,000 元的工程，先要將 300 元（3%）交給工會，判頭可得 500 元（5%），其餘利潤由判頭與判工平均攤分。因此，每次工程都有廿多位油漆工人「埋堆」（聚集），一起完成工程，大家合作慣熟，外人甚難加入 [117]。

宗教活動

油漆業崇奉的神祇與其他行業不同。打石、搭棚、木匠行業均供奉魯班先師，油漆業則敬拜文牙和金偉。由於港九油漆業總工會現已加入香港

建造業總工會，故每年其他行業慶祝魯班先師誕辰時，油漆行業的工人
也有參與。

每年農曆二月初五，油漆工人會拜祭文牙先師；七月初五則拜祭金偉先
師。在深水埗油漆舖學師的黃先生記得，當時店內供奉兩位神靈，前輩
跟他解釋，文牙先師具有繪畫的智慧，而金偉先師則以技巧見稱。神位
兩旁有一對對聯，寫著「文牙精華添色彩」、「經偉（緯）度量定方圓」。
黃先生滿師後到「潘旺記」工作，店內也設有兩位神祇的神位，師傅們
上班時，都會向文牙和金偉先師上香。1950 年代初，他加入港九油漆
業總工會，會內神位兩側的對聯是「油粉調勻添色彩，漆業興旺樹逢
春」[118]。

時至今日，油漆行業仍以文牙和金偉為主神。蔡先生說文牙以繪畫花鳥
見稱，而金偉則以雕花、製造工藝馳名；金偉同時亦是打金業供奉的先
師，打製金箔、裝飾、首飾的師傅，每年會慶祝金偉先師寶誕。蔡先生
回憶，1959 至 1962 年間，港九油漆業總工會的灣仔支部，協助香港仔
支部籌辦金偉和文牙師傅寶誕，設了七至十圍酒席，還做了一個牌匾送
到香港仔支部賀誕。由於各支部財政獨立，籌措資金和調配人手的工作
並不容易。總工會很多支部都設有供奉兩位行業先師的神位，但幾乎所
有油漆師傅都不清楚這兩位神祇的祖籍。據說文牙和金偉是宋朝人，與
文天祥（1236 - 1283）同一年代，曾被敕封為丞相，朝中大臣保護宋帝
昺（在位期 1272 - 1279）南下廣東，躲避元兵追捕，在廟宇見到文牙
和金偉二人在廟堂用布將油漆塗抹在柱子上，十分讚賞，及後被供奉為
油漆業祖師。甚少人知道這些傳聞，亦難以核對其真確性，傳說中的文
牙和金偉在廣東工作，估計是廣東人。1966 年文化大革命期間，港九
油漆業總工會響應「破四舊」運動，將工會內的神位燒毀。文革過後，

雖然部份師傅要求繼續敬拜兩位先師，但因神位已被丟棄，只能在每年農曆七月初五舉辦聯歡晚宴，慶賀金偉先師寶誕[119]，習俗至今仍然保留。2013 年，總工會在倫敦酒樓 3 樓筵開 73 席賀誕，並邀得時任房屋署副署長馮宜萱、屋宇署署長區載佳和發展局常任秘書長韋志成等政府官員出席，行內的判頭、油漆供應商均積極參與並贊助宴會的歌舞表演，會員餐券售價 220 元[120]。

工運

油漆工會發動的罷工，主要為工人爭取更高待遇。1909 年，西家行協助工人向東家行的油漆剷漆工商總會爭取加薪，撫華道（華民政務司）、何啟、韋玉居中調停。有工人阻止其徒弟開工，並威脅在「行家冊」內除名，因而被控以出言恐嚇等罪名，經審判後無罪釋放[121]。

1920 年代，工潮迭起，主要以加薪為目標。1921 年，香港油漆工人已經過千，7 月油漆工會敦促建築商加薪四成。由於油漆判頭或油漆店舖以學徒代替師傅，協助日常運作，油漆師傅面對開工不足的困境，月入低於 15 元[122]。事件雖上達華民政務司[123]，但東家行只應允無論長工或散工，只增加薪金一成[124]，勞資雙方無法達成共識。工人在西家行帶領下進行罷工，反對罷工者在油漆店舖或地盤遭工會會員恐嚇，同年 8 月「漆務工會」工人謝樹容被指控「危詞恐嚇」「煥記」的工人，被判入獄六星期[125]。工人罷工三個月後無以為繼，無奈陸續復工[126]。

工會發動罷工時留守地盤，禁止持相反意見者工作是司空見慣的事，更有搶掠的行為。1927 年 2 月，顏料行部份工人反對工會議決演變為工潮，各顏料行關門歇業，並貼出通告：「外界侵略，搶貨拘人，閉門停

業，以待解決」[127]，可見一斑。戰後初期，不少由油漆工人組成的堂口採取武力行動，駐守東主的店舖或地盤，禁止工人施工，作為爭取加薪的手段。到了 1960 年代，工會嚴格控制工人的工作，禁止於罷工期間施工。1960 至 1961 年間，蔡先生曾為工會調查油漆工人工資，作為要求加薪的理據，之後工會發動罷工，向東主爭取工資由 8 元加至 10 元，「福利建築公司」何世柱在罷工首天作出承諾，答允工人要求，並在協議書上簽署確認，工潮於三天後結束[128]。工會的會員人數多寡，對工運有關鍵性的影響。1970 年代，工聯會為工人爭取加薪及交通費，聲稱油漆工人有二至三萬人，但據業內人士消息，1973 年工聯會的油漆工人只有 2,645 人，1974 年增至 3,096 人，增長率 17%[129]。

附錄一：戰後油漆行業工資變化 [130]

一般工作

年份	日薪工資
1960	由 10 元調整為 12 元
1963	由 12 元調整為 16 元
1964	由 16 元調整為 20 元
1969	由 20 元調整為 25 元
1971	由 25 元調整為 32 元
1972	由 32 元調整為 42 元
1973	由 42 元調整為 55 元
1976	由 55 元調整為 65 元
1978	由 65 元調整為 80 元
1979	由 80 元調整為 100 元
1980	由 100 元調整為 125 元
1981	由 125 元調整為 155 元
1984	由 155 元調整為 175 元
1986	由 175 元調整為 200 元
1987	由 200 元調整為 240 元
1988	由 240 元調整為 290 元
1989	由 290 元調整為 340 元
1990	由 340 元調整為 390 元

1991	由 390 元調整為 440 元
1992	由 440 元調整為 490 元
1993	由 490 元調整為 540 元
1994	由 540 元調整為 590 元
1995	由 590 元調整為 630 元
1996	由 630 元調整為 690 元
1997	由 690 元調整為 860 元

外牆高空繩架工作

年份	日薪工資
1988	300 元
1988	由 300 元調整為 350 元
1989	由 350 元調整為 400 元
1990	由 400 元調整為 450 元
1991	由 450 元調整為 500 元
1992	由 500 元調整為 550 元
1993	由 550 元調整為 650 元
1994	由 650 元調整為 700 元
1995	由 700 元調整為 740 元
1996	由 740 元調整為 800 元
1997	由 800 元調整為 860 元

附錄二：港九油漆業總公會成立九十週年回顧 [131]

（〈九十點滴〉，2009年，資料由蔡先生提供，出處不詳）

港九油漆業總工會成立至今已九十週年了，回想香港灣仔區工商界於一九一九年創立油漆工商總會之後，各區堂口也以不同稱號埋堆，例如西營盤彩致堂、中環聯勝堂、紅磡同勝堂、日治時期旺角塗業堂，繼而由太古船塢工人組成的西灣河支部、由香港仔船廠工人成立的香港仔支部，最後全按地區名稱改稱支部，合共七間。

為了壯大業內工人的團結面，各支部同意成立總工會，於一九四六年夏天組成了港九油漆業總工會（下稱本會），並在中環仁人酒家聚餐。在席間選出第一屆理事會成員，當時不用註冊、亦無會址、早期理事半年一任，各部理事則由各區支部幹事輪任。

一九四八年政府頒令、社團必須註冊，否則列為非法組織。本會遂於當年租用灣仔太原街五十五號三樓，以「港九油漆業總工會」為名、正式註冊立會。隨後本會遷往灣仔駱克道九十三號四樓。中華人民共和國成立前，本會於一九四九年八月加入了香港工會聯合會成為屬會。由當年十月一日參加該會創會慶祝典禮至今，也有六十年了。

為了分區辦好會務，包括辦好維護會員的合理權益、協助改善他／她們的生活、方便會員的聯繫等工作，本會決議購置會所。為此，展開「一

工人」（即捐一日工資）運動，難得的是各支部及各友好團體、工友紛紛響應，令本會可以有能力、先後購置了灣仔兩個高層單位的前總工會、中環支部、西營盤支部、旺角支部及新蒲崗支部，共五個會址。

由一九六零年開始，本會屢為會員的不合理薪酬待遇向資方提出交涉、爭取調整工資、維持合理工時制度，在會員群眾的大力支持下，成績有目共睹，深得會員稱道。

此外，一九六七年抗暴期間，本會為反對港英當局鎮壓同胞，號召全行會員工友罷工一天，以示抗議，這事也廣獲業界認同，一致行動。

九十年來，本會一直致力於爭取維護會員的合理權益，特別在近年的金融海嘯沖擊下，會員工友普遍開工不足，收入不多，加上欠薪情況嚴重，生活實在艱辛。其中一例，今年四月二十九日一群被拖欠薪金逾三個月的會員工友，追薪無門，本會遂組織他們前往何文田房屋署、要求署方嚴格監控承建商欠薪情況，並負責代墊工人欠薪。結果，署方從善如流，圓滿解決問題。去年，本會為回饋長者會員數十年來的支持，豁免了八十歲或以上會員的各項交費及讓他們自動成為永久會員，依然享受既有福利。

本會長期關注地盤工人註冊的執行，自它實施以來，本會已設櫃台、專助會員辦理工作年資證明的審計，更協助數百會員去註冊成為臨時熟練技工或報讀有關行業的指明課程，同時要求建造業工人註冊局考慮那些擁有單一手藝的技工能在臨時註冊三年期滿後，順利續期註冊。另外，該局在檢討本業指明課程內容時，能實際地符合臨時註冊技工的需要，讓他／她們可以順利轉為註冊熟練技工，以免影響工人的生計。

註

1 黃先生口述報告，九龍灣常悅道企業廣場 1 期 1 座 10 樓有利建築有限公司，2009 年 11 月 23 日，檔案編號 HKCA00021。

2 蔡先生口述報告，油麻地上海街 383 號華興商業中心 2 字樓，2013 年 5 月 3 日，檔案編號 0024-PW-004。

3 "Ordinance No. 47 of 1911: The Societies Ordinance, 1911," *The Hong Kong Government Gazette*, 17 November 1911, p. 487.

4 "List of Exempted and Registered Societies Published under Section 5 of the Societies Ordinance, 1911, (Ordinance No. 47of 1911)," *The Hong Kong Government Gazette*, 28 April 1913, p. 195.

5 蔡先生口述報告，油麻地上海街 383 號華興商業中心 2 字樓，2013 年 5 月 3 日，檔案編號 0024-PW-004。

6 〈油漆行〉，載於《香港華字日報》，1921 年 7 月 16 日，第 2 張第 2 頁。何佩然，《築景思城：香港建造業發展史（1840-2010）》，香港，商務印書館（香港）有限公司，2010 年，頁 88-89。

7 〈油漆行加工事尚難解決〉，載於《香港華字日報》，1921 年 7 月 21 日，第 1 張第 3 頁；〈油漆工人被控案〉，載於《香港華字日報》，1921 年 8 月 2 日，第 2 張第 2 頁；"Two Fires: Painters' Guild Victimised," *The Hong Kong Telegraph*, 26 October 1921, p. 4.

8 〈油漆工人要求加工將可解決〉，載於《香港華字日報》，1921 年 7 月 28 日，第 1 張第 3 頁。

9 〈油漆工人被控案〉，載於《香港華字日報》，1921 年 8 月 2 日，第 2 張第 2 頁。

10 〈聯勝油漆工會開幕〉，載於《香港華字日報》，1921 年 10 月 12 日，第 2 張第 2 頁。

11 〈油漆東家行決議加工〉，載於《香港華字日報》，1921 年 8 月 2 日，第 2 張第 2 頁。

12 〈繼學界而起之工界黨爭潮〉，載於《香港工商日報》，1926 年 4 月 7 日，頁 3。

13 〈繼學界而起之工界黨爭潮〉，載於《香港工商日報》，1926 年 4 月 7 日，頁 3。

14 該會在 1968 年有三個會所設於九龍、西灣河和灣仔。參考〈港九船務剷漆油漆工會成立了進步的新理事會〉，載於《大公報》，1949 年 11 月 21 日，第 1 張第 3 版；〈工人失業情況益嚴重　四工會進行親切慰問〉，載於《大公報》，1968 年 1 月 29 日，第 2 張第 7 版。

15 〈油漆工人辦識字班〉，載於《大公報》，1949 年 4 月 20 日，第 1 張第 4 版。

16 黃先生訪問報告，東沙島街龍寶酒樓，2013 年 7 月 11 日，檔案編號 0033-PW-006。

17 "The Painters' Guild," *The Hong Kong Telegraph*, 11 July 1921, p. 3.

18 胡先生訪問報告，西環青蓮台魯班廟廣悅堂，2013 年 4 月 25 日，檔案編號 0015-PW-002。

19 〈油漆行西家罷工〉，載於《香港華字日報》，1909 年 10 月 28 日。

20 李先生口述報告，九龍彌敦道 612 號旺角倫敦大酒樓，2013 年 8 月 11 日，檔案編號 0043-PW-015。

21 蔡先生口述報告，油麻地上海街 383 號華興商業中心 2 字樓，2013 年 5 月 3 日，檔案編號 0024-PW-004。

22 麥先生口述報告，旺角道中南海酒家，2013 年 8 月 1 日，檔案編號 0038-PW-010。

23 蔡先生口述報告，油麻地上海街 383 號華興商業中心 2 字樓，2013 年 5 月 3 日，檔案編號 0024-PW-004。

24 黃先生訪問報告，東沙島街龍寶酒樓，2013 年 7 月 11 日，檔案編號 0033-PW-006。

25 謝先生口述報告，九龍彌敦道 612 號旺角倫敦大酒樓，2013 年 8 月 11 日，檔案編號 0044-PW-016。

26 鄺先生口述報告，港九油漆業總工會油麻地上海街 383 號華興商業中心 2 字樓，2013 年 8 月 9 日，檔案編號 0040-PW-012。

27 鄺先生口述報告，港九油漆業總工會油麻地上海街 383 號華興商業中心 2 字樓，2013 年 8 月 9 日，檔案編號 0040-PW-012；郭先生口述報告，港九油漆業總工會油麻地上海街 383 號華興商業中心 2 字樓、九龍彌敦道 612 號旺角倫敦大酒樓，2013 年 8 月 9 日、8 月 11 日，檔案編號 0041-PW-013。

28 蔡先生口述報告，港九油漆業總工會油麻地上海街 383 號華興商業中心 2 字樓，2013 年 5 月 3 日，檔案編號 0024-PW-004。

29 溫先生口述報告，灣仔機利臣街 4 號 3 樓廣雄體育會，2013 年 10 月 1 日，檔案編號 0069-PW-021。

30 麥先生口述報告，旺角道中南海酒家，2013 年 8 月 1 日，檔案編號 0038-PW-010。

31 王先生口述報告，灣仔機利臣街 4 號 3 樓廣雄體育會，2013 年 10 月 1 日，檔案編號 0066-PW-018。

32 麥先生口述報告，旺角道中南海酒家，2013 年 8 月 1 日，檔案編號 0038-PW-010。

33 陳先生口述報告，九龍塘尾道福康工業大廈 9 字樓 3 室港九坭水建築業職工會會員技術交流中心，2013 年 8 月 9 日，檔案編號 0042-PW-014。

34 陳先生口述報告，九龍塘尾道福康工業大廈 9 字樓 3 室港九坭水建築業職工會會員技術交流中心，2013 年 8 月 9 日，檔案編號 0042-PW-014。

35 麥先生口述報告，旺角道中南海酒家，2013 年 8 月 1 日，檔案編號 0038-PW-010。

36 鄺先生口述報告，港九油漆業總工會油麻地上海街 383 號華興商業中心 2 字樓，2013 年 8 月 9 日，檔案編號 0040-PW-012。

37 麥先生口述報告，旺角道中南海酒家，2013 年 8 月 1 日，檔案編號 0038-PW-010。

38 王先生口述報告，灣仔機利臣街 4 號 3 樓廣雄體育會，2013 年 10 月 1 日，檔案編號 0066-PW-018。

39 溫先生口述報告，灣仔機利臣街 4 號 3 樓廣雄體育會，2013 年 10 月 1 日，檔案編號 0069-PW-021。

40 王先生口述報告，灣仔機利臣街 4 號 3 樓廣雄體育會，2013 年 10 月 1 日，檔案編

號 0066-PW-018。

41　溫先生口述報告，灣仔機利臣街 4 號 3 樓廣雄體育會，2013 年 10 月 1 日，檔案編號 0069-PW-021。

42　〈油漆行西家罷工〉，載於《香港華字日報》，1909 年 10 月 28 日。

43　"Ordinance No. 47 of 1911: The Societies Ordinance, 1911," *The Hong Kong Government Gazette*, 17 November 1911, p. 487.

44　"List of Exempted and Registered Societies Published under Section 5 of the Societies Ordinance, 1911, (Ordinance No. 47of 1911)," *The Hong Kong Government Gazette* , 28 April 1913, p. 195.

45　"Ordinance No. 47 of 1911: The Societies Ordinance, 1911," *The Hong Kong Government Gazette,* 17 November 1911, p. 487.

46　〈油漆工會捐金慰勞〉，載於《香港工商日報》，1938 年 8 月 19 日，第 3 張第 2 版。

47　溫先生口述報告，灣仔機利臣街 4 號 3 樓廣雄體育會，2013 年 10 月 1 日，檔案編號 0069-PW-021。

48　〈聯勝油漆工會開幕〉，載於《香港華字日報》，1921 年 10 月 12 日，第 2 張第 2 頁。

49　蔡先生口述報告，港九油漆業總工會油麻地上海街 383 號華興商業中心 2 字樓，2013 年 5 月 3 日，檔案編號 0024-PW-004。

50　蔡先生口述報告，港九油漆業總工會油麻地上海街 383 號華興商業中心 2 字樓，2013 年 5 月 3 日，檔案編號 0024-PW-004。

51　蔡先生口述報告，港九油漆業總工會油麻地上海街 383 號華興商業中心 2 字樓，2013 年 5 月 3 日，檔案編號 0024-PW-004。

52　〈油漆工會今晚開會〉，載於《華僑日報》，1949 年 2 月 25 日，第 2 張第 4 頁。

53　〈油漆工會工人打架滋事〉，載於《香港華字日報》，1921 年 10 月 21 日，第 3 張第 1 頁。

54　"Two Fires: Painters' Guild Victimised," *The Hong Kong Telegraph*, 26 October 1921, p. 4.

55　〈油漆總工會要求加工〉，載於《香港華字日報》，1921 年 7 月 11 日，第 2 張第 2 頁。

56　蔡先生口述報告，港九油漆業總工會油麻地上海街 383 號華興商業中心 2 字樓，2013 年 5 月 3 日，檔案編號 0024-PW-004。

57　〈油漆工會入伙大吉〉，載於《大公報》，1956 年 9 月 18 日，第 2 張第 5 版。

58　蔡先生口述報告，港九油漆業總工會油麻地上海街 383 號華興商業中心 2 字樓，2013 年 5 月 3 日，檔案編號 0024-PW-004；鄺先生口述報告，港九油漆業總工會油麻地上海街 383 號華興商業中心 2 字樓，2013 年 8 月 9 日，檔案編號 0040-PW-012；郭先生口述報告，港九油漆業總工會油麻地上海街 383 號華興商業中心 2 字樓、九龍彌敦道 612 號旺角倫敦大酒樓，2013 年 8 月 9 日、8 月 11 日，檔案編號 0041-PW-013；〈油漆工會入伙大吉〉，載於《大公報》，1956 年 9 月 18 日，第 2 張第 5 版。

59　鄺先生口述報告，港九油漆業總工會油麻地上海街 383 號華興商業中心 2 字樓，2013 年 8 月 9 日，檔案編號 0040-PW-012。

60　鄺先生口述報告，港九油漆業總工會油麻地上海街 383 號華興商業中心 2 字樓，2013 年 8 月 9 日，檔案編號 0040-PW-012。

61　鄺先生口述報告，港九油漆業總工會油麻地上海街 383 號華興商業中心 2 字樓，2013 年 8 月 9 日，檔案編號 0040-PW-012。

62　《港九油漆業總工會會刊》，2004 年 8 月 20 日，由鄺先生提供。見鄺先生口述報告，港九油漆業總工會油麻地上海街 383 號華興商業中心 2 字樓，2013 年 8 月 9 日，檔案編號 0040-PW-012。

63　《港九油漆業總工會註冊章程》，2007 年 8 月 15 日修訂，頁 2-7，由鄺先生提供。見鄺先生口述報告，港九油漆業總工會油麻地上海街 383 號華興商業中心 2 字樓，2013 年 8 月 9 日，檔案編號 0040-PW-012。

64　《港九油漆業總工會註冊章程》，2007 年 8 月 15 日修訂，頁 7-16，由鄺先生提供。見鄺先生口述報告，港九油漆業總工會油麻地上海街 383 號華興商業中心 2 字樓，2013 年 8 月 9 日，檔案編號 0040-PW-012。

65　〈油漆行西家罷工〉，載於《香港華字日報》，1909 年 10 月 28 日。

66　〈顏料行發生工潮〉，載於《香港工商日報》，1927 年 2 月 23 日，第 2 張第 2 版。

67　鄺先生口述報告，港九油漆業總工會油麻地上海街 383 號華興商業中心 2 字樓，2013 年 8 月 9 日，檔案編號 0040-PW-012。

68　《港九油漆業總工會註冊章程》，2007 年 8 月 15 日修訂，頁 13，由鄺先生提供。見鄺先生口述報告，港九油漆業總工會油麻地上海街 383 號華興商業中心 2 字樓，2013 年 8 月 9 日，檔案編號 0040-PW-012。

69　謝先生口述報告，九龍彌敦道 612 號旺角倫敦大酒樓，2013 年 8 月 11 日，檔案編號 0044-PW-016。

70　蔡先生口述報告，九龍彌敦道 612 號旺角倫敦大酒樓，2013 年 8 月 11 日，檔案編號 0045-PW-017。

71　蔡先生口述報告，九龍彌敦道 612 號旺角倫敦大酒樓，2013 年 8 月 11 日，檔案編號 0045-PW-017。

72　蔡先生口述報告，九龍彌敦道 612 號旺角倫敦大酒樓，2013 年 8 月 11 日，檔案編號 0045-PW-017。

73　蔡先生口述報告，九龍彌敦道 612 號旺角倫敦大酒樓，2013 年 8 月 11 日，檔案編號 0045-PW-017。

74　溫先生口述報告，灣仔機利臣街 4 號 3 樓廣雄體育會，2013 年 10 月 1 日，檔案編號 0069-PW-021。

75　王先生口述報告，灣仔機利臣街 4 號 3 樓廣雄體育會，2013 年 10 月 1 日，檔案編號 0066-PW-018。

76　王先生口述報告，灣仔機利臣街 4 號 3 樓廣雄體育會，2013 年 10 月 1 日，檔案編號 0066-PW-018。

77　蔡先生口述報告，九龍彌敦道 612 號旺角倫敦大酒樓，2013 年 8 月 11 日，檔案編號 0045-PW-017。

78 王先生口述報告，灣仔機利臣街 4 號 3 樓廣雄體育會，2013 年 10 月 1 日，檔案編號 0066-PW-018。

79 溫先生口述報告，灣仔機利臣街 4 號 3 樓廣雄體育會，2013 年 10 月 1 日，檔案編號 0069-PW-021。

80 王先生口述報告，灣仔機利臣街 4 號 3 樓廣雄體育會，2013 年 10 月 1 日，檔案編號 0066-PW-018。

81 〈各盛行年捐經費列〉，載於東華醫院編，《東華醫院徵信錄 1904-05》，香港，東華醫院，1906 年。

82 "Ordinance No. 47 of 1911: The Societies Ordinance, 1911," *The Hong Kong Government Gazette,* 17 November 1911, p. 487.

83 "Ordinance No. 47 of 1911: The Societies Ordinance, 1911," *The Hong Kong Government Gazette,* 17 November 1911, p. 487.

84 何佩然，《築景思城：香港建造業發展史（1840-2010）》，香港，商務印書館（香港）有限公司，2010 年，頁 89。

85 〈油漆行〉，載於《香港華字日報》，1921 年 7 月 16 日，第 2 張第 2 頁。

86 蔡先生口述報告，港九油漆業總工會油麻地上海街 383 號華興商業中心 2 字樓，2013 年 5 月 3 日，檔案編號 0024-PW-004。

87 〈油漆東家行決議加工〉，載於《香港華字日報》，1921 年 8 月 2 日，第 2 張第 2 頁。

88 〈油漆東家行決議加工〉，載於《香港華字日報》，1921 年 8 月 2 日，第 2 張第 2 頁。

89 〈油漆工商會歡讌上海油漆製造鉅商〉，載於《香港華字日報》，1922 年 12 月 12 日，第 2 張第 2 頁。

90 〈船務油漆工友復工　勞資雙方已獲協議〉，載於《香港工商日報》，1946 年 8 月 25 日，頁 4。

91 〈港九船務剷漆油漆工會成立了進步的新理事會〉，載於《大公報》，1949 年 11 月 21 日，第 1 張第 3 版。

92 黃先生、胡女士口述報告，油麻地上海街 383 號華興商業中心 2 字樓，2013 年 11 月 12 日，檔案編號 0080-PW-024。

93 〈油漆工紀念十一週年〉，載於《華僑日報》，1949 年 4 月 20 日，第 2 張第 4 頁。

94 〈油漆工人辦識字班〉，載於《大公報》，1949 年 4 月 20 日，第 1 張第 4 版。

95 〈港九油漆總商會注冊章程草案〉，香港歷史檔案館資料，檔案編號：HKRS837-1-417。

96 〈僑港洋務油漆工會選出新職員〉，載於《香港華字日報》，1930 年 3 月 4 日，第 2 張第 2 頁。

97 廣州工人運動史研究委員會辦公室編，《廣州工人運動大事記（徵求意見稿）》，廣州，廣州工人運動史研究委員會辦公室，1985 年，頁 48。

98 廣州工人運動史研究委員會辦公室編，《廣州工人運動大事記（徵求意見稿）》，廣州，廣州工人運動史研究委員會辦公室，1985 年，頁 59。

99　李先生口述報告，九龍彌敦道 612 號旺角倫敦大酒樓，2013 年 8 月 11 日，檔案編號 0043-PW-015。

100　郭先生口述報告，港九油漆業總工會油麻地上海街 383 號華興商業中心 2 字樓、九龍彌敦道 612 號旺角倫敦大酒樓，2013 年 8 月 9 日、8 月 11 日，檔案編號 0041-PW-013。

101　蔡先生口述報告，港九油漆業總工會油麻地上海街 383 號華興商業中心 2 字樓，2013 年 5 月 3 日，檔案編號 0024-PW-004。

102　蔡先生口述報告，港九油漆業總工會油麻地上海街 383 號華興商業中心 2 字樓，2013 年 5 月 3 日，檔案編號 0024-PW-004。

103〈油漆行西家罷工〉，載於《香港華字日報》，1909 年 10 月 28 日。

104 "The Painters' Guild," *The Hong Kong Telegraph*, 11 July 1921, p. 3..

105〈油漆工人要求加工將可解決〉，載於《香港華字日報》，1921 年 7 月 28 日，第 1 張第 3 頁。

106〈油漆工人求加工價〉，載於《香港華字日報》，1921 年 11 月 8 日，第 2 張第 3 頁。

107〈油漆工人加薪案妥協〉，載於《香港華字日報》，1925 年 1 月 13 日，頁 9。

108 "Wages and Cost of Living," *Hong Kong Administrative Reports*, Hong Kong, Noronha & Co., 1932-1934, 1937-1939.

109 "Agriculture, Cultivated and Uncultivated Lands, Wages, Produce, Stock, &c.," *Hong Kong Blue Book*, Hong Kong, Noronha & Co., 1925, p. 379.

110　王先生口述報告，灣仔機利臣街 4 號 3 樓廣雄體育會，2013 年 10 月 1 日，檔案編號 0066-PW-018。

111　王先生口述報告，灣仔機利臣街 4 號 3 樓廣雄體育會，2013 年 10 月 1 日，檔案編號 0066-PW-018。

112　蔡先生口述報告，油麻地上海街 383 號華興商業中心 2 字樓，2013 年 5 月 13 日，檔案編號 0024-PW-004。

113　麥先生口述報告，旺角道中南海酒家，2013 年 8 月 1 日，檔案編號 0038-PW-010。

114　蔡先生口述報告，油麻地上海街 383 號華興商業中心 2 字樓，2013 年 5 月 13 日，檔案編號 0024-PW-004。

115　王先生口述報告，灣仔機利臣街 4 號 3 樓廣雄體育會，2013 年 10 月 1 日，檔案編號 0066-PW-018。

116　林先生口述報告，灣仔機利臣街 4 號 3 樓廣雄體育會，2013 年 10 月 1 日，檔案編號 0067-PW-019。

117　蔡先生口述報告，九龍彌敦道 612 號旺角倫敦大酒樓，2013 年 8 月 11 日，檔案編號 0045-PW-017。

118　黃先生訪問報告，東沙島街龍寶酒樓，2013 年 7 月 11 日，檔案編號 0033-PW-006。

119　蔡先生口述報告，九龍彌敦道 612 號旺角倫敦大酒樓，2013 年 8 月 11 日，檔案編號 0045-PW-017。

120 2013 年港九油漆業總工會在旺角倫敦酒樓 3 樓筵開 73 席祝賀金偉先師寶誕情況與
及第 1 至第 9 席名單，由郭先生提供。見郭先生口述報告，港九油漆業總工會油麻
地上海街 383 號華興商業中心 2 字樓、九龍彌敦道 612 號旺角倫敦大酒樓，2013 年
8 月 9 日、8 月 11 日，檔案編號 0041-PW-013。

121〈油漆行西家罷工〉，載於《香港華字日報》，1909 年 10 月 28 日。

122 "The Painters' Guild," *The Hong Kong Telegraph*, 11 July 1921, p. 3..

123〈油漆行加工事尚難解決〉，載於《香港華字日報》，1921 年 7 月 21 日，第 1 張第 3 頁。

124〈油漆東家行決議加工〉，載於《香港華字日報》，1921 年 8 月 2 日，第 2 張第 2 頁。

125〈油漆工人被控案〉，載於《香港華字日報》，1921 年 8 月 2 日，第 2 張第 2 頁。

126〈油漆行工人已開工〉，載於《香港華字日報》，1921 年 9 月 1 日，第 3 張第 4 頁。

127〈顏料行發生工潮〉，載於《香港工商日報》，1927 年 2 月 23 日，第 2 張第 2 版。

128 蔡先生口述報告，九龍彌敦道 612 號旺角倫敦大酒樓，2013 年 8 月 11 日，檔案編
號 0045-PW-017。

129 蔡先生口述報告，油麻地上海街 383 號華興商業中心 2 字樓，2013 年 5 月 13 日，
檔案編號 0024-PW-004。

130 由鄺先生提供。見鄺先生口述報告，港九油漆業總工會油麻地上海街 383 號華興商
業中心 2 字樓，2013 年 8 月 9 日，檔案編號 0040-PW-012。

131 由蔡先生提供，見蔡先生口述報告，九龍彌敦道 612 號旺角倫敦大酒樓，2013 年 8
月 11 日，檔案編號 0045-PW-017。

總結

自十九世紀中葉以來，追求高經濟效率幾乎是每一個香港人的工作目標，而迅速地落實基建工程幫助城市人改善生活，更是建造業的專長；來自社會基層的三行工人，畢生致力建造事業，戰戰兢兢的謹守工作崗位，為推動香港成為國際大都會而努力。在過去百多年中，每當香港社會經濟陷入衰退時，大規模的基建，總是走在前頭，紓緩香港的就業不足，刺激經濟發展，政府甚至視三行工人的就業率為社會穩定的指標。社會雖然十分依賴建造業從業員，但對工人的工作及生活狀況，卻缺乏比較全面的認識。有關香港戰前的研究大多偏重政治及經濟，忽略社會民生；重視顯赫人物，忽視貧苦大眾，與戰前工人相關的研究，寥寥無幾。到底大部份來自中國內地，來港前仍堅守著傳統價值觀念的三行工人，在現代化過程中如何面對新挑戰？來港後如何適應新的技術、新的法規和新的文化？如何面對傳統價值觀念的消失和蛻變？三行工人的工作面貌，與社會演變息息相關，值得我們深入探討。

這個回顧戰前三行工人及三行工會的歷史研究，以一個嶄新的角度討論上述問題。研究積極訪問了 171 位三行前輩，透過他們口述親身經歷，重組過去的面貌，與現存政府檔案及地方文獻資料互相印證，藉以作一

個比較全面而深入的評估。利用口述資料並不是一件容易的事，首先需
要說服被訪者接受訪問，同意訪問內容被記錄及被引用；在完成口述訪
問以後，又必須小心核對資料，減少被訪者因年事已高、記憶模糊，使
重組的片段與事實有所偏差。

各前輩以歷史見證者的身份現身說法，直接表達個人感受，申訴個體在
文化轉型時的取態，他們口述的三行經歷，是目前相關課題不可或缺的
史材。很可惜不少年邁的被訪者在本書出版時已離世，他們留下的紀
錄，成為絕響，將來要找到資深的從業員進行訪問就十分艱難了。口述
歷史有助我們解讀文獻資料，讓我們明瞭到三行工人面對傳統與現代，
要作出取捨的困境，他們的寶貴經驗，有助我們認識過去，展望未來；
更為公眾認識近代香港和近代中國社會提供新的觀點，開闊歷史研究的
視野。

三行從業員對西方制度的調適

在三行當中，石業在香港的歷史最為悠久，同時也是三行中式微得最早
的行業。在英國人佔領香港之前雖然已經有中國人從事打石，但香港割
讓予英國之後，殖民地政府因開拓大量的基建工程，急需石材及石業工
人，馬上採用了西方的法規與經營手法管理石業，使石業成為三行中最
早轉型的行業。西方的招標、拍賣競投經營權、制定法規讓華人承租石
塘的開採權、透過法規監察華人招攬勞工的機制、讓華人首領管理華

工、向石塘頭領塘主徵稅以增政府稅收等，具體地顯示了西方體制全面被引入的情況。頭領接觸到西方的經營模式後，必須在傳統與現代的規例中權衡輕重，制定既能符合政府要求，又能滿足工人需要的方案。牛頭角、茜草灣、茶果嶺以及鯉魚門等四山，是香港早期石業的發源地，村內居民多以打石為生，新的制度進入傳統的鄉村組織後，使原來的生活受到衝擊，但也為村民帶來了新的機遇。適應能力強，能早著先機，投入新運作方式者，在社會轉型的過程中，便取得了較大的經濟利益，主導著十九世紀中葉至二十世紀中葉石業的發展。

工人及工會適應政府新措施的反應，可以透過政府頒佈相關條例的內容及新政策的推行過程略知一二。由於華人大多不諳英語，而甚少殖民政府官員通曉中文，翻譯員在文化轉移的過程中扮演了重要角色，是推動新政策的媒介。翻譯的準繩度及用辭直接影響中國人理解合約的內容。翻譯錯誤所引起的誤解，讓不少從業員做出犧牲。面對中西文化和中港工作環境的巨大差異，承建商要落實合約也不容易。

政府沒有專門為三行工人制定勞工條例，歷年來多次頒佈的建築條例及新增修訂，都是在發生重大的意外事故後，如 1901 年的閣麟街塌樓事件、1918 年馬棚大火等，政府就事件進行調查，發表報告，然後修改相關條例，檢討工人的工作環境。二十世紀修改的建築條例，都是就上述事故所作的回應，也是三行工人改善工作環境及待遇的機遇。在 1930 年代，隨著人口增長，工程數量不斷增加，政府開始頒佈僱傭

條例，將香港的建築行業列入危險工作範圍，嚴格管制婦女、兒童從事
建造業。工人對新訂立或修改的法例的認受程度，依從法例的速度及廣
度，都與中港的政經環境有密切的關係。這都是觀察西方法制何以會在
華人社會落實的關鍵，也是了解中港關係的竅門。

傳統的地緣及血緣網絡

政府的法例對承包者有約束能力，至於工人會否依從法例，就要依靠承
包商的領導和凝聚工人的能力。行業的領袖利用了傳統的血緣及地緣網
絡關係，為工人提供來港的就業機會，並協助工人適應香港的工作環
境；面對西方體制的挑戰，工人同樣地利用傳統血緣及地緣網絡來保護
自身利益。由於依仗兄弟或同鄉提攜入行，彼此必須互相支持，團結力
量自然十分牢固，目的是應付外在環境不斷變化的衝擊，以及擴充勢
力，團體的利益因而佔據最重要位置。工人的文化水平不高，遇到困難
時會以武力解決問題，重義輕利，肝膽相照，甚至以命相抵，所以工人
經常會因為爭取利益發動械鬥、綁架。三行工人以傳統社會關係網絡締
結的凝聚力量，對社會的影響較其他行業大，十九世紀下半葉，三行工
頭的領導力量強大，以濃厚的傳統地方組織色彩團結工人，是行業面對
新體制挑戰的強力後盾。

三行中較傳統的行業如打石、搭棚等地緣網絡範圍較小。早期的打石工
人主要來自廣東省的惠州和嘉應州兩個地區，來港後聚集在四山。在

1920 年前，石行工會組織仍以「堂」為名稱，諸如永盛堂、聯勝堂、聯義堂、瓊勝堂等。在十九世紀中葉已看到工會活躍的痕跡，運作模式與中國傳統行會相仿。搭棚工人的主要組織同敬堂，與廣州的搭棚工會有從屬關係，超過八成的會員來自廣東省肇慶高要。木業、坭水和油漆工人多來自珠江三角洲。木匠工人祖籍以四邑居多，也有來自順德、肇慶、番禺、東莞、寶安、花縣、清遠等地，地域分佈與坭水、油漆行十分相近。香港的木匠工人組織較多，歷史最悠久的是 1883 年成立的茶貨箱工人組織聯勝堂。其他的木匠工會組織還有悅西堂、聯致堂。坭水業歷史最為悠久的是 1874 年成立的廣義堂，是戰前香港最大的工會。油漆工人的工會成立得較晚，主要分為牌匾傢俱油漆、建築油漆和船務油漆等。上環一帶是香港最早的牌匾油漆師傅聚集地，而灣仔、紅磡、西灣河的船塢和碼頭是船務油漆工人的活躍地點，建築油漆工人則分佈在香港各區。

1920 年代，中國出現了大規模工運。香港的三行工人組織了新式的工會，在不同的地區招攬會員，會員雖仍以同鄉作為號召力，但覆蓋的地域範圍更廣，人數亦有所增加。1922 年，石行總工會團結了港島、九龍一帶的打石工人，成立較新式的工會。根據會員的回憶，會友多是惠州人，成立時已有 200 多名會員。根據畢特（Butts）的報告記載，1919 年成立的港九木匠總工會，在 1938 年擁有會員 3,000 多人。1930 年代末，來自上海的工人加入坭水業，使坭水業的地緣網絡得以擴張。聚集在灣仔一帶的坭水工人在 1937 年前後組織了港九飛鵬坭水批擋工

會，戰後該工會重新組織，逐漸成了一個以小承建商為主的組織。香港的油漆工會成立得較晚，1921 年成立之初，有五個支部，屬會包括彩致堂、同勝堂、聯勝堂、塗業堂等。每個堂會有特定的地域範圍，彩致堂位於西營盤以及灣仔、同勝堂則在紅磡一帶活動、聯勝堂在中環、塗業堂在旺角。戰後油漆總工會進一步擴張，西灣河及香港仔兩地的油漆工人也加入香港油漆總工會，使油漆總工會擁有七個支部。現在油漆總工會的各個支部已解散，總會併入建築業總工會。

冷戰期間三行工會會員因政治立場差異而分裂，1950 年代政治上傾向共產黨的打石工人成立石聯工會（1958 年正式註冊為港九打石職工會），與當時在政治上傾向國民黨的石行總工會對立。1950 年代初，搭棚同敬工會傾向國民黨的工會成員脫離同敬工會，組織成立了域多利搭棚自由工會。1950 年代香港的油漆工人曾經成立過多個以「廣」字開頭的組織，例如廣英、廣聯、廣雄等。這些組織並未在政府正式註冊，具有堂口性質，在 1967 年後被政府取締。其中廣雄堂的成員後來向政府申請註冊成立了廣雄體育會，以文娛康體活動聯繫會員。廣雄體育會每年仍會組織成員參加筲箕灣譚公誕慶典。香港的油漆工會還有港九船塢剷漆油漆工會、廣樂油漆工會等。

行業傳承

戰前三行靠師徒制度，培育年輕接班人。師父收徒弟，大多選擇同宗、同族或同鄉子姪。打石業的地緣、血緣關係最為顯著，十九世紀末嘉應州的石業主要由李氏、曾氏等壟斷，惠州則以張氏為代表。香港以打石起家的氏族有曾氏、鄧氏及李氏：曾氏以曾三利、曾瓊為代表，鄧氏的代表人物是鄧元昌，李氏以李瑞琴、李漢四等較著名，後來都是香港顯赫的建造業商人。他們的血緣及地緣力量相當強大。雖然在石塘工作從事打蠻石，只講求力氣而不需要特殊技巧，從業員並不一定需要拜師學藝，但誰可以加入石塘工作，就由塘主作主了。塘主聘用同族或同鄉子姪為工人，也是造成行業由某些地區壟斷的主因。如果新入行的年輕人要學習石雕、打光面石等技巧，就不得不拜師學藝了。打石業的師徒制度以三年為期，作為學徒是需要執弟子之禮，服從師父，才有機會學到專門技能。

搭棚業的地緣關係也十分明顯，搭棚工人幾乎全部來自廣東肇慶高要的蓮塘、新橋等地區，另外有少部份來自東莞、寶安等地。由於專業技術十分重要，而工資也較其他三行工人高，故入行及技藝傳承也較為封閉。搭棚行業中的師徒制度較為嚴格，一般學徒學師期名義上是三年，但之後需要補師三年，總共六年，方能成為一名搭棚工人。學徒於學師期間只獲師父提供基本膳食和少量的零用錢，經過艱苦的訓練後方能執業。

木匠大致分為三類：傢俱與木箱製造者、船務木匠以及建造業木匠。製造傢俱木箱、船舶等工作日漸式微，從事此兩類工作的本地木匠人數所餘無幾，現存的大部份從業員為建造業裝修工人，仍有一部份木匠在上環一帶從事製造棺木工作。學師亦以三年為期，一般出師前需要補師一至兩年方可。學徒制度與其他三行不同的是，學徒拜師需要向師傅父繳納按金，順利出師後方可取回。

坭水行的學徒制度也是為期三年，學成後即可成為坭水師傅。行業的師徒承傳制度較其他三行寬鬆，師父收徒弟也不一定只局限於同族或同鄉子姪。1930 年代以後來港的上海坭水師傅更願意招收廣東人為徒，原籍不是上海的學徒滿師後，也同樣可以享受上海師傅工資，待遇較廣東坭水工人高一成。

油漆行業內部的學徒制度為期三年。根據老行專口述，在 1900 年代行業內部存在行家冊，載有行業內部認可油漆師傅名錄，工人入行必須得到行家冊內的會員認同，行外人很難在油漆業內找到工作機會。因此師徒制不但是學習技術，而是希望得到行內前輩推薦，拜師學藝是必須具備的首要條件。

傳統信仰

三行其實是來自不同行業的建造業工人，各行業有自己崇奉的，也有彼此共同敬拜的神明。以地方信仰聯繫同業的方式，從核心成員逐漸擴大，形成不同層次的聯繫。舉辦行業主神的誕辰是主要的活動，藉此互相問候、互相支持。魯班先師是三行工人共同敬奉的神，無論是石工、木匠、棚工、坭水匠抑或是油漆匠，每年農曆六月十三日均會舉辦慶祝魯班先師誕辰的活動。茶果嶺一帶的打石工人及其後人，每年的魯班誕都會在當地的天后廟拜祭魯班先師。西環青蓮台的魯班廟是香港唯一的魯班廟，在 1884 年由本地的坭水工人、承包商等集資興建，是三行工人慶祝魯班誕的主要場所。根據廟內的碑刻記載，當年捐款最踴躍者以四邑、順德、新寧人士居多。1888 年魯班廟擴建後，廣悅堂成立，魯班廟的管理自此就由廣悅堂承擔了。

搭棚工人所敬拜的行業主神除了魯班以外，更包括有巢氏及華光先師。除每年慶祝魯班誕之外，棚業每年會在農曆正月十九日慶祝有巢氏誕辰，九月二十八日慶祝華光先師誕辰。油漆行業工人崇拜的神祇為文牙、金偉。文牙先師的誕辰為農曆二月初五，金偉先師的誕辰為農曆七月初五。據油漆師傅解釋，文牙掌管定色（分辨顏色），金偉掌管上色（油漆技巧），二者包含了油漆行內兩項主要的技巧。三行工人既有共同敬拜的神祇，也有行內專門供奉的神祇，既有彼此共同的語言，也有建立各自的特色。他們利用共同敬奉的魯班先師建立共同的價值觀念，

彼此相同的想法微妙地把三行工人團結起來，讓在異地工作的工人在困境中，找到互相依賴、互相幫助的基礎，建立群體力量。另一方面，各行各自敬拜的神祇，也讓各行業建立自己本身的身份認同，為保護行業的競爭能力塑造獨特的形象。

三行工人的生活

香港政府自 1870 年起統計各行業的從業員，1931 年為戰前最後的一次普查。三行從業員以木匠最多，依次為坭水、打石，搭棚及油漆工人。香港政府也記錄了自 1840 至 1930 年代的工資。

根據政府數據可知，三行工人的工資增長緩慢，但工資較一般的勞動工人高。（詳情請參閱統計資料）

根據口述訪問可知，早期來港工作的三行工人多為單身，其家庭成員或配偶一般留在原籍。工人在每項工程結束後返回故鄉，季節性的流動十分頻繁。工人經常性地流動也方便他們介紹同鄉或親友來港工作，加強了工人的地緣或血緣紐帶。單身三行工人的居住環境十分簡陋，長工會居住在東主的店舖內，地盤工人則住在地盤搭建的臨時竹棚中，而散工和失業的工人則以工會提供的牀鋪為家。直到 1970 年代，搭棚的同敬工會等仍舊在工會會所內為工友提供住宿。戰前三行工人居住環境擁擠，工人吸食鴉片、賭博等相當普遍，工人相互之間發生糾紛、打鬥以

及盜竊等也時有發生。在艱苦的生活中，追求短暫的感官刺激似乎是生命的重要部份。

工運

香港近代的工運對社會發展有很大的影響。從三行工人的回憶以及文獻資料看到的主要是香港三行工會代表工人向行業東家爭取更佳工資和待遇的報導。根據報章記載，僱主與工人之間的糾紛在 1920 年代最為頻繁。1921 年，搭棚業的同敬工會在工會代表的領導下積極參與工運，工會領導人曾為鼓吹工人運動而被捕。在 1920 年代，同敬工會與搭棚行業的東家組織聯義堂，雙方曾多次針對棚業工人工資及待遇問題談判。1941 年香港棚業東家組織成立了香港棚業總商會，代替了原有的聯義堂與工人談判。搭棚行業中的東西家糾紛目前可知的有 1922 年、1930 年的棚業工潮。工運每次平息，都直接與勞資雙方彼此在待遇上的妥協有關。隨著香港政府在 1927 年頒佈了嚴厲的罷工條例後，1930 年代各行業的罷工活動幾近消失。

在 1920 年代省港大罷工的工潮當中，香港三行工人並沒有擔當工人運動的主力角色，只是在香港的產業工人，如電車工人、海員等領導下參與罷工。而三行工人組織在省港澳大罷工的工潮中，以木匠工會的鄭全較活躍；茶貨箱聯勝工會也曾經組織工人前往廣州聲援罷工。1930 年代共產黨也曾經在打石工會中招攬黨員。戰後工會的成員因政見不同，

使工會分裂為國民黨及共產黨兩派，到了 1970 年代，工會打政治旗號互相攻擊的鬥爭，也隨著社會轉型改變。除了為改善待遇以外，更加添了強烈的政治色彩。

三行工會的發展與三行工人的經歷，是一個代表著香港成長的故事。三行工人面對西方文化的回應與調適，正好說明了香港現代化的過程。希望這一項有關三行工人與工會的歷史研究，能引起大家的關注及討論，多用人文的角度去觀察近代香港的演變，更加關心香港社會的勞動階層。

統計資料

香港三行工人數目（1871 － 2011）

年份	三行工人總數	全港工人總數	佔工人比率（%）
1871	4,340	39,987	10.9
1881	5,658	69,220	8.2
1891	10,212	130,194	7.8
1901	35,732	233,263	15.3
1911	48,515	376,680	12.9
1921	51,014	392,880	12.9
1931	52,203	430,574	12.1
1961	100,000	1,191,000	8.4
1971	169,000	1,583,000	10.7
1981	198,000	2,507,000	7.9
1991	230,000	2,799,000	8.2
2001	291,000	3,252,000	8.9
2011	277,000	3,576,000	7.7

註：1941 年及 1951 年缺數據。

三行工人平均日薪（1842 － 1940）

單位：港元（1842 年為銀元）

年份	木匠（粗木工）	石匠	結磚工人	一般工人	家傭
1842	0.3	0.3			
1876	0.35	0.33	0.6	0.165	
1877	0.35	0.33	0.6	0.1875	
1878	0.35	0.33	0.6	0.165	
1880	0.35	0.33	0.6	0.165	0.06
1885	0.4	0.35	0.65	0.17	0.05
1892	0.4	0.3	0.3	0.59	0.07
1895	0.525	0.375	0.375	0.6	0.07
1900		0.375	0.375	0.6	0.08
1903		0.55	0.55	0.625	0.25
1910		0.55	0.55	0.625	0.25
1915		0.55	0.55	0.625	0.25
1919	0.85	0.475	0.475	0.45	0.46
1920	1.2	0.55	0.55	0.45	0.54
1921	1.2	0.65	0.65	0.55	0.58
1922	1.2	0.95	0.95	0.55	0.59
1923	1.27	0.95	0.95	0.55	0.59
1924	1.27	0.95	0.95	0.55	0.59
1925	1.35	1.525	1.525	0.55	0.66
1926	1.35	1.525	1.525	0.55	0.66
1927	1.55	1.525	1.525	0.55	0.71
1928	1.55	1.525	1.525	0.55	0.71
1929	1.5	1.5	1.5	0.55	0.74
1930	1.7	1.5	1.5	0.55	0.77

年份	木匠（粗木工）	石匠	結磚工人	一般工人	家傭
1931	1.15	1.1	0.8	0.45	
1932	1.15	1.1	0.8	0.45	
1933	1.15	1.1	0.8	0.45	
1934	1.15	1.1	0.8	0.45	
1935	1.05	1.025	0.675	0.45	
1936	0.975	0.975	0.475	0.45	
1937	1.05	1.05	0.7	0.45	
1938	1.05	1.05	0.7	0.45	
1939	1.05	1.05	0.7	0.45	
1940	1.25	1.25	0.7	0.37	

三行工人日薪升幅（1842 − 1940）

年份	木匠（粗木工）(%)	石匠(%)	結磚工人(%)	一般工人(%)
1876	17%	10%		
1877	0%	0%	0%	14%
1878	0%	0%	0%	-12%
1880	0%	0%	0%	0%
1885	14%	6%	8%	3%
1892	0%	-14%	-54%	247%
1895	31%	25%	25%	2%
1900		0%	0%	0%
1910		47%	47%	4%
1915		0%	0%	0%

年份	木匠（粗木工）(%)	石匠 (%)	結磚工人 (%)	一般工人 (%)
1919		-14%	-14%	-28%
1920	41%	16%	16%	0%
1921	0%	18%	18%	22%
1922	0%	46%	46%	0%
1923	6%	0%	0%	0%
1924	0%	0%	0%	0%
1925	6%	61%	61%	0%
1926	0%	0%	0%	0%
1927	15%	0%	0%	0%
1928	0%	0%	0%	0%
1929	-3%	-2%	-2%	0%
1930	13%	0%	0%	0%
1931	-32%		-27%	45%
1932	0%		0%	0%
1933	0%		0%	0%
1934	0%		0%	0%
1935	-9%	-8%	-7%	-16%
1936	-7%	0%	-5%	-30%
1937	8%	0%	8%	47%
1938	0%		0%	0%
1939	0%		0%	0%
1940	19%		19%	0%

註：部份年份缺數據。

香港主要食品價格升幅（1879－1937）

單位：每磅港元

年份	本地豬	本地豬價升幅（％）	米	米價升幅（％）
1879	0.16		0.04	
1880	0.12	-25	0.03	-25
1885	0.12	0	0.03	0
1886	0.12	0	0.35	1,067
1887	0.12	0	0.35	0
1888	0.12	0	0.35	0
1889	0.14	17	0.35	0
1890	0.14	17	0.35	0
1891	0.14	17	0.35	0
1892	0.165	18	2.05	486
1893	0.165	0	0.35	-83
1894	0.14	-15	0.45	29
1895	0.14	0	0.45	0
1896	0.165	18	0.45	0
1897	0.17	3	0.045	-90
1898	0.17	0	0.06	33
1899	0.165	-3	0.05	-17
1900	0.165	0	0.05	0
1901	0.18	9	0.045	-10
1902	0.2	11	0.065	44
1903	0.24	20	0.055	-15
1904	0.23	-4	0.05	-9
1905	0.305	33	0.055	10
1906	0.29	-5	0.055	0
1907	0.255	-12	0.06	9

1908	0.23	-10	0.085	42
1909	0.23	0	0.085	0
1910	0.25	9	0.085	0
1911	0.25	9	0.085	0
1912	0.25	0	0.11	29
1913	0.23	-8	0.11	0
1914	0.23	0	0.11	0
1915	0.23	0	0.11	0
1916	0.23	0	0.11	0
1917	0.25	9	0.11	0
1918	0.25	9	0.11	0
1919	0.275	10	0.15	36
1920	0.9	227	0.075	-50
1921	0.22	-76	0.075	0
1922	0.22	0	0.075	0
1923	0.265	20	0.075	0
1924	0.285	8	0.075	0
1925	0.285	0	0.075	0
1926	0.38	33	0.095	27
1927	0.405	7	0.095	0
1928	0.405	0	0.095	0
1929	0.45	11	0.095	0
1930	0.535	19	0.095	0
1931	0.5	-7	0.09	-5
1932	0.455	-9	0.09	0
1933	0.41	-10	0.09	0
1934	0.335	-18	0.065	-28
1935	0.325	-3	0.06	-8
1936	0.325	0	0.06	0
1937	0.45	38	0.06	0

主要參考資料

政府檔案

- Great Britain, Colonial Office, *CO1030*, London, Public Record Office, 1991.

- Great Britain, Colonial Office, *CO129*, Hong Kong, 1842-1951.

- Great Britain, Colonial Office, *CO882*, London, Public Record Office, 1991.

- Great Britain, Commonwealth Office and Foreign and Commonwealth Office, *FCO 40/157*, Richmond, Surrey, Public Record Office, 2001.

- Great Britain, Foreign and Commonwealth Office, *FCO 14/75*, London, The National Archives, 1967-1968.

- Great Britain, Foreign Office and Foreign and Commonwealth Office, *FCO 21/1268*, London, The National Archives, 1974.

- Great Britain, Foreign Office, *FO 371/75923*, London, The National Archives, 1949.

政府刊物

- Alabaster, Chaloner Grenville, *The Laws of Hong Kong, Prepared under Ordinance No. 19 of 1911*, Hong Kong, Noronha & Co., 1912.

- *Annual Departmental Report by the Director of Commerce and Industry*, Hong Kong, Government Press, 1948-1972.

- Carrington, John W. , *The Ordinances of Hongkong, prepared under the authority of the Statute Laws (Revised edition) Ordinance, 1900*, Hong Kong, Government Printer, 1900.

- Census and Statistics Department, *Hong Kong Census Reports*, 1841-1897.

- *Depositions Taken by the Magistrate Sitting as Coroner, and Finding in the Enquiry into the Deaths Which Occurred in the Collapsed Housed in Cochrane Street*, 1901.

- *Historical and Statistical Abstract of the Colony of Hong Kong 1841-1930*, Hong Kong Government, Noronha & Co., 1932.

- *Hong Kong Administration Reports*, Hong Kong, Noronha & Co., 1931-1939.

- *Hong Kong Administrative Reports*, Hong Kong, Noronha & Co., 1879-1930.

- *Hong Kong Annual Departmental Report by the Director of Public Works*, Hong Kong, Government Printer, 1946-1977.

- *Hong Kong Annual Departmental Report by the Social Welfare Officer for the Financial Year 1948-54*, Hong Kong, Government Printer, 1954.

- *Hong Kong, Annual Report on Hong Kong for the Year…*, Hong Kong, Government Printer, 1946-1997.

- *Hong Kong Blue Book*, Hong Kong, Noronha & Co., 1844-1940.

- *The Hongkong Government Gazette*, Hong Kong Government, 1842-1941.

- *Hong Kong Hansard*, Hong Kong Government, 1890-1941.

- *Hong Kong Sessional Papers*, Hong Kong, Noronha & Co., 1884-1940.

- Leach, A. J., *The Ordinances of the Legislative Council of the Colony of Hong Kong, Commencing with the Year 1844*, Hong Kong, Noronha & Co., 1890-1891.

- *Ordinances of Hong Kong for the year*, Hong Kong, Government Printer, 1856-2004.

- Owen, David J., *Future Control and Development of the Port of Hong Kong*, Hong Kong, Noronha & Co., 1941.

- *Report of the Committee on Practical Technical Education*, 1931.

- *Report of the Director of Education in the administrative report*, 1908-1938.

- *Report of the Director of Public Works*, 1892-1939.

- *Report on Labour and Labour Conditions in Hong Kong*, 1939.

- *Report on a Proposed General Scheme for the Inauguration of a System of Technical Education in Hong Kong*, 1934

- *The Societies Ordinance*, 1911, 1920

- *The Triad and Secret Societies Ordinance*, 1845

- *The Triad and Unlawful Societies Ordinance*, 1887

- *Wages and Costs of Living*, 1931-1938

報章資料

- *The China Mail, Hongkong News, The Friend of China, The Friend of China and Hong Kong Gazette, Hong Kong Daily Press, Hong Kong Sunday Herald, Hong Kong Weekly Press, The Hongkong Telegraph, South China Morning Post.*

- 《人民日報》、《大公報》、《天光報》、《文匯報》、《公平報》、《香港華字日報》、《香港華字晚報》、《香港工商日報》、《星島日報》、《華僑日報》、《遐邇貫珍》。

英文書刊

- Allen, P.M. and Stepens, E.A., *Report on the Geological Survey of Hong Kong*, Hong Kong, Government Press, 1971.

- Benson, A.C. and Lord Esher ed., *British Foreign Secretary, Letters*, London, 1908.

- Charles, Henry, *China and the Chinese: Their Religion, Character, Customs and Manufactures*, London, Orr, 1849.

- *The China Directory*, Hong Kong, Hong Kong Daily Press, 1845-1869.

- Chiu, T. N., *The Port of Hong Kong, A Survey of Its Development*, Hong Kong, Hong Kong University Press, 1973.

- *The Convention Between Great Britain and China Respecting an Extension of Hong Kong Territory*, London, Harrison and Sons, 1898.

- England, Joe, and John Rear, *Chinese Labour under British Rule: a Critical Study of Labour Relations and Law in Hong Kong*, Hong Kong, Oxford University Press, 1975.

- Ho Pui-yin, *Water for a Barren Rock, 150 Years of Water Supply in Hong Kong*, Hong Kong, The Commercial Press, 2001.

- Ho, Pui-yin, *The Administrative History of the Hong Kong Government Agencies 1841-2002*, Hong Kong, Hong Kong University Press, 2004.

- Hong Kong Technical Education Investigating Committee, *Report on Technical Education and Vocational Training*, Hong Kong, Technical Education Investigating Committee, 1953.

- Hughes, Richard, *Hong Kong, Borrowed Place, Borrowed Time*, London, A Deutsch, 1968.

- Jackson, Leonard, *The Hong Kong Waterworks*, Hong Kong, Local Printing Press, 1949.

- Liang, C. S., *Hong Kong: A Physical, Economic and Human Geography*, Hong Kong, Cheong Ming Press, 1965.

- Lo, C. P., "Changing Population Distribution in the Hong Kong New Territories", *Annals of the Association of American Geographers*, Vol. 58, No. 2, June 1968.

- Morse, H.B., *International Relations of the Chinese Empire*, London, Longmans, Green and Co., 1910.

- Platt, Jerome J., *The Whitewash Brigade: The Hong Kong Plague of 1894*, London, Dix Noonan Webb, 1998.

- Sayer, Geoffrey Robley, *Hong Kong, 1841-1862: Birth, Adolescence, and Coming of Age*, Hong Kong, Hong Kong University Press, 1980.

- Sayer, Geoffrey Robley, *Hong Kong, 1862-1919: Years of Discretion*, Hong Kong, Hong Kong University Press, 1975.

- Smith, George, *A Narrative of an Exploratory Visit to Each of Consular Cities of China and to the Islands of Chusan and Hong Kong*, London, Seeley & Co, 1847.

- Tarrant, William, *The Hong Kong Almanack and Directory for 1846: with an Appendix,* Hong Kong, Office of the China Mail, 1846.

- Taylor, E. S., *Hong Kong as a Factor in British Relations with China*, 1834-1860, London, 1967.

- Ward, Robert S., *Hong Kong under Japanese Occupation: a Case Study in the Enemy's Techniques of Control.* Washington, D.C., 1943.

- Warner, John. *Tall Storeys, Palmer and Turner, Architects and Engineers — the First 100 Years*, Palmer and Turner, 1985.

- Weale, John, *London Exhibited in 1851*, London, 1851.

中文書刊

- 《1927 年香港商務名人錄》，香港，香港商務人名錄公司，1927 年。

- 《一九九六年香港製造業》，香港，政府印務局，1996 年。

- 卜永堅，〈香港早期文書：英國國家檔案館藏 F.O.233/186-187 檔案釋文〉，《田野與文獻》，第六十五期，2011 年。

- 五華文獻委員會編，《五華人物傳稿》，五華文獻資料，第三冊，台北，五華文獻委員會出版，1978 年。

- 五華文獻委員會編，《五華鄉土述林》，五華文獻資料，第二冊，台北，五華文獻委員會出版，1981 年。

- 全漢昇，《中國行會制度史》，食貨出版社有限公司，台北，中華民國六十七年。

- 何蘇，《中國棚業》，香港，何蘇記棚業工程出版，1971年。
- 吳志良、金國平、湯開建合編，《澳門史新編》，澳門基金會出版，2008年。
- 李喬，《中國行業神崇拜》，北京，中國華僑出版公司，1990年。
- 周樹佳，《香港諸神：起源、廟宇與崇拜》，香港，中華書局，2009年。
- 邱捷，〈清末廣州的七十二行〉，《中山大學學報（社會科學版）》，2004年第6期。
- 科大衛、陸鴻基、吳倫霓霞等編，《香港碑銘彙編》第一冊，香港，市政局，1986年。
- 香港中華編述公司編印，《香港商業名錄》，香港，香港中華編述公司，1925年。
- 香港工商業彙報編，《香港建造業百年史》，香港，1958年。
- 《香港廣悅堂慶祝魯班先師寶誕徵信錄》，2011年。
- 唐國良主編、黃玉昌撰，《浦東魯班》，上海，辭書出版社，2009年。
- 馬沅總編，《香港法律彙編》，第一卷，香港，華僑日報社，1953年。
- 陳大同、陳文元編，《百年商業史》，香港，光明文化事業公司，1941年。
- 陳明銶主編，《中國與香港工運縱橫》，香港，香港基督教工業委員會，1986年。
- 《港九木匠總工會六十四週年紀念特刊》，1983年
- 《港九飛鵬坭水批擋工會成立二十週年紀念特刊》，1967年
- 《港九飛鵬坭水批擋工會成立二十五週年紀念特刊》，1972年
- 《港九飛鵬坭水批擋工會成立二十六週年紀念特刊》，1973年
- 區少軒，《香港華僑團體總覽》，香港，國際出版社，1947年。
- 鄭紫燦編，《香港中華商業交通人名指南錄 1915》，香港，編者自刊，1915年。
- 曾慶忠，《六十五載耕耘創新：廿萬校友推動繁榮》，香港，香港理工大學，2003年。
- 曾德馨，《曾大屋滄桑史》，《沙田文獻》第六冊，香港，1981年。
- 猶他族譜學會（The Genealogical Society of Salt Lake City UTAH），《沙田曾大屋三利祖族譜》。
- 華僑日報編，《香港年鑑》，香港，華僑日報，1962、1966年。
- 馮自由，《革命逸史》第三集，台北，台灣商務印書館，1969年。
- 黃華生、廖淑勤編，《測繪圖集》上、下冊，北京，中國計劃出版社，1999年。
- 張來友，《五華縣誌》，五華縣地方誌編纂委員會，廣東，廣東人民出版社，1991年。

- 彭南生,《行會制度的近代命運》,北京,人民出版社,2003年。

- 彭澤益編,《中國近代手工業史資料》,北京,中華書局。

- 程宜,〈廣府搭棚藝術〉,《文化遺產》,2013年第4期,頁146-151。

- 新會市地方史志編纂委員會編,《新會縣誌續編》,廣州市,廣東人民出版社,1998年。

- 廖伯騰、張煥棠,〈解放前惠州的行規習俗〉,載於《惠城文史資料》第十二輯,惠州,惠城區委員會文史資料研究委員會,1996年。

- 福建省基本建設委員會編,《石工》,北京,中國建築工業出版,1978年。

- 廣州工運史研究委員會辦公室編,《廣州工人運動大事記(徵求意見稿)》,1985年6月。

- 廣東文史資料委員會,〈清末民初廣州的建築行業團體組織〉,載於《廣東文史資料存稿選編》,第八輯,廣東人民出版社。

- 廣東省檔案館編,《廣東革命歷史文件彙編》,中央檔案館、廣東省檔案館編,1982年10月。

- 廣東哲學社會科學研究所歷史研究室編,《省港大罷工資料》,廣州,廣東人民出版社,1980年。

- 滬港經濟發展協會編著,《海派耀香江》,香港,名流出版社,2004年。

- 潘新華,《香港採石業百年滄桑(1840-1940)》,研究報告,2013年。

- 蔡洛、盧權:《省港大罷工》,廣州:廣東人民出版社,1980年。

- 熊月之,《上海名人名事名物》,上海,上海人民出版社,2005年。

- 澳門工會聯合總會編,〈工聯會成立前的澳門工運史略〉,載於《澳門工會聯合總會成立四十週年紀念特刊》。

- 趙子能、蘇澤霖,《香港地理》,廣州,廣東科技出版社,1985年。

- 魯班廟廣悅堂建築業工商行編,《堂友名冊簿》,香港,廣悅堂,1960年。

- 蕭國健,〈香港開埠初期之打石行業〉,載於《香港歷史與社會》,香港,香港教育圖書公司,1994年。

- 羅香林,〈香港早期打石史蹟及其與香港建設之關係〉,載於《食貨月刊》,復刊第一卷第九期,1971年12月。

班門子弟
香港三行工人與工會

何佩然　著

責任編輯
寧礎鋒

書籍設計
姚國豪

出　　版　　三聯書店（香港）有限公司
　　　　　　香港北角英皇道四九九號北角工業大廈二十樓
　　　　　　Joint Publishing (H.K.) Co., Ltd.
　　　　　　20/F., North Point Industrial Building,
　　　　　　499 King's Road, North Point, Hong Kong

香港發行　　香港聯合書刊物流有限公司
　　　　　　香港新界大埔汀麗路三十六號三字樓

印　　刷　　美雅印刷製本有限公司
　　　　　　香港九龍觀塘榮業街六號四樓A室

版　　次　　二〇一八年六月香港第一版第一次印刷

規　　格　　十六開（170mm × 220mm）三一二面

國際書號　　ISBN 978-962-04-4364-0

©2018 Joint Publishing (H.K.) Co., Ltd.
Published & Printed in Hong Kong

三聯書店
http://jointpublishing.com

JPBooks.Plus
http://jpbooks.plus

作者簡介

何佩然，致力從事社會及經濟史研究，現為香港中文大學歷史系教授、人文學科研究所所長、逸夫書院李和聲香港歷史資源中心主任及逸夫書院校董會成員、梁保全香港歷史及人文研究中心主任；衞奕信勳爵信託理事會主席、香港保育歷史建築諮詢委員會委員、康樂及文化事務署博物館專家顧問等；亦擔任法國巴黎索邦大學杜篷客座教授。曾出任法國巴黎經濟合作與發展組織（OECD）研究顧問，2011 年獲法國教育部頒授棕櫚教育騎士勳章，以肯定她為高等教育界所做的工作，近年關注近代香港都市化問題。

曾出版有關香港及近代中國社會經濟史專書十多種，其中《城傳立新——香港城市規劃發展史》於 2016 年獲香港金閱獎，《風雲可測——香港天文台與社會的變遷》於 2004 年獲優秀出版大獎，而《地換山移——香港海港及土地發展一百六十年》則於 2004 年獲推薦為十本好書之一。